法藏知津

二編：佛教思想研究專輯

杜 潔 祥 主編

第2冊

漢譯《阿含經》之「厭離」研究

張 雲 凱 著

花木蘭文化出版社

國家圖書館出版品預行編目資料

漢譯《阿含經》之「厭離」研究／張雲凱 著 — 初版 — 新北市：花木蘭文化出版社，2015〔民 104〕
序 4+ 目 4+234 面；19×26 公分
（法藏知津二編：佛教思想研究專輯　第 2 冊）
ISBN：978-986-322-422-8（精裝）
1. 阿含部　2. 佛教哲學
030.8　　102014822

ISBN-978-986-322-422-8
9789863224228

法藏知津二編：佛教思想研究專輯
第 二 冊　　ISBN：978-986-322-422-8

漢譯《阿含經》之「厭離」研究

作　　者　張雲凱
主　　編　杜潔祥
副總編輯　楊嘉樂
編　　輯　許郁翎
出　　版　花木蘭文化出版社
社　　長　高小娟
聯絡地址　235 新北市中和區中安街七二號十三樓
電話：02-2923-1455／傳真：02-2923-1452
網　　址　http://www.huamulan.tw 信箱 hml 810518@gmail.com
印　　刷　普羅文化出版廣告事業
初　　版　2015 年 5 月
定　　價　二編 24 冊（精裝）新台幣 40,000 元　

漢譯《阿含經》之「厭離」研究

張雲凱　著

作者簡介

張雲凱

專長：

東西方宗教生死觀

早期佛教心理學

止觀與情緒管理

漢巴佛典對讀

學歷：

文化大學廣告學系　畢業

中華佛學研究所　畢業

華梵大學東方人文思想研究所碩專班　直升博士班

華梵大學東方人文思想研究所博士班　畢業

經歷：

（一）論文發表

1997.09　《巴利語文法教材之比較研究》，中華佛學研究所畢業論文，台北：中華佛學研究所。

2009.03　〈試論早期佛典之親子觀〉，高雄：阿含經推廣團。

2009.03　〈北傳《阿含經》「厭離」與南傳尼科耶（*nikāya*）之對應語詞初考〉，華梵大學東研所學生論文發表會，台北：華梵大學東方人文思想研究所。

2009.04　〈論《雜阿含經》之「厭離」〉，2009 研究生論文發表會，宜蘭：佛光大學宗教學系。

2009.06　〈一個藉由南傳巴利經典解讀北傳《阿含經》的例子——以《雜阿含經》之「厭離」為例〉，2009 第二屆東方人文思想國際學術研討會，台北：華梵大學東方人文思想研究所。

2010.06　〈耆那教之業力論與解脫思想初探〉，2010 第三屆東方人文思想國際學術研討會，台北：華梵大學東方人文思想研究所。

2010.12　〈試論《雜阿含經》之「厭離」〉，《中華佛學研究》，台北：中華佛學研究所。

2011.10　〈從佛陀修行過程看其人格教育〉，宗教與生命教育學術研討會，台北。

2012.03　〈佛教與耆那教之消業與入滅法門初探〉，《玄奘佛學研究》，新竹：玄奘大學。

2012.10 〈漢譯《阿含經》之「厭離」研究〉，華梵大學東方人文思想研究所博士班畢業論文，台北：華梵大學東方人文思想研究所。

（二）擔任國科會研究專案之研究助理

1. 專案名稱：《增一阿含經》的歷史語言及義理研究

   專案主持人：關則富教授（元智大學通識教育中心）

   執行起迄：2009/09/01~2011/07/31

2. 專案名稱：巴利語《增支部》第一冊譯注

   專案主持人：關則富教授（元智大學通識教育中心）

   執行起迄：2012/08/01~2013/01/31

提　要

找尋世界背後的真實定律是印度宗教哲學家們的共通思維，對此釋迦牟尼佛如何承接與創新？本文以釐清《阿含經》「厭離」之意義及思想，做為佛陀對此之回應。經由版本比對、訓詁、分析、歸納等等之研究方法，得知《阿含經》之「厭離」蘊藏三種意義：

第一、「出離的情緒」（巴 *saṁvega*）：面臨無常狀況而突然慌張、恐懼，急欲找尋安穩之歸依處，這可說是「宗教心」或是「厭離心」、「出離心」，是發現世界不完美而希望探求真實，轉迷成悟之起始點。

第二、「對治煩惱」：依教奉行後，以戒律作為行為與思想依據，身心若破戒、違法，立刻覺知，並以所學之方法使之止息，使身心回歸平靜。

第三、「中立的情緒」（巴 *nibbidā*）：奉行戒律、修持禪定而生起如實知見，於身心如實知見諸行無常，確認身心非「我」（巴 *atta*），對身心變化一視同仁，保持「中立的情緒」。修行至此，可謂見到世界真實定律：「見法」，因此而為「入流者」、「智慧者」、「解脫者」。

此外，四禪之「捨」（巴 *upekkhā*）與「厭離」（巴 *nibbidā*）同為如實知見生起，故為性質相同之情緒，為涅槃前之階段，然而「慧解脫」生起之「厭離」（巴 *nibbidā*）可能是當時之新興法門，故道次第中以「厭離」為此二者之代表。

上述三種「厭離」在《大般若經》各有轉化，第一種衍生為菩提心；第二種可與「厭離此土，求生他方淨土」之思想做一比對；第三種則轉化成「平等」、「無分別」之觀念。

可知佛陀以戒、定、慧滅除現象世界對人的擾亂，找到世界背後的秩序，安住於平穩的知、情、意當中。對現代人而言，佛法修行有助情緒穩定，可運用現代媒體達到與需要大眾接觸的目的，再運用簡易的法門傳達穩定身心的法門。

江 序

這篇論文的主角雖然只是「厭離」這個詞，但是文中的研究，發展頗多的面向：有佛法的義理、修行的實證，也有歷史的討論，也釐清不同問題所使用的研究方法。以版本比對法說明該語詞意義；以經文歸納分析說明果德；以經文與學界研究成果共同佐證作者的研究成果。更值得一提的是本文雖僅起始於一個語詞語義的辨析，後來擴而涉及佛法修證的起點、過程與修行成就的要旨，證明了「厭離」是佛教思想中很重要的一個觀念。

自古以來，國人多以「修身、齊家、治國、平天下」爲人生應爲之事，對於佛家出世避俗的生活方式，多採取不諒解的態度，「厭離」這個詞，看來似乎有「厭世」的意味，但是透過本文的研究，很清楚地說明佛法所厭離的對象，不是世俗與社會，而是受到外在環境的牽動，於心中產生的「煩惱」。佛法的修行，就是透過一段時間的訓練，使「心隨境轉」的凡夫，成爲「境隨心轉」的聖者。若能達到這樣的狀態，則世俗與出世就變得沒有差別。因此出世是爲了尋找一個不受困擾的時空，進行身心的集訓，便於入世而不受世俗煩惱之累。事實上，各行各業在成就之前，都需要一段時間進行專注而紮實的基礎訓練，才能「出師」。這樣看來，專修的佛教徒採取出家之路，練習各種對治煩惱的方法，就不會那樣地與眾不同了！

值得一提的是佛教以「談心」爲主，透過各種觀察的方法、實修法門使心變得更健全，它與現代科學中的心理諮商或療癒的目的是一樣的。因此佛陀可稱爲是一位臨床心理師，他療癒了自己，同時將這套療癒的方法教授給他的跟隨者，使大家都能夠自我療癒。目前在精神醫學界的輔助治療方法：正念減壓療法，即是這套方法轉化而來。

與雲凱相識的經過是我在台大住院，剛開完刀，躺在病床上，雲凱前來探望，希望我提供他撰寫論文的技巧，後來我病癒出院，也時常和他討論論文撰寫的進度，最後看他完成，終於集結成冊並以高分通過博士口考。他要我爲他的論文出版作序，讓我與有榮焉！

教末 江萬里　於 2013 年 4 月 10 日

熊　序

佛教大慈大悲、普渡有情、自利利人的菩薩精神頗具有積極、正面的思維，此乃爲人所熟知者。而佛教亦有「厭離」的思想，往往爲人所忽視，甚或誤解爲消極、負面的思維。前後二者似乎互相矛盾、排斥，實則不然。佛法思想浩瀚無涯，其「宇宙觀」有「三界六道」、「三千大千世界」、「十法界觀」，溯其本體乃是「一眞法界」，但都不出一心。若能回歸於一眞法界，乃能見本來面目矣。故從世俗之眼光視之，佛教的「厭離」觀，乃是消極、逃避的思想。但從佛教的法界觀言之，則「三界六道」中，不僅欲界要「厭離」，即使「色界（四禪天）」、「無色界（四空天）」都在「厭離」之列。其中有所謂「三有」、「廿五有」，都不可執取。執之則有我執，有分段生死之苦。三界有情所以不能出離者，就因沾戀與執取故。因此「厭離」爲佛法的基本觀念，故先從「三界六道」的厭離，而有所謂「欣厭俱足」語，「欣」是欣佛道，而「厭」是厭世法。故出離世間，乃是初修者的第一步，也是《阿含經》的思想精華所在。既出了三界，還有所謂聲聞、緣覺、菩薩三法界，尙有法執、變易生死，都必當厭離。《金剛經》云：「凡所有相，皆是虛妄」。蓋因凡有相，就有執著，有執著，便被綑縛而不得解脫。修學菩薩道行者，行六度與萬行，要在悲智雙運。所謂：「是雖行於慈，而於諸眾生無所愛戀；雖行於悲，而於諸眾生無所取著；雖行於喜，而觀苦眾生心常哀愍；是雖行於捨，而不廢捨利益他事。」則是從厭離「有」，到厭離「空」，乃至無可厭、無可離，所謂「不取不捨」、「無智亦無得」乃是「第一義悉檀」，是爲「中道第一義諦」乃得「一眞法界」，徹悟宇宙人生眞理，本來面目自現。

佛法東傳，藉漢譯流佈中國；歷代譯師高僧，灑甘露，施法雨。千年以降，語言隨時空變易，國人對佛典理解日益疏闊。故今研讀佛典者，必參考先賢祖師之著述，廣收博採，考證不辭其繁，而約取務求精實，乃得如實體會經義。吾漢傳佛教走向現代化，不可固步自封。除奠基於既有之傳統佛教的基石上，亦宜借助近代研究學術的成果與方式，以自調整與補充養分（但不變其本質）。雲凱本論文之主題「厭離」思想，乃藉由探討中文詞義與巴利語語源為基礎，深入漢巴版本之經文比對，以了知經典中意味多重的語詞。並以經中實義說明「厭離」思想，其與佛法修行轉染成淨之過程息息相關，借以彰顯佛法的實質內蘊，為達到身心清淨之境，闡釋佛法所厭棄者，為無明煩惱而非世俗人間。茲篇從《阿含經》為基礎，又以現代學術研究方法探討之。所謂「登高必自卑，行遠必自邇。」這是篇從小向大處看的文章，在學術先建立深厚的基礎，也在實修的理論上紮下穩固的根基。故是篇非僅係純學術之論著，也是修行之入手法要。可謂是帶有法味的學術論文，頗具特色。

作者早年研讀於中華佛學研究所，而今又以此文畢業於華梵大學東方人文思想研究所博士班，可說是寒窗苦盡而甘味漸來矣。「不是一番寒澈骨，怎得梅花撲鼻香。」本論文在口考時，頗得口考委員諸公之嘉許。其於學術可說沈潛有得，功不唐捐。若進而體之於實修，假之以歲月，其必更有佳作，可預卜也。付梓之前，求序於予。身為指導教授，豈能默爾。遂簡述一二，以與同好共享之。吾於雲凱亦深有期許與冀望焉。

慕樵居士　熊琬 序於腴聞齋　2013.3.28

目次

序　江萬里
序　熊琬
凡　例
第一章　緒　論……1
　第一節　研究動機與學界研究成果……1
　　一、研究動機……1
　　二、學界研究成果……3
　第二節　研究範圍……11
　　一、《阿含經》簡述……11
　　二、以《阿含經》爲研究範圍之必要性……12
　　三、《阿含經》之漢譯記要……14
　第三節　研究背景……19
　　一、《奧義書》的解脫思想……20
　　二、六師外道及其解脫思想（一）……26
　　三、六師外道及其解脫思想（二）……31
　第四節　研究目的……44
　　一、釐清《阿含經》中「厭離」之差異……44
　　二、探討「厭離」之五蘊所屬……44
　　三、證明「厭離」爲「入流」之指標……44
　　四、釐清《阿含經》中「厭離」與「捨」之異同……45
　　五、闡釋聲聞乘與菩薩乘之內在關連……46
　　六、找尋止觀爲現代人所用的契機……46
　　七、說明「厭離」與「厭世」之分別……47
　第五節　研究方法……47
　　一、訓詁法……47
　　二、版本比對法……48
　　三、歸納分析法……52
　第六節　論文內容與整體架構簡述……53
第二章　「厭離」作為「出離的情緒」之用法……55
　第一節　「厭離」（巴 *saṁvega*）之用例……56
　第二節　「感受」與「情緒」……63
　第三節　佛典中的身受與心受……67
　　一、以十二支緣起說明……67

二、「身受」與「心受」……68
第四節　「厭離」（*saṁvega*）兼俱受、想與行蘊……69
第三章　「厭離」作為「對治煩惱」之用法……73
第一節　遠　離（巴 *viveka*）……74
第二節　被斷捨（巴 *pahīyati*）……79
第三節　厭　逆（巴 *paṭikūla*）……84
第四節　避　免（巴 *jigucchati*）……91
第五節　棄　捨（巴 *ojahāṭi*）……93
第六節　除去不滿而生滿足（巴 *attanāva attano anabhiratiṁ vinodetvā abhiratiṁ uppādetvā*）……95
第七節　懺　悔（巴 *attanāva attano vippatisāraṁ uppādetvā*）……100
第四章　「厭離」作為「中立的情緒」之用法……107
第一節　「厭離」對應之巴利語 *nibbidā*……108
第二節　以「觀」生起「厭離」之三類所緣……111
一、一切諸行……111
二、五蘊……112
三、六入處……114
第三節　「如實知見」的詮釋……115
一、如實知見四聖諦……117
二、「如實知見」與兩種禪定……124
第四節　「正念」的詮釋……130
第五節　以「如實知見」檢視「厭離」……133
一、如實知見爲認識作用……133
二、「厭離」（巴 *nibbidā*）爲「中立的情緒」135
第六節　「厭離」在修行上的意義……137
一、得厭離者已入流……137
二、得厭離者已具智慧……140
三、得厭離者已解脫……142
第五章　「厭離」、「捨」與道次第……149
第一節　「捨」（巴 *upekkhā*）的意義……151
一、各大辭典解釋……151
二、「捨」之詮釋與重要性……152
第二節　「厭離」與「捨」之比較……157

第三節　「觀禪」與「厭離」……162
一、「厭離」由「觀禪」而生……162
二、「厭離」於道次第中的位置……166
第六章　「厭離」於《大般若經》之衍化……175
第一節　「出離的情緒」之「厭離」轉化為「菩提心」……176
第二節　「對治煩惱」之「厭離」與求生淨土……182
第三節　「中立的情緒」之「厭離」與「無分別」186
一、《阿含經》及部派論書之「智慧」與「般若」……187
二、《大般若經》中之「般若」與「如實知見」……188
三、依般若波羅蜜多而無分別……191
第七章　結　論……195

附　錄

附錄一　《雜阿含經》「厭離」之經文與《尼柯耶》對照……205
附錄二　《雜阿含經》「厭」之經文與《尼柯耶》對照……213

表　錄

表一　佛世六種哲學家與宗教師（六師外道）之學說主張……43
表二　出現「厭離」經文之南北傳版本比較（一）……57
表三　梵、巴辭典中 *saṁvega* 的解釋……58
表四　感受於佛教與心理學的比對……69
表五　出現「厭離」經文之南北傳版本比較（二）……76
表六　出現「厭離」經文之南北傳版本比較（三）……80
表七　出現「厭離」經文之南北傳版本比較（四）……86
表八　出現「厭離」經文之南北傳版本比較（五）……94

表九　出現「厭離」經文之南北傳版本比較（六）……96
表十　出現「厭離」經文之南北傳版本比較（七）……101
表十一　七種做爲「對治煩惱」之「厭離」一覽表……104
表十二　各大佛學辭典對 *nibbidā* 的解釋……109
表十三　indifferent 之解釋……110
表十四　如實知見五蘊之七處一覽表……121
表十五　如實知見與一般認識作用異同比較表……134
表十六　聲聞道次第表……144
表十七　厭離（巴 *nibbidā*）的所緣、法門及果德一覽表……147
表十八　「捨」（巴 *upekkhā*）於各大佛學辭典中的解釋……151
表十九　「厭離」與「捨」比較表……172
表二十　《阿含經》之「厭離」意義與用法比較表……176
表二十一　「厭離」（出離的情緒）與「菩提心」之對照表……178

圖　錄

圖一　本文之各章架構……54
圖二　「感受」、「想」與「意志」生成過程圖（一）……66
圖三　「感受」、「想」與「意志」生成過程圖（二）……67
圖四　如實知見者的「感受」、「想」與「意志」生成過程圖……135
圖五　「如實知見」與「受」、「想」、「行」之關係圖……142

凡　例

一、略符

《長》	《長阿含經》	
《中》	《中阿含經》	
《雜》	《雜阿含經》	
《增》	《增一阿含經》	
《漢譯》	《漢譯南傳大藏經》	
《漢譯・相應》	《漢譯南傳大藏經》之《相應部》	
《漢譯・增支》	《漢譯南傳大藏經》之《增支部》	
《漢譯・長》	《漢譯南傳大藏經》之《長部》	
《漢譯・中》	《漢譯南傳大藏經》之《中部》	
AA.	*Aṅguttaranikāya-aṭṭhakathā*	《增支部注釋》
AN.	*Aṅguttara-nikāya*	《增支部》
MN.	*Majjhima-nikāya*	《中部》
MA.	*Majjhimanikāya-aṭṭhakathā*	《中部注釋》

SN.	*Saṁyutta-nikāya*	《相應部》
SA.	*Saṁyuttanikāya-aṭṭhakathā*	《相應部注釋》
Sp.	*Samantapāsādikā 5-Parivara-aṭṭhakathā*	《一切善見律》,《附隨注》
T	大正藏	
Vbh.	*Vibhaṅga*	《分別論》
ger.	連續體	
pass.	被動動詞	

二、說 明

1. SN. 22. 12-14. *Anicca*:《相應部》第 22 相應,第 12 經,經名為 *Anicca*。
2. SN. III 21:P. T. S.版 *Saṁyutta Nikāya* 第 3 冊 21 頁。
3. 《漢譯・相應》・22・12:元亨寺出版《漢譯南傳大藏經》,《相應部》22 相應,12 經。
4. 《漢譯・相應》III, 29:《漢譯南傳大藏經》,《相應部》,第 3 冊,第 29 頁。
5. 標示中文發音:以羅馬拼音標示,四個聲調以 1、2、3、4 註記,如:ya1 則為注音「一ㄚ」

第一章　緒　論

第一節　研究動機與學界研究成果

一、研究動機

（一）《阿含經》中「厭離」之意義不明

釐清《阿含經》「厭離」之意義是一個重要的題目，極爲初始而直接的動機，是閱讀經文時覺察到「厭離」似乎有語意不詳的情況，如以下節錄的三段經文，《雜阿含經》卷 19：

> 時，尊者大目揵連作是念：「今此帝釋極自放逸，著界神住，歎此堂觀，我當令彼心生**厭離**〔註 1〕。」即入三昧，以神通力，以一足指撇其堂觀，悉令震動……〔註 2〕

此中的「厭離」似乎是一種心理的狀態，但正確的意義則非字面可解，若與《中阿含經》卷 56〈3 晡利多品〉之「厭離」比較：

> 阿難！依何道、依何跡，斷五下分結？……如是，阿難！若有比丘攀緣**厭離**，依於**厭離**，住於**厭離**，止息身惡故，心入離、定故，離欲、離惡不善之法，有覺、有觀，離生喜、樂，得初禪成就遊。〔註 3〕

〔註 1〕爲標示出「厭離」在經文中的位置以利閱讀，以下這三段經文將「厭離」以粗體標出。

〔註 2〕CBETA, T02, no. 99, p. 133, c25-29。

〔註 3〕CBETA, T01, no. 26, p. 779, b12-c21。

此中的「厭離」，也不能明確知道是什麼意思，與上文第一個例子所列之「厭離」似乎又不一樣。或再與《雜阿含經》卷 11 出現的「厭離」經文相比：

> 阿難白佛言：「唯願世尊爲諸比丘說賢聖法、律無上修根，諸比丘聞已，當受奉行。」佛告阿難：「諦聽！善思！當爲汝說。緣眼、色，生眼識，見可意色，欲修如來**厭離**正念正智。眼、色緣生眼識，不可意故，修如來**不厭離**正念正智，眼、色緣生眼識，可意不可意，欲修如來**厭離**、**不厭離**正念正智。眼、色緣生眼識，不可意可意，欲修如來**不厭離**、**厭離**正念正智。眼、色緣生眼識，可意不可意，可不可意，欲修如來厭、**不厭**、俱離捨心住正念正智。」〔註 4〕

這段文字中的「厭離」仍然無法從字面或上下文正確解讀其意。從上述三段出現「厭離」的經文可知，其意義在經文中沒有清楚說明，且彼此是否相同也是值得懷疑的，而在經中還有其他類似的經文待解。

（二）「厭離」（巴 *nibbidā*）在修行上代表的意義模糊

根據聲聞弟子修得解脫的道次第可知「厭離」是成就「見如實、知如眞」，後被註記的第一個果德，如《中阿含經》卷 10〈5 習相應品〉：

> 阿難！因持戒便得不悔，因不悔便得歡悅，因歡悅便得喜，因喜便得止，因止便得樂，因樂便得定。阿難！多聞聖弟子因定便得見如實、知如眞，**因見如實、知如眞，便得厭**，因厭便得無欲，因無欲便得解脫，因解脫便知解脫，生已盡，梵行已立，所作已辦，不更受有，知如眞。阿難！是爲法法相益，法法相因，如是此戒趣至第一，謂度此岸，得至彼岸。〔註 5〕

此「見如實、知如眞」之後，相繼有「厭離」、「離欲」、「解脫」等不同層次修行的道果，因此，「厭離」可被視爲修行「見如實、知如眞」後第一個生起的果德，可能與將聖者劃分四等級的四種果位同樣是一種檢視修行成就高低的標準。然而「厭離」代表著什麼並未被提及，它的成因、它與如實知見的關係也並無論述，若此迷團不除，對於修行証悟的首要境界可能產生疑惑。

（三）「厭離」（巴 *nibbidā*）與「捨」（巴 *upekkhā*）之概念不清

「厭離」（巴 *nibbidā*）生起於「如實知見」，而四禪的禪支「捨」（巴 *upekkhā*）

〔註 4〕CBETA, T02, no. 99, p. 78, b6-17。

〔註 5〕CBETA, T01, no. 26, p. 485, b6-16。

也生起於「如實知見」,「厭離」與「捨」應爲相近性質的心理狀態，假設此「厭離」與「捨」的確相近共通，在聲聞道次第的修道順序中，以「厭離」做爲代表，而不用「捨」的事實也未見說明。

(四)「厭離」於《大般若經》中的轉化問題

《阿含經》翻譯自印度部派時期結集成的經典，學界研究大乘經典之教義多少與此同源，在《阿含經》中各種意義不同的「厭離」於《大般若經》演化成的概念並未被說明。

(五) 佛陀對於印度傳統宗教哲學共通追尋之回應

印度傳統宗教哲學與宗教奉行者均認爲現象世界背後有一個眞實的世界，各家對這眞實的世界如何抵達或抵達者所呈現的修養都有不同的陳述與表現,「厭離」的達成與此有怎樣的相關？佛陀宣說的「厭離」應該是以此回應印度哲人們共同追求的終極目標，佛教與其他宗教團體對於終極解脫境界之體悟差別也是本文想呈現出來的。

(六) 佛教厭離與一般厭世主義的差異模糊

佛教的出世行爲在傳入中國之時曾遭受文化上的重大抵抗，抱持不同宗教信仰者亦多批評佛教思想爲一種不負社會責任的厭世思想，佛教徒自身往往也未做強而有力的據理表述，此研究將釐清「厭離」與厭世主義之差別。

(七) 厭離的現代意義不顯

現代人多埋首於工作與名利的追逐，對於事物的眞相往往不去注意，而只能對其表象妄加判斷，過著匆忙的日子，壓力帶來生活品質的低落，情緒受外境的影響甚俱，一般人的觀念認爲佛教重視追求來生的富足安詳，或助送行亡者一路好走，事實上《阿含經》的「厭離」與如實自心觀照有關，能夠穩定當下身心及情緒，減少外境對自身的干擾，若能知曉原理並加以運用，對於現代人必多所助益，此乃經中所謂的「現法滅熾燃」，在生活中不受情緒干擾，但世人多半不知。

本文的撰寫即源自於這七種研究動機。

二、學界研究成果

(一)「厭離」中文詞義

「厭離」的中文詞義，是認識本文研究要旨「厭離」的基礎工作，因此將本節置放於緒論之中，而正文部份聚焦於該語詞於《阿含經》中的要義討論。

1. 厭

首先，先將「厭離」一詞拆解，以「厭」、「離」分別討論，再併而解釋。根據中研院語文所之研究，「厭」有四種不同的讀音，代表四類不同的意思。〔註6〕本文中之「厭」有關之發音爲「豔（yan4）」〔註7〕，其義如下：

（1）飽、滿足

《集韻・豔韻》:「厭，足也。」〔註8〕

《書・洛誥》:「萬年厭于乃德。」〔註9〕

《史記・貨殖列傳》:「原憲不厭糟糠，匿於窮巷。」司馬貞索隱:「饜，飽也。」〔註10〕

《資治通鑑・漢安帝延光四年》:「宜密表朝廷，令奉太后，率群臣朝覲如舊，以厭天心，以答人望！」胡三省注:「厭，如字，滿也。」〔註11〕

（2）憎惡、嫌棄

《詩・小雅・小旻》:「我龜既厭，不我告猶。」〔註12〕

〔註6〕http://words.sinica. edu. tw /sou /sou.html.（2012.02.19 瀏覽）。

〔註7〕此發音標示，英文字母代表羅馬拼音，阿拉伯數字爲國語四聲的順序，如「1」者即爲一聲。上註網頁查詢之另外四種「厭」，其發音及意義分別是：

a.「ya1」:（1）壓；傾覆。（2）鎮壓；抑制。（3）迷信：指以詛咒鎮住、制服他人或邪惡。（4）符合；適合。（5）伏（在下面）；順服。（6）厭冠。古代的一種喪冠。（7）侵犯。（8）通「ye4」，用手指按壓。

b.「yan3」:（1）閉藏。（2）夢驚；做惡夢。（3）沉溺。

c.「yan」:安穩。

d.「yi4」:（1）潮濕。（2）長揖。

〔註8〕丁度等撰，方成珪考正，《集韻》8（萬有文庫薈要，臺灣：商務印書館，1965），頁1301。

〔註9〕秦繼宗，《書經彙解》卷4（四庫未收書輯刊，貳輯，肆册，北京：北京出版社，1987），頁604:「萬年乃自成王説到子孫上去，尚兼成王在裡面，不是專以子孫説。厭，滿足，厭飽。乃德指文武言，不獨成王一身有順道康強之福，其子孫萬年皆厭飽乃德。」

〔註10〕司馬遷，《史記》卷20（萬有文庫薈要，臺北：臺灣商務印書館，1965），頁42。

〔註11〕司馬光編，《資治通鑑》卷51（北京：中華書局，1976），頁1641。

〔註12〕程俊英，《詩經讀本》（台中：曾文出版社，1975），頁108。

《後漢書·劉盆子傳》:「赤眉眾雖數戰勝，而疲敝厭兵，皆日夜愁泣，思欲東歸。」〔註13〕

可知讀「饜（yan4）」之時，意思是「飽足」、「憎惡、嫌棄」，此亦同於《論語集解》所說：

厭者，苦其多而惡之。〔註14〕

這句話是說：「厭，是過多了而感到苦，因而嫌棄。」可知「厭」是描述一種「覺得不需要」，或「覺得太多了」的判斷決定。除此之外，清朝段玉裁所著《說文解字注》中，對「厭」的解釋如下：

「厭」,「笮」也。(註曰：「笮」者，迫也。此義今人字作「壓」……，與「壓」義尚近，於猒飽也，義則遠，而各書皆假「厭」爲「猒足」、『猒憎」。)〔註15〕

上文是說：「厭」就是「笮」。針對於此，註者段玉裁解釋道：「笮」就是「壓迫」，因此「厭」爲「壓迫」之意。此與中研院語言所研究所收錄「厭」之音爲「ya1」中的「壓迫」義相同，後來引申爲「滿足」，段玉裁則認爲意義上有頗大的差距。此外，關於「厭」與「猒」二字之關係，《說文解字注》有云：

淺人多改「猒」爲「厭」,「厭」專行而「猒」廢矣！「猒」與「厭」音同而義異,「《雒誥》：萬年猒于乃德。」此古字當存者也。按：飽足則人意倦矣，故引伸爲「猒倦」,「猒憎」。《釋詁》曰：「豫，射，厭也」是也，「豫」者，古以爲「舒」字，安也，亦緩也。《洪範》曰：「豫曰急」。「豫猶怠也。」〔註16〕

從上述「猒」與「厭」的比較可知,「猒」與「厭」本來是不同的兩個字,「猒」，是飽足之意，以吃飯作爲比喻的話，於吃飽後已不需要食物因此對食物沒興趣，沒有食欲，因此而引申有「猒倦」,「猒憎」之用法；而「厭」則帶有「壓迫」意，卻也有「舒緩」之意，這些意義後來都以「厭」來統整，而「猒」字就不被使用了。

〔註13〕范曄，《後漢書》(文津閣四庫全書，史部，正史類，第246冊，北京：商務印書館影印)，頁726上。

〔註14〕朱熹，《論語集註》卷七，〈憲問·第十四〉(臺北：燕京書舍，1983)，頁59。

〔註15〕段玉裁，《說文解字注》(臺北：黎明文化，1974)，頁452。

〔註16〕同上註，頁204。

2. 離

《說文解字注》解釋「離」本為鳥名，後假借為「離別」；〔註 17〕該書又記載到「別」有「分解」之意；〔註 18〕加上「離」有「忽然振翅就不見」之意，概可推知「離」字也有「分置」、「分開」的寓意。

根據中研院語文所之研究，「離」音為「li2」時，有三十三種意義，〔註 19〕此處舉出其原意與引申之意共九種，如下所列：

（1）〔離黃〕鳥名。黃鸝，即黃鶯。

（2）失去；去掉。

（3）分開。

（4）分散。

（5）離別；離開。

（6）叛離。

（7）離間。

（8）割；砍。

（9）違背；違反。

如以上所述，將「厭」與「離」合而為「厭離」者，應可解釋為「覺得失去興趣了，因此而離開」，或是「覺得討厭，因此而離開」的意思。

經由上述的討論，可知「厭離」是描述心理狀態的形容詞，是對於某事物不再產生興趣因而不再執迷，所以「厭離」並非指距離上的遠離。

（二）「厭離」與 *saṁvega*

關於《阿含經》之「厭離」的研究文獻，有日本學者谷川泰教所著〈厭離考（上）——*Saṁvega* と *Nivveda*〉〔註 20〕，此文分為上、下兩篇，上篇是關於經中「厭離」之對應巴利語 *saṁvga* 的討論，下篇則為 *nivveda*，不過下篇一直沒有搜尋到。

此篇文章雖名為「厭離考」，但主要是根據 saṁvega 這個巴利語詞在巴利三藏的例句對應其漢譯語詞的相關討論為出發點。值得注意的是，標題中這

〔註 17〕段玉裁，《說文解字注》（臺北：黎明文化，1974），頁 144。

〔註 18〕同上註，頁 166。

〔註 19〕http://words.sinica.edu.tw/sou/sou.html.（2012.02.19 瀏覽）。

〔註 20〕〈厭離考（上）——*Saṁvega* と *Nivveda*〉，《高野山論叢》29，1994 年 2 月，頁 49～68。

兩個巴利語其對應之漢譯語詞都是「厭離」，顯示出在《阿含經》中的「厭離」對應之巴利語詞並非只有一個，必須加以研究方能了解《阿含經》之「厭離」的意義。

在此之前，水野弘元曾討論過 *saṁvega* 這個巴利語，他認為這個語詞與宗教情懷息息相關，因此將之名為「宗教心」，他於《原始佛教》一書中提出：

由於無常而感受到苦，因此啓開了以前所不知的正確的眼光，於是瞭解了自己以及世間的缺陷，而有宗教心之萌現。此乃無常觀被認為是引發宗教心的動機之所以。〔註 21〕

以上是水野弘元的說法，對此，谷川泰教補充：「經歷了無常而感受到震驚。」是這個巴利字根之本意，後來覺得要改變自己人生努力的方向時，這已是不同的心理運作階段，因此作者認為這個巴利語包括兩階段的心理轉折，作者並引述了另一位學者 Ananda K. Coomaraswamy 對於 *saṁvega* 的看法：

字根 *vij* 無論加不加前綴 *sa* 或是 *pra*，都意味著「一見到恐怖的東西就後退」，或者「見到恐怖的東西就震撼」……〔註 22〕

在 Ananda K. Coomaraswamy 這篇文章中，以參觀藝術品為例來解釋這個語詞，作者認為當觀眾見到藝術品時，被那美的感覺震攝，或被藝術家的鬼斧神工所震撼，此即是 *saṁvega*；此外，文中指出它也是人們見到自然界的消長所引起的複雜心情，文中指出釋迦牟尼佛還是悉達多太子時，見到露水在朝陽下消失，聯想到生命也如同露水那樣短暫而產生的震驚，為此他立志出家雲遊；又或是許久以後佛陀的信徒，親身遊歷佛陀一生「出生」、「成道」、「說法」及「涅槃」這四件事情發生的地點時，其身心所受到的震攝及感動，因而提起精進修行的道心，這也是 *saṁvega*。

Saṁvega 的生起是由於接觸外在環境的震撼，而心突然一個震動或退縮，造成反省，導致觀念上的改變，此種經驗存在於許多場合，但是此字根所表現出來的並未完整地包覆整個心路歷程，因為它原本只表示「猛然一驚」的感受，在上述例子中，將因此而產生的「回想以往」，及「思索前路」的過程也加了進來。Thanissaro Bhikkhu 分析了這個心理狀態：

很少人會將佛教視為關注人們情緒的宗教……*saṁvega* 就是少年悉達多王子在初遇老、病、死時的感覺。這個詞確實很難翻譯，因為

〔註 21〕水野弘元著，如實譯《原始佛教》（臺北：普門文庫，1984），頁 4。

〔註 22〕Ananda K. Coomaraswamy, "*Saṃvega-Aesthetic Shock*", Harvard Journal of Asiatic Studies, VII , 1943, p.177.

> 它蘊含了複雜的意義。最少同時包括了三類不同的感覺。首先是伴隨著領悟到一般生命的不足取及無義而來的震驚，慌張及疏離。其次是一種提升向上的自覺，發現到自己以往所無視的同流合污，自鳴得意與愚不可及的生活方式。最後焦慮的急迫感在找尋一條脫離無意義輪迴的出路。〔註 23〕

本段引文將 *saṁvega* 分爲三個階段，從與外界接觸造成震撼，引起自我反省而驚覺惶恐，再來是急迫地想找到脫離輪迴之法的三部分，說明了佛教的起始點來自對於人生與世界的不解與情緒反應，《雜阿含經》也常常提到人生的生、老、病、死、憂、悲、惱、苦是人之所以修行的原因，其中後四者皆是情緒的反應，這是值得注意的，而此處正討論的 *saṁvega*，一種欲求出離輪迴的心，也伴隨著「焦慮的急迫感」，可見佛教的修行起點確實啓發自情緒困擾的問題。〔註 24〕

除此之外，田上太秀於《菩提心の研究》中，對「厭離」也做過論述〔註 25〕，作者認爲 *saṁvega* 是「信」的起源〔註 26〕，原因是由於對輪迴的驚怖而欲求一安穩歸依處，因此才有「信」的產生。作者依《大毘婆沙論》認爲生起「厭離」（巴 *saṁvega*）的原因爲屬於「煩惱」的「疑、怖」與屬於「善根」方面的「慚、愧」，《大毘婆沙論》更視之爲大乘佛教「菩提心」的前身，〔註 27〕作者因而找出「菩提心」與「厭離」的內在連結。

綜合以上討論可知，西方學術界多討論 *saṁvega* 這個語詞，而日本學者則有討論中文「厭離」者，但仍是以巴利語的考察佔絕大多數。這個語詞代表著由於體悟了人世間無法圓滿常樂的眞相，因而自省前路的恐懼不安，思前想後之下終於改變生活方式或信仰，奉行宗教生活以繼續面對前路，平息恐懼不安。

〔註 23〕 http://www.godwin.org.hk/friendmain.html（葛榮禪修同學會，禪修之友，第 13 期，印證心中的眞理，2012.3.23 瀏覽）。

〔註 24〕 黃俊威於授課時，也曾假設佛陀在出家前是個感受力強，並情緒化的人，若非如此，見到鳥啄食蟲子，或是見到病人與老人，不會感到莫大的震驚才對，因此，佛陀出家求道，其初衷是爲了要解決自己情緒上的問題。（授課時間：2009.11）

〔註 25〕 田上太秀，《菩提心の研究》（東京：東京書籍，1990 初版），頁 84～92。

〔註 26〕 同上註，頁 34。

〔註 27〕 田上太秀，《菩提心の研究》（東京：東京書籍，1990 初版），頁 78～84。

（三）「厭離」與 *nibbidā*

田上太秀於《菩提心の研究》一書中指出，《阿含經》中的「厭離」另有對應巴利語前綴詞 *nir*＋字根√*vid* 的語詞，作者從論書中找到「厭等於薄地」的說法，認爲在有部的教理來講，成就「厭離」者相當於四果聖者中之「一來果」，是欲界最高階位的心所，〔註 28〕由於該書的重點爲菩提心，因此作者將此與菩薩階位說比較，認爲如法修行而「厭離」（巴 *nibbidā*）者是界於「不退轉地」與「未成佛」之間的聖者〔註 29〕。

雖然學術界對於這類「厭離」沒有專章論文或是專書的討論，不過學者對它的認知似乎存有歧異。在此舉出《中阿含經．習相應品．何義經第一》的經文，以引出學術界中對於「厭離」的意涵，可能帶有意見相左的狀況：

> 復問：「世尊！見如實、知如眞爲何義？」世尊答曰：「阿難！見如實、知如眞者，令厭義。阿難！若有見如實、知如眞者，便得厭。」復問：「世尊！厭爲何義？」世尊答曰：「阿難！厭者，令無欲義。阿難！若有厭者，便得無欲。」〔註 30〕

由以上經文可知，「見如實、知如眞」可得「厭離」，而「厭離」則「無欲」，和辻哲郎解釋「見如實、知如眞」這種「如實（巴 *yathābhūta*）觀」如下：

> 那就是完完全全的，按照現實，沒有設立任何獨斷性的預想，而去認識一切存在者的存在是無常、苦、無我，以及一切存在者的法是色受想行識或眼耳鼻舌身意。〔註 31〕

和辻哲郎認爲「如實」是一種「沒有設立獨斷性預想」的認識，經由這樣的方式去認識本身的感受、思維、意志決定以及認識作用，或者是外界的一切事物，則會「厭離」。所謂「沒有設立任何獨斷性的預想」，應該就是個人過往的業力所成，以及環境造就的人格或是價值觀，面對外在的環境時，會以先前的價值觀對此接觸的外境做出評斷，或在情感上自然產生一些反應，可說是「主觀立場」；那麼「沒有設立任何獨斷性的預想」是相反於此者，不以個人先前的價值觀去評斷，如此的話對外界的反應不會是「喜好」或是「厭惡」。由和辻哲郎所說來推斷的話，如實知見所生起的「厭離」應該是一

〔註 28〕田上太秀，《菩提心の研究》（東京：東京書籍，1990 初版），頁 90。

〔註 29〕同上註，頁 90。

〔註 30〕CBETA, T01, 26, p.485b01-b05。

〔註 31〕和辻哲郎著，《原始佛教的實踐哲學》，世界佛學名著譯叢 80，（台北，華宇出版社，1988 初版），頁 176。

種中性的心理狀態，換句話說，是不受個人感情因素而對所緣進行客觀的觀察，由此觀察而反射出的心理狀態。

另外，田上太秀於其所著的專書《菩提心の研究》，對「厭離」則有如下的解釋：

> 一般來說，厭離的原語多是 *nibbidā*，是變得嫌棄、厭煩等意味，和這語意相當的原語有兩、三種，而這個是可以被當作代表的吧！也有譯爲厭惡及厭患的例子

由此可知，田上太秀認爲「厭離」的解釋，是「變得嫌棄」或是「厭煩」的意思，與上述和辻哲郎所持的觀點比較，可以推論和辻哲郎所說的「厭離」是超然於感情之上的；田上太秀的敘述則爲「變得嫌棄」、「厭煩」，似乎有個人好惡的判斷在內，並非超然於情感上，可知二位在 *nibbidā* 的認識上是有差距的，或是其實二者認定並不衝突？或厭離還有別的用法？這是本文將要說明的重點之一。

此外，釋天眞發表於《中華佛學研究》第 4 期的期刊論文〈從《雜阿含》第 1013 經群看「善終輔導」〉〔註 32〕中，針對「厭離」提出了一些看法，該文舉出：

> 如果以爲「厭離」的態度是一種強制改變行爲的方法，沒有經過如實的觀察來認知，這是對「厭離」一詞的誤解。……但是巴利經文中的 *nibbidā*——「厭離」，其實是經過一番訓練——對六處無常的微細觀察——而產生心理變化。……*nibbidā* 是轉離煩惱至解脫自在的一個過程。可見「厭離」是指捨棄煩惱，不是瞋恚的另一種表態。

作者認爲與 *nibbidā* 對應的「厭離」是經過對六入處無常的仔細觀察而改變了心理狀態，是一種轉煩惱爲解脫自在的過程。作者將六入處的仔細觀察視爲心境轉換爲解脫自在的方式，雖然試著對厭離進行分析與解釋，但對於「厭離」本身之定義以及重要性缺少完整的討論。

另外，董靜宜於中央大學哲學研究所撰寫的碩士學位論文《《雜阿含經》無常法門研究》中，以專章講述關於「諸行無常」與「厭離」，本論文將「厭離」的對象分爲兩種：一爲生老病死，該文認爲生老病死的現象，是世間無常苦迫的顯現，是生命終究歸於衰敗的無常性，認爲修行人應依此警策，以發起「厭離」之心。

〔註 32〕釋天眞，〈從《雜阿含》第 1013 經經群看「善終輔導」〉，《中華佛學研究》4（台北，中華佛學研究所，2000），頁 24。

另一個「厭離」的對象是五受陰，此論文著重講述人們生成之因——五受陰之衰敗的澈查，以生起「厭離」之心。關於生起「厭離」的態度，說明如下：1. 身是不淨，故應「厭離」；2. 觀身如刺、如病，故應「厭離」；3. 身體需食物資養，亦會衰敗滅亡，故應「厭離」；4. 身體由受、煖、識組成，也是會敗壞，故應「厭離」；5. 一切山河大地也都是無常、磨滅之法，應抱不可樂想，故應「厭離」等等。總體而言，在此篇文章中的「厭離」是一種對治修行者貪心的觀念或方法。

以上是學界以《阿含經》或《尼科耶》爲研究範圍，針對「厭離」或 *saṁvega* 及 *nibbidā* 的研究成果，這些研究成果重要且豐碩，本文則將以此爲基礎針對上述研究動機進行相關討論。

第二節　研究範圍

一、《阿含經》簡述

《阿含經》記載著歷史上的佛陀與其弟子和再傳弟子針對四雙八輩如何安頓身心、平息煩惱、解脫煩惱等論題的語錄，欲了解關於此主題的教理者，必以之爲研究範圍不可。

現存之《阿含經》分屬於不同部派的傳承，目前的研究顯示現存之《雜阿含經》與《中阿含經》屬於說一切有部所傳，《增一阿含經》屬於大眾部所傳，而《長阿含經》屬於法藏部；而現存於世的另一套系統：巴利語三藏，則是上座部所傳；四部《阿含經》又以《雜阿含經》爲核心的教法所在，〔註 33〕宣說關於業、緣起、輪迴、無常、五我、四諦、四念處、五蘊、六入處、七覺支、八正道、解脫等佛教特色之學說。

由於漢譯《阿含經》經過轉譯，已非純粹的原典，故在國際學界上，其受重視程度未及巴利三藏，然而《阿含經》保留了不同部派所傳之經文，比起純粹研究巴利三藏而言，《阿含經》的研究自有其比較部派學說上之價值，

〔註 33〕《瑜伽師地論》卷 85（CBETA, T30, no. 1579, p. 772, c9-p. 773, a4）中說明《雜阿含經》闡述蘊、處、界、緣起、食、諦等相應，依據八眾而說眾相應，結集是爲了正法之久住；其中又舉能說、所說、所爲說等三相，這些項目相應交集一起而稱爲《雜阿含經》；而《中阿含經》則以餘相加以演繹；《增一阿含經》以漸增之數而說；《長阿含經》則取餘相廣長而說。因此可知《雜阿含經》是爲核心的教法。

另外，經由對讀巴利本之三藏，亦可做爲部派分裂前共通教義的研究方法。

本文以《阿含經》爲主要研究範圍，然而由於《雜阿含經》爲主要核心教理之蘊藏所在，故在取材上於《雜阿含經》稍有偏重。必要時則對讀巴利三藏，或佐之以巴利藏之相關注釋書或漢傳論典爲參考依據。

二、以《阿含經》爲研究範圍之必要性

佛法流傳兩千餘年，因時因地而呈現出不同的面貌，佛典傳到中國之時，由於當時先賢缺少印度佛教史的概念，因此自行消化吸收，不論經典之間所宣說之理是否彼此有所出入，皆一概接受，並以圓融的方式將這些哲理不一、說法不一的經典視爲同一系列，較量高低，認爲其中哲理較淺者，是佛陀應機說法時方便權宜之說，並將契合於己者推崇爲經典中最高遠、最深廣的，此即爲中土之「判教」，一般來說，《阿含經》被認爲是「藏教」或「小乘」，乃佛陀諸說法中之初階教法，〔註 34〕故歷代都沒有仔細地研究。

清末民初，西方佛學研究成果漸漸傳入國內佛學界，佛教在歷史上的發展輪廓始漸漸被學界與教界知曉，此中不乏對《阿含經》依歷史角度評價者，梁啓超即認爲《阿含經》之研究對於佛學正見之建立有其基礎性及必要性，他說：

〔註 34〕以天台宗爲例，智者大師於其《摩訶止觀》卷 3，以穿鑿高原爲比喻，藉由說明「慧眼」來顯示《法華經》在諸教的地位，對於二乘所宗之《阿含經》，以最表層的「乾土」喻之，而越鑽入地底，則越深入，最終鑽到的水，則喻爲《法華經》:「所言慧眼見者，其名乃同實是圓教十住之位，三觀現前入三諦理，名之爲住，呼住爲慧眼耳。故法華云：『願得如世尊慧眼第一淨。』如斯慧眼分見未了，故言如夜見色空中鵝雁，非二乘慧眼得如此名。故法華中譬如有人穿鑿高原唯見乾土，施功不已轉見濕土，遂漸至泥後則得水；乾土譬初觀，濕土譬第二觀，泥譬第三觀，水譬圓頓觀。又譬於教，三藏教不詮中道如乾土，通教如濕土，別教如泥，圓教詮中道如水。」見 CBETA, T46, no. 1911, p. 25, a7-17。
以華嚴宗爲例，杜順於其所著之《華嚴五教止觀》卷 1 將各經分別爲五教，其中《阿含經》被歸爲小乘教:「一法有我無門（小乘教）、二生即無生門（大乘始教）、三事理圓融門（大乘終教）、四語觀雙絕門（大乘頓教）、五華嚴三昧門（一乘圓教）。」見 CBETA, T45, no. 1867, p. 509, a27-29。
三論宗吉藏大師則以了義與不了義分出了大小乘經典，其中《阿含經》屬於小乘經典，在大乘經典中又再細分了義與不了義經，如《二諦義》卷 1:「由來釋了義不了義者，明小乘教爲不了義，摩訶衍教爲了義，就大乘教中復有二，般若法華等爲不了義，第五涅槃常住教爲了義。」見 CBETA, T45, no. 1854, p. 88, b4-7。

我國自隋唐以後，學佛者以談小乘爲恥，阿含束閣，蓋千年矣！吾以爲眞欲治佛學者，宜有事於阿含，請言其故。

第一、阿含爲最初成立之經典，以公開的形式結集，最爲可信。以此之故，雖不敢謂佛說盡於阿含，然阿含必爲佛說極重之一部份無疑。

第二、佛經之大部分，皆爲文學的作品（補述點染），阿含雖亦不免，然視他經爲少，比較的近於樸實說理……所含佛語分量之多且純，非他經所及。

第三、阿含爲一種言行錄的體裁，其性質略同於論語，欲體驗世尊之現實的人格，捨此末由。

第四、佛教之根本原理——如四聖諦、十二因緣、五蘊皆空、業感輪迴、四念處、八正道等，皆在阿含中詳細說明，若對於此等不能得明確觀念，則讀一切大乘經論，無從索解。

第五、阿含不唯與大乘經不衝突，且大乘教義，含蘊不少，不容訶爲偏小，率爾吐棄。

第六、阿含敘述當時社會情事最多，讀之可以知釋尊所處環境及其應機宣化之苦心，吾輩異國異時代之人，如何始能受用佛學，可以得一種自覺。〔註35〕

簡言之，由於《阿含經》爲佛陀對弟子日常生活、教學之語錄，詳實說明佛教教義與修行要旨，可說是此教法之初衷，對於欲認識佛陀修証之本意者，與欲認識發展後之佛教思想者，《阿含經》之研究均有必要性，不應偏廢。

如梁啓超所說，研究該領域之日本與西方學界多認爲目前傳世之《阿含經》與南傳的《尼柯耶》是佛教部派時期結集的經典，其中雖多少帶有各部派本身所持不同理論之看法，但相對來說亦認爲是保存著較接近佛陀精神的教法。

此外，國內學者印順法師所著《初期大乘佛教之起源與開展》、《性空學探源》、《唯識學探源》等大乘佛教探源類數部專書，以及《佛法概論》等基礎佛教教理專書，皆認爲大乘佛教之思想與《阿含經》有關。

另外，楊郁文數十年鑽研於《阿含經》，並發表多篇論文，持續不斷地開

〔註35〕梁啓超，〈說四阿含〉，《阿含藏附錄》（高雄：佛光出版社，1988），頁367～368。

課宣講，加上近二十年來東南亞幾位宏揚毗婆舍那禪法的法師來台傳授其教法，〔註36〕其教理之本源也都與《阿含經》及《尼柯耶》之精神有關，〔註37〕因此該經的實用性與重要性才被國人發現。那麼，該經的重要之處除了歷史較爲久遠之外，是否吾人可從中得到怎樣的益處？

《阿含經》之教說所涉及領域雖然很廣，其最著重於智慧的發展與培養，以體證五蘊、六入處的無我實相，確實地平息無始以來的貪、瞋、癡，使身心處於平衡、平靜的狀態，排除日常生活的情緒與煩惱，得到現世的心境安樂。因此，以此經典爲研究範圍，探討保持身心平衡的主題，發掘其中有益於現代人使用的教法，使兩千多年前的智慧之道呈現新的面貌，彰顯出以《阿含經》爲範圍從事相關研究的重要性。

三、《阿含經》之漢譯記要

（一）《雜阿含經》之漢譯簡述

漢譯佛典由胡僧與古德們合作翻譯、校對、筆潤而來，其原本多爲天竺語或西域諸國語言，此處根據《高僧傳》所載，簡述翻譯四部《阿含經》之相關人、事、時、地，首先是關於《雜阿含經》之誦出者求那跋陀羅，如《高僧傳》卷3：

> 求那跋陀羅，此云功德賢，中天竺人，以大乘學故世號摩訶衍，本婆羅門種，幼學五明諸論，天文書算醫方呪術靡不該博，後遇見阿毘曇雜心，尋讀驚悟，乃深崇佛法焉。……元嘉十二年（453）至廣州……頃之眾僧共請出經於祇洹寺，集義學諸僧譯出《雜阿含經》，東安寺出《法鼓經》，後於丹陽郡譯出《勝鬘楞伽經》，徒眾七百餘人，寶雲傳譯，慧觀執筆……〔註38〕

從本段經文可知，求那跋陀羅學識廣博，熟悉吠陀、古代印度科學、醫術、咒術，大小乘佛學等等，他於南朝宋文帝元嘉十二年來到廣州，不久當

〔註36〕1995年7月葛印卡禪師（U Goenka）來台教授禪法；1998～2001年緬甸帕奧禪師（Sayādaw U Āciṇṇa）來台指導禪修。2000年12月、2003年、2005年緬甸恰密禪師（Sayādaw U Janaka）來台指導馬哈希禪法。之後陸續有南傳佛教法師來台傳授禪法。

〔註37〕見 Lance Cousins 著，溫宗堃譯，〈內觀修行的起源〉，《正觀》30（南投：正觀雜誌，2004），頁165～213。

〔註38〕CBETA, T50, no. 2059, p. 344, a5-b4。

時佛教界就希望他能夠誦出一些經典，後來他即誦《雜阿含經》及其他諸經，傳譯者爲寶雲，由慧觀執筆。

所謂傳譯者爲主要的翻譯人員，求那跋陀羅應是憑記憶口誦經典，傳譯者將外語翻譯爲當時的漢語。《雜阿含經》之傳譯者釋寶雲，據《高僧傳》卷3，爲一位遊歷西域諸國的語言家：

> 釋寶雲，未詳氏族，傳云：涼州人。……志欲躬覩靈跡廣尋經要，遂以晉隆安之初遠適西域，與法顯、智嚴先後相隨，涉履流沙登踰雪嶺，懃苦艱危不以爲難，遂歷于闐、天竺諸國備覩靈異……雲在外域遍學梵書，天竺諸國音字詁訓悉皆備解，……眾僧以雲志力堅猛弘道絕域，莫不披衿諮問敬而愛焉，雲譯出《新無量壽》，晚出諸經多雲所治定，華戎兼通音訓允正，雲之所定眾咸信服。初關中沙門竺佛念善於宣譯，於符姚二代顯出眾經，江左譯梵莫踰於雲，故於晉宋之際，弘通法藏，沙門慧觀等，咸友而善之……〔註39〕

從上述引文可知，寶雲爲了想親眼目睹佛陀聖跡而西行遊歷，因而熟悉西域天竺各國語言，由於對於華語和天竺西域諸語都精通，可知他應該是翻譯過程中將天竺或西域語譯爲漢語的樞紐人物，又如《高僧傳》卷3的記載：

> 然夷夏不同，音韻殊隔，自非精括詁訓領會良難，屬有支謙、聶承遠、竺佛念、釋寶雲、竺叔蘭、無羅叉等，並妙善梵漢之音，故能盡翻譯之致，一言三復，詞旨分明，然後更用此土宮商飾以成製。
>
> 〔註40〕

由上引文可知當時的翻譯人員有的是中亞人（支謙）、有的是天竺人（竺叔蘭），有的是漢地人士（聶承遠、釋寶雲），他們精通夷夏語言，熟於訓詁，並可將漢譯後經典配以此土的音韻。

釋寶雲除了《雜阿含經》之外，在《高僧傳》中，還可見到他翻譯了《普耀經》、《佛說廣博嚴淨不退轉輪經》、《佛說四天王經》、〔註41〕《雜阿毘曇心論》〔註42〕等等。

〔註39〕CBETA, T50, no. 2059, p. 339, c18-p. 340, a7。

〔註40〕CBETA, T50, no. 2059, p. 345, c6-10。

〔註41〕《高僧傳》卷3：「乃共沙門寶雲譯出《普曜》、《廣博嚴淨》、《四天王》等。」見 CBETA, T50, no. 2059, p. 339, b23-24，其中《廣博嚴淨》爲《佛說廣博嚴淨不退轉輪經》。

〔註42〕《高僧傳》卷3：「慧觀等以跋摩妙解《雜心》諷誦通利，先三藏雖譯未及繕

「雜阿含」三字，「雜」表示以不同的事類、相應來分類佛陀所說的教法，所謂「間廁鳩集」〔註43〕，「間廁」，是說在各分類中安插；而「鳩集」，可謂如鳥一般聚集，表示了《雜阿含經》有按照不同事、教法來分類（鳩集）的特徵，也有將某些相關語錄安插於各分類中的編排方式，這是考量到雖然依照諸事、教法等分類，但各類之間仍有相關。「阿含」爲 *āgma* 的音譯，意思是「傳來的」，可解釋爲「從佛所傳來的、所聽聞的」之意，因此《雜阿含經》是爲「從佛所聽來的，依不同之事項、相應、種類等等分類，並安插相關說法的經典」。

（二）《長阿含經》之漢譯簡述

《長阿含經》爲後秦高祖弘始十五年〔註44〕（415）佛陀耶舍口誦，竺佛念漢譯，見《高僧傳》卷2：

> 佛陀耶舍，此云覺明，罽賓人也，婆羅門種，世事外道。……至年十九誦大小乘經數百萬言……年二十七方受具戒，恒以讀誦爲務手不釋牒……即以弘始十二年譯出《四分律》凡四十四卷。并《長阿含》等。涼州沙門竺佛念譯爲秦言，道含筆受。〔註45〕

佛陀耶舍爲婆羅門，所以未接觸佛教之前就熟悉了傳統印度的學問，記憶力奇佳，信仰佛教之後，他背誦數百萬言的大小乘經典，於弘始十二年（412）口述《四分律》，弘始十五年誦《長阿含經》梵本，由竺佛念漢譯。另外，關於譯師竺佛念，《高僧傳》卷1有如下記載：

> 竺佛念，涼州人，弱年出家志業清堅，外和內朗有通敏之鑒，諷習眾經粗涉外典，……家世西河洞曉方語，華戎音義莫不兼解，……符氏建元中有僧伽跋澄、曇摩難提等入長安，趙正請出諸經，當時名德莫能傳譯，眾咸推念，於是澄執梵文，念譯爲晉，質斷疑義音

寫，即以其年九月，於長干寺招集學士，更請出焉。寶雲譯語，觀自筆受。」見 CBETA, T50, no. 2059, p. 342, b28-c2，此中之《雜心》即爲《雜阿毘曇心論》。

〔註43〕《瑜伽師地論》卷85：「即彼一切事相應教間廁鳩集，是故說名雜阿笈摩。」見 CBETA, T30, no. 1579, p. 772, c23-24。

〔註44〕《長阿含經》卷1：「以弘始十二年歲次上章閹茂，請罽賓三藏沙門佛陀耶舍出律藏一分四十五卷，十四年訖。十五年歲次昭陽赤奮若，出此《長阿含》訖。涼州沙門佛念爲譯，秦國道士道含筆受。」見 CBETA, T01, no. 1, p. 1, a27-b2。

〔註45〕CBETA, T50, no. 2059, p. 333, c16-p. 334, b21。

字方明，至建元二十年（384）正月，復請曇摩難提出《增一阿含》及《中阿含》，於長安城內集義學沙門，請念爲譯，敷析研覈二載乃竟。二含之顯，念宣譯之功也，自世高支謙以後莫踰於念……〔註46〕

從上引文可知，竺佛念生於涼州，順著地緣之便因此熟悉西域語言，所以《增一阿含經》與《中阿含經》的第一次翻譯，皆經由他之手而成。

（三）《中阿含經》之漢譯簡述

《中阿含經》曾被翻譯兩次，第一次爲竺佛念請曇摩難提誦出，而由竺佛念翻譯；《中阿含經》第二次被翻譯則是在東晉安帝隆安元年（397）到二年的六月，〔註47〕當時來華的僧人僧伽提婆由於與冀州法師法和共處與宣講，漸漸通曉華語，才發現原譯之《中阿含經》可能因爲當時戰亂頻仍，所以沒有很完備詳細，因此由僧伽羅叉口誦梵本，僧伽提婆漢譯，如《高僧傳》卷1：

僧伽提婆此言眾天，或云提和，音訛故也。本姓瞿曇氏，罽賓人，入道修學遠求明師，學通三藏尤善阿毘曇心……初僧伽跋澄出婆須蜜及曇摩難提所出二《阿含》、《毘曇》、《廣說》、《三法度》等凡百餘萬言，屬慕容之難戎敵紛擾，兼譯人造次未善詳悉，義旨句味往往不盡，……提婆乃與冀州沙門法和俱適洛陽，四五年間研講前經，居華稍積博明漢語，方知先所出經多有乖失，法和慨歎未定，乃更令提婆出阿毘曇及廣說眾經，……其冬珣集京都義學沙門釋慧持等四十餘人，更請提婆重譯《中阿含》等，罽賓沙門僧伽羅叉執梵本，提婆翻爲晉言，至來夏方訖……〔註48〕

《分別功德論》闡述「中」者，是不大不小，不長不短，事處中適之義。〔註49〕因此，所謂《中阿含經》就是篇幅中等的聖教集。

（四）《增一阿含經》之漢譯簡述

《增一阿含經》的翻譯，如上文《中阿含經》部份所述，是由曇摩難提

〔註46〕CBETA, T50, no. 2059, p. 329, a28-b11。

〔註47〕《中阿含經》卷1：「東晉孝武及安帝世隆安元年十一月至二年六月了於東亭寺罽賓三藏瞿曇僧伽提婆譯道祖筆受」見CBETA, T01, no. 26, p. 421, a5-7。

〔註48〕CBETA, T50, no. 2059, p. 328, c22-p. 329, a25。

〔註49〕《分別功德論》卷1：「中者，不大不小不長不短，事處中適，故曰中也。」見CBETA, T25, no. 1507, p. 32, a27-28。

口述梵本，由竺佛念翻譯成中文，又如《增一阿含經》序：

有外國沙門曇摩難提者，兜佉勒國人也，齠齓出家，孰與廣聞，誦二阿含……以秦建元二十年來詣長安，外國鄉人咸皆善之，武威太守趙文業求令出焉。佛念譯傳，曇嵩筆受，歲在甲申夏出，至來年春乃訖，爲四十一卷，分爲上下部。上部二十六卷全無遺忘，下部十五卷失其錄偈也。余與法和共考正之，僧䂮、僧茂助校漏失，四十日乃了……〔註 50〕

可知《增一阿含經》始譯於前秦世祖建元二十年（384）夏，終於二十一年（385）春。上卷完整而下卷有殘缺，後由諸僧人協助考證與補漏。《增一阿含經》是以一至十的數字將諸法排列起來而成，如《增壹阿含經》序：

增壹阿含者，比法條貫以數相次也。數終十，令加其一，故曰增一也；且數數皆增，以增爲義也。其爲法也，多錄禁律，繩墨切厲，乃度世檢括也。〔註 51〕

有一點須注意的，《增壹阿含經》開頭處所記之作者並非曇摩難提，而記載爲「東晉罽賓三藏瞿曇僧伽提婆譯」，現存之《增壹阿含經》翻譯者爲誰，這個問題雖仍未有定論，不過多數學者認爲瞿曇僧伽提婆並未完全重譯，只是改譯了曇摩難提本，但也有不同於此的研究說法。〔註 52〕

本小節簡述了參與四部《阿含經》漢譯的重要人物與年代，以及《中阿含經》與《增壹阿含經》重譯的問題，看來曇摩難提翻譯《中阿含經》與《增壹阿含經》時，被戰亂影響不小，以致此二部經典都被後人重譯。

〔註 50〕CBETA, T02, no. 125, p. 549, a10-18。

〔註 51〕同上註，a6-9。

〔註 52〕「關於學者們皆承認現《增一阿含》有經過僧伽提婆之手的這件事，基本上，關於僧伽提婆譯有《增一阿含》此事，本身就是個問題。因爲根據現存較早且可靠的經錄如《出三藏記集》、《法經錄》、《仁壽錄》、《靜泰錄》等記載，《增一阿含》僅有一種譯本爲曇摩難提誦出竺佛念譯傳的譯本，並無提及僧伽提婆所譯的《增一阿含》。然而，有關僧伽提婆譯出《增一阿含》第二譯的記載，是始自《歷代三寶記》，但多數學者認爲此經錄所載的內容不實之處多矣，故不足採信，因此對於現《增一阿含經》有經僧伽提婆之手這點，實有矛盾之處……」參見林家安，《現存漢譯《增一阿含經》之譯者考》（圓光佛學研究所畢業論文，2009），頁 139。作者則經過目錄比對、譯文風格等等的比對探討，認爲最有可能的改譯者爲竺佛念。

第三節　研究背景

本文的研究範圍是北傳的聖典《阿含經》，其中所闡述的解脫思想與修行方法，與南傳的巴利三藏所述相似，南北傳聖典二者往往被學界認爲是較接近於歷史上佛陀所演說與主張的教法；從印度宗教哲學史來看，佛教的出現並非單一的獨立事件，佛教創始者釋迦牟尼西元前六世紀生於北印度的迦毘羅衛城的王族，自幼受到良好的教育，出家求道後向當時的兩位仙人學習解脫之法，後又自己操作當時流行的苦行，由此可知其解脫觀念、法門的形成與當時解脫思想文化勢必無法分割，而當時的思潮可以從中村元的歸納中看出：

> 人們，特別是西方人常常指出，東方思想有一種遁世的傾向。〔註 53〕

相較之下，此遁世傾向是東方思想的潮流；高楠順次郎與木村泰賢則認爲：

> 〔印度〕無論何學派，必帶幾分厭世的傾向。謂此世爲假現而欲捨之，以達於更好之境界。〔註 54〕

因此如何拆穿此五光十色現象世界之假面以得到永恆的安樂，是印度各宗教哲學學派間共同努力尋找的道路，哲人們紛紛站在前輩的肩膀上找尋各自的解脫出路，彼此的思想來源、修行方法相互影響，形成一種綜合的，卻又各自保有各派特色的解脫潮流，以下即介紹佛陀當時其他宗教的解脫思想。

本節分爲三個小節，第一節是作爲吠陀秘義〔註 55〕的《奧義書》（梵 *Upaniṣad*），《奧義書》被認爲是印度早期主流思想《吠陀》祭祀主義的末端，《吠陀》之形成與發展時期可定爲從西元前 1500 到西元前 500 年，〔註 56〕《奧

〔註 53〕中村元著，林太、馬小鶴譯，《東方民族的思維方法》（台北：淑馨出版社，1991），頁 21。

〔註 54〕高楠順次郎、木村泰賢著，高觀廬譯，《印度哲學宗教史》（台北：臺灣商務印書館，1974），頁 395。

〔註 55〕恰特吉（Chatterjee）、達塔（Datta）原著，伍先林、李登貴、黃彬等譯，《印度哲學概論》（台北：黎明文化事業公司，1993），頁 382。

〔註 56〕高楠順次郎、木村泰賢著，高觀廬譯，《印度哲學宗教史》（台北：臺灣商務印書館，1974），頁 28。此中說道：「天然神話時代（西元前 1500～1000）：此時代以天然諸現象爲神格而認爲信仰之對象，同時欲根據之而解釋萬有，所謂宗教及哲學，皆未脫神話之外皮，……此乃印度宗教哲學之出發點，最重要之時代也。梨俱吠陀爲其代表的聖典。」又說：「婆羅門教成立時代（西元前 1000～500）：此時期繼承前期思想，形式上實質上皆整理發展，以完成印度國民的宗教，所謂婆羅門教之時代。即婆羅門族在此時代一方產出夜柔

義書》之形成與發展則接續了《吠陀》時期，是西元前五世紀到西元後二、三世紀；〔註 57〕其次介紹《阿含經》所提到當時著名的六師外道，由於六師中之耆那教與佛教常被相提並論，因此本節介紹除耆那教之外的五師，耆那教則留待第三節介紹。

一、《奧義書》的解脫思想

（一）從《吠陀》到《奧義書》時代之社會與思想轉變

印度最早的文獻是四《吠陀》，其中《梨俱吠陀》中的詩頌，可能代表著畜牧時代與農業時代印度雅利安人由於敬畏大自然所創作的讚頌詩，由於當時生活物資完全取自大自然，所以若是風調雨順則穀物豐收，牲畜存活率高，當時的人將大自然各種現象擬神化，如風神（*Vāyu*）、火神（*Agni*）、雨神（*Parjanya*）等，認爲萬物皆有神掌控，爲求五穀豐收，六畜興旺，生活平安順利，必須透過對於眾神獻祭，使眾神欣悅降福，若不如此則將災禍不斷。在這樣的心理之下，祭祀遂成爲達成生活保障的萬能工具，是與眾神溝通，取悅眾神的方法。

社會階級方面，四姓階級之中的婆羅門是世襲的祭司，他們除了執行祭祀之外，也必須執行王族的特別祭典，授國王以神權，因此國王的神權經由祭司認定而更具主宰力，祭司也因此受國王尊敬並擁有名利，二者之間形成了互利的關係；婆羅門階級被認爲是與眾神溝通的管道，掌握了與眾神溝通的重要位置，〔註 58〕地位更顯尊貴而穩固。

婆羅門階級的祭司成爲神權在人間的傳話者，他們變得可以間接左右人們的生活、生命，成爲當時位高權重的角色，《吠陀》被奉爲婆羅門階級至高無上寶典，分爲四部《吠陀》：《梨俱》、《夜柔》、《沙摩》、《阿韃婆》等四種，《梨俱吠陀》記載了創世的神話，人類起源以及對諸神讚頌的詩歌；《夜柔吠陀》，《沙摩吠陀》，《阿韃婆吠陀》記載了婆羅門的獻祭方式、觀念與當地原生土著巫術的結合，其中記載各種神明的職掌，讚頌神明的詩歌，以及各種神明的獻祭方法，需準備的物品，事前的準備工作等等，這些記載是爲

吠陀及各梵書而組織祭祀萬能之宗教……」。

〔註 57〕高楠順次郎、木村泰賢著，高觀盧譯，《印度哲學宗教史》（台北：臺灣商務印書館，1974），頁 29。

〔註 58〕羅米拉·塔帕爾（Romila Thapar）著，林太譯，《印度古代文明》（世界文化叢書 29，台北：淑馨出版社，1994），頁 22。

了充分而精確地履行祭典儀式，是實踐《吠陀》祭祀義務職責的規條，經由這樣的規定與禁制而指出幸福的眞實道路，故《吠陀》文學被稱爲「作業之道」（梵 *karmamārga*）。〔註 59〕

接著說明《吠陀》以外之知識興起的原因。知識教育原本就不是婆羅門階級所獨享，王族刹帝利也享有受教育的權利，不過由於「《吠陀》時代的國王是軍事領袖，他的戰爭技巧和對部落的保護，是他保住王位的關鍵，他只接受自願呈獻的實體禮物；他無權徵取固定的稅收，對土地也無任何權力」。〔註 60〕可知其教育的重點是放在爭戰，其心思是用於保護部落；公元前 700 年，雅利安人已經熟悉各種鐵器的使用。改良的鐵器加速擴展的進程，減輕了在土地上勞作的壓力，並爲宗教活動和哲學思索提供了閒暇。〔註 61〕步入農耕生活之後，王族階級可收取歲入，因而在生活上得到安穩，遂有機會從事更深入的思想研究。〔註 62〕由於《吠陀》時代的祭典與儀式過於繁複，並且必須被精準地實施而使得型式僵化，此時王族階級生活型態正好有了改變，因此出現以思想活動取代祭典儀式的傾向，從極端的外在型式取向轉爲內在思想解脫的傾向，「物質以及極爲精確的祭祀儀式因此而失去其意義，瞑思於是取代其地位……相信瞑思這些並視之爲宇宙至上、至大者可產生極大的利益。」〔註 63〕異於婆羅門四《吠陀》主張祭祀之學的創新解脫學說從此層出不窮，解脫輪迴從原本向梵天及諸神乞請，轉而成爲個人內在眞正自我的探索與認識。〔註 64〕

（二）《奧義書》之解脫學說

《奧義書》即是上述思潮的集結，由於它屬於《吠陀》末端的文獻總結，仍保留部分《吠陀》的思想，因此又被稱爲吠檀多（梵 *Vedanta*，《吠陀》秘義，或《吠陀》之末終）。此類學說多爲與內在自我相關者，異於傳統《吠陀》學

〔註 59〕達斯笈多（Surendranath Dasgupta）著，林煌洲譯，《印度哲學史》第 1 冊（台北：國立編譯館，1996），頁 54。

〔註 60〕羅米拉．塔帕爾（Romila Thapar）著，林太譯，《印度古代文明》（世界文化叢書 29，台北：淑馨出版社，1994），頁 22。

〔註 61〕同上註，頁 19。

〔註 62〕羅米拉．塔帕爾（Romila Thapar）著，林太譯，《印度古代文明》（世界文化叢書 29，台北：淑馨出版社，1994），頁 33。

〔註 63〕同上註，頁 59。

〔註 64〕達斯笈多（Surendranath Dasgupta）著，林煌洲譯，《印度哲學史》第 1 冊（台北：國立編譯館，1996），頁 57。

問，故不足爲外人道也，必須於寧靜無人處近坐，師徒二、三人私相傳授，其梵文 *Upaniṣad* 即爲「近坐」之意。〔註65〕例如業力這種新穎之說法，《奧義書》中即記載「祭皮衣仙之業力說的特色，認爲業力會決定來生的品質，而業力形成於個人的行爲造作，行爲造作源自於意向，意向又因愛欲而生，因此超越生死輪迴，必須要斷除愛欲，若能斷除愛欲，則能解脫不死，」〔註66〕這種說法當時即爲一種秘義，只能秘傳。以下歸納《奧義書》之解脫方法：

1. 無　欲

「無欲」即達到與梵同德，死後回歸大梵，解脫於輪迴也是一種新的想法。如《摩訶那羅衍拿奧義書》（*Mahānārāyaṇa Upaniṣad*）：

> 微者逾微妙，大者逾龐大，自我寓眾生，深藏在幽昧，
> **人而祛欲情，慢斷彼可見，清淨心意根，自我見大顯。**〔註67〕

哲人們發現身體、心理與山河大地一樣日漸敗壞，沒有任何值得快樂，值得欲求的，具有捨離思想之顯現，如《彌勒奧義書》有云：

> 尊者！此、皮、筋、髓、肉、精、血、涎、泪、涕、糞、溺、風、胆汁、痰液之所聚集，此臭惡無實之身中，有何欲而可樂耶？
>
> 欲、嗔、貪、畏、慢、嫉、愛別離、怨憎會、飢、渴、老、死、病、患等所襲，於此身中，有何欲而可樂耶？
>
> 且吾等見此世一切咸趨壞滅，有如此諸蠅、蚋、草、木等，生長而又凋落……更何況尚有其他者耶？海洋枯焦，峰巒崩頹，極星移易，躔宿失次，大地平沉，天神遜位，我亦如是而淪茲生死，有何欲而可樂耶？……〔註68〕

因此《奧義書》認爲能夠捨離愛欲爲最上者，如《摩訶那羅衍拿奧義書》：

> 婆羅門則曰：捨離是也。婆羅門，最上者也；最上者，婆羅門也。其餘諸族姓，彼皆以捨離而凌越之。〔註69〕

可見「捨離」被認爲是「大梵」，〔註70〕被認爲是「高於其他諸苦行」〔註71〕。

〔註65〕同上註，頁62。

〔註66〕林煌洲，《奧義書輪迴思想研究》（台北：中國文化大學碩士論文，1986），頁112～113。

〔註67〕徐梵澄，《五十奧義書》（北京：中國社會科學院出版社，1995），頁219。

〔註68〕同上註，頁297～298。

〔註69〕徐梵澄，《五十奧義書》（北京：中國社會科學院出版社，1995），頁229。

〔註70〕同上註，頁230。

2. 梵我不二

《奧義書》與吠陀之重點都在探究解脫輪迴的方法，一脈相承之處在於相信個人小我靈魂的存在，大我梵天的妙樂與永存；其分野最大者，在於解脫方法上，《吠陀》文獻主張向梵求解脫，凡事重視祭祀與儀軌，故被稱爲「作業之道」，《奧義書》則出現重視內在自我發掘的想法，認爲梵即是內在自我，梵我不二，被稱爲「知識之道」（梵 *jñānamārga*）〔註 72〕。如《唱贊奧義書》：

> 凡此，皆大梵也。**人當靜定止觀**，此爲群有從之而生，往焉而滅，依之而呼吸者。
>
> 而人者，心志所成也，如人在斯世之心志爲何，則其蛻此身後爲如何，**故當定其心志焉**。
>
> 而彼者，以意而成，以生氣爲身，以光明爲形，以眞理爲念處，以無極爲自我，涵括一切業，一切欲，一切香，一切味，涵括萬事萬物而無言，靜然以定，**斯則吾內心之性靈也**。
>
> 其小也，小於穀顆，小於麥粒，小於芥子，小於一黍，小於一黍中之實。
>
> 是吾內心之性靈也，其大，則大於地，大於空，大於天，大於凡此一切世界。
>
> **是涵括一切業，一切欲，一切香，一切味，涵括萬事萬物而無言，靜然以定者，是吾內心之性靈者，大梵是也**。而吾身蛻之後，將歸於彼焉。
>
> 誠然，有於此無疑者，將歸於彼焉。〔註 73〕

又如《唱讚奧義書》：

> 所謂此大梵者，此即凡人身外之空。而此身外之空者，及此身內之空。此身內之空者，即此心內之空。是圓滿者，是無轉變者。有如是知者，即得圓滿而無轉變之幸福焉。〔註 74〕

〔註 71〕徐梵澄，《五十奧義書》（北京：中國社會科學院出版社，1995），頁 231。

〔註 72〕同上註，頁 53。

〔註 73〕徐梵澄，《五十奧義書》（北京：中國社會科學院出版社，1995），頁 95～96。

〔註 74〕同上註，頁 93。

又如《金剛針奧義書》(*Vajrasūcika Upaniṣad*)認爲婆羅門並非種姓階級，若能夠親證梵與自我不二者則爲婆羅門：

然則婆羅門果爲何者耶？

其人也，**不論其爲誰某也，能證會「自我」不二者也**。無有于族姓、功德、事業、凡六疾、六事等及一切罪過皆除，證會此以眞、智、樂、永恆爲自性者，然在自爲離分別者，載持無盡劫波者，以其在萬有爲內中主宰，在內在外，迷綸周遍，有如太空者，無分無間，以阿難陀爲自性，不可計量而獨立可證會者。直觀能得，如（見）余甘子果實置於掌中也，善能直觀，所作已辦，則貪嗔等過皆除，止寂、禁制等行具足，情欲、疑惑、渴求、願望、癡等皆祛，驕矜、我慢等不塵其念……唯有如是所說諸相者，其人乃爲婆羅門。……當觀照「大梵」爲眞、智、樂「自我」不二者也。當觀照「自我」爲眞、智、樂「大梵」也。〔註75〕

3. 唵與祭祀

雖然向自己之內心尋求眞我的潮流風行，祭祀之說並非完全被《奧義書》否定，如《唱讚奧義書》(*Chāndogya Upaniṣad*)：

梵論師相與言：清晨之斟獻，既歸於婆蘇眾，午時者又歸於樓達羅群，日暮者更歸於阿底替耶諸神及宇宙天神。……

清晨唱禱始事之前，祀者北面坐於家主火之後。當唱此三曼，奉獻婆蘇眾。……在日午奉獻始事以前，祀者當北坐於北角火之下，當唱此三曼，奉獻樓達羅群。……在第三奉獻始事以前，祀者當北面坐於祀神火之下，當唱此三曼，奉獻於阿底替耶（*Āditya*）及宇宙天神。……阿底替耶及宇宙天神，乃賜以此第三斟獻之餘。唯彼乃知犧牲奉祀之量，則如是知者也，彼如是知者也。

唱讚梵天以遂其願之信仰也仍然存在，如《唱讚奧義書》：

波羯．達爾毗阿子（*Baka Dālbhya*）知此。爲萊米沙人（*Naimṣa*）之烏特伽陀（*Udgā*tar 祭司），嘗唱其人之所求願，而皆得焉。〔註76〕

或以唱誦「唵」爲契入「梵」之方法，如《唱讚奧義書》：

〔註75〕徐梵澄，《五十奧義書》（北京：中國社會科學院，2007），頁178。

〔註76〕同上註，頁55。

人唯如是知，而觀想此音（「唵」）爲「烏特吉他」（*Udgītha*〔註77〕），則凡有求願，唱禱而皆得矣。〔註78〕

又如《唱讚奧義書》：

若人誦得《梨俱》已，則高聲唱言「唵」，於《三曼》亦然，於《夜珠》亦然。唯此聲，即此音。是不滅者，是無畏者。諸天入乎是，則無畏而不死。

有如是知此者，念持此音，則唯入乎此音、此聲，此不滅者，無畏者，人乎此已，如諸天之不死也，彼則永生。〔註79〕

思維生命的生與死的問題，生自何來，死往何去？人的身體構造與壽命雖有限，人的心量卻可以無限大，透過禪定，認識自我內在的性靈，能夠體悟大梵等同於自我，死後自我也將回歸於大梵。

4. 苦　行

《奧義書》認爲藉由實踐「苦行」能夠認知內在自我，如《泰迪黎耶奧義書》（*Taittirīya Upaniṣad*）：

有蒲厲古婆罏尼者，詣其父波罏拿曰：「阿父！願傳我梵道！」乃說（其已知）大梵者爲糧食，氣息，眼，耳，意，語。

彼乃教之曰：「唯此眾生由之而生者；生，以之而存活者；歿則歸焉者，此汝所當知，此大梵也。」彼乃修苦行，修苦行矣。〔註80〕

此處之「苦行」，「蓋在梵學中此爲人道，然必依經論行之，皆有規定方法。目的在於清淨心意，克制情欲衝動之有傷於精神生活者，然必不至於妨生也。如減食，去色，臥低下床，日三沐浴，說眞實語，皆所謂苦行也。摒除欲念。純依於大梵之知識而已。」〔註81〕又如《摩訶那羅衍拿奧義書》：

道是苦行，眞是苦行，聞是苦行，安靜是苦行，歛意是苦行，收心是苦行，布施是苦行，祭祀是苦行。〔註82〕

又如《摩訶那羅衍拿奧義書》：

〔註77〕字義爲高聲唱讚。即三曼吠陀之一部分。又表向上運動。見徐梵澄《五十奧義書》（北京：中國社會科學院，2007），頁52，註1之說明。

〔註78〕同上註，頁55。

〔註79〕徐梵澄，《五十奧義書》（北京：中國社會科學院，2007），頁58。

〔註80〕同上註，頁204。

〔註81〕徐梵澄，《五十奧義書》（北京：中國社會科學院，2007），頁204。

〔註82〕同上註，頁229。

> 昔諸天以苦行而得神性，修士以苦行而得天界，以苦行而仇與敵皆祛除；萬事萬物，皆安立於苦行中，故人謂苦行乃至上者也。〔註 83〕

「苦行」（梵 *tapas*）之字源同於「熱」，「熱」是一種意志，《梨俱吠陀》之中認爲世界的產生是由於「熱」，苦行的目的可能有二：一是通過肉體禁欲和反省的實踐，以獲得神秘而不可思議的力量，二是藉由撤離社會，尋求自由以整頓社會。〔註 84〕「瑜珈」（梵 *yoga*）也是苦行的內容之一，《奧義書》時代它漸漸被做爲主要的解脫方式，「瑜珈」爲「結合」之意，被認爲經由施行此等行爲而能與大梵結合。此外，《奧義書》也主張「苦行」可以盡除惡業，惡業盡除之後，靈魂將與「梵」合一，永受妙樂。

從上述討論可知，《奧義書》的解脫方式，已由《吠陀》之《吠陀》天啓、祭祀萬能主義，轉變爲以內省與自我修練爲主的思潮，如《唱讚奧義書》：

> 法有三支：祭祀、讀書〔註 85〕、布施。此其一也。苦行，二也。貞行〔註 86〕，居於師門，終其身以貞清，三也。凡此皆足以得福樂界；而卓立於大梵中者，乃得永生焉。〔註 87〕

二、六師外道及其解脫思想（一）

佛陀當時的印度除了《奧義書》中諸多思想正在流行之外，根據《阿含經》的記載，有不少非婆羅門教的觀點，其中最著名者可說是「六師外道」（*Tīrthaka*），由於佛陀認爲這六類見解都不正確，因此在佛典中又稱他們爲「邪命外道」，此六師之名，如《雜阿含經》卷 43：

> 謂六師等諸邪見輩，所謂富蘭那迦葉、末伽梨瞿舍梨子、散闍耶毘羅胝子、阿耆多枳舍欽婆羅、伽拘羅迦氈延、尼揵連陀闍提弗多羅，及餘邪見輩。〔註 88〕

〔註 83〕徐梵澄，《五十奧義書》（北京：中國社會科學院，2007），頁 229。

〔註 84〕羅米拉・塔帕爾（Romila Thapar）著，林太譯，《印度古代文明》（世界文化叢書 29，台北：淑馨出版社，1994），頁 30。

〔註 85〕原書註：即讀吠陀。見徐梵澄《五十奧義書》（北京：中國社會科學院，2007），頁 82。

〔註 86〕貞行即爲梵行，不行淫行。

〔註 87〕徐梵澄，《五十奧義書》（北京：中國社會科學院，2007），頁 83。

〔註 88〕CBETA, T02, no. 99, p. 317, b10-13。《中阿含經》卷 57〈3 晡利多品〉對於六師之名，則有如下記載：「瞿曇！不蘭迦葉名德宗主，眾人所師，有大名譽，眾所敬重，領大徒眾，五百異學之所尊也。於此王舍城共受夏坐，如是摩息

除了耆那教教主之外，其他五師留下的文獻很少，對於彼等的了解，學者們大多從佛典或耆那教聖典中彼此論辯的記錄得來，本小節亦以《阿含經》中所論，描述此五師之觀點；耆那教教主尼犍若提子（梵 *Nigaṇṭha Nātaputta*）與佛陀之出身相似，學說及所持戒律、教徒之穿著也頗爲近似，初期西方治印度宗教哲學者往往不知如何分辨，或有將之認爲是姐妹教者，但細較之下卻多有相異之處，爲明辨起見，故另於下一小節討論之。

（一）富蘭那迦葉（梵 *Pūraṇa-Kassapa*）

富蘭那迦葉相傳是奴隸之子，生於主人的牛舍中，後來從主人處逃走，據說他曾與佛陀爭論，佛陀成道後十六年於舍衛城落水而死。〔註 89〕他認爲業力與人行爲的清淨與垢穢無關，無論助人、布施，或是燒殺擄掠，所有作爲沒有任何意義，沒有所謂的善行、惡行，未來也不會有福報、惡報，是位無道德論主義者〔註 90〕。《雜阿含經》卷 3：

> 時，摩訶男詣彼眾富蘭那所，與富蘭那共相問訊，相慰勞已，却坐一面。時，摩訶男語富蘭那言：「我聞富蘭那爲諸弟子說法：『**無因、無緣眾生有垢，無因、無緣眾生清淨。**』世有此論，汝爲審有此，爲是外人相毀之言？世人所撰，爲是法、爲非法，頗有世人共論、難問、嫌責以不？」
>
> 富蘭那迦葉言：「實有此論，非世妄傳。……我如是見、如是說：『無因、無緣眾生有垢，無因、無緣眾生清淨。』」〔註 91〕

《長阿含經》卷 17 之《沙門果經》記載阿闍世王請教六師現世所做種種是否導致果報，其問題如下：

> 王白佛言：「我曾詣沙門、婆羅門所問如是義。我念一時至不蘭迦葉所，問言：『如人乘象、馬車，習於兵法，乃至種種營生，現有果報；今此眾現在修道，現得果報不？』」〔註 92〕

迦利瞿舍利子、娑若鞞羅遲子、尼揵親子、彼復迦栴、阿夷哆雞舍劍婆利。」見 CBETA, T01, no. 26, p. 782, a3-7。

〔註 89〕姚衛群，《印度宗教哲學百問》（北京：今日中國出版社，1992），頁 106。

〔註 90〕佐佐木教悟等著，楊曾文，姚長壽譯，《印度佛教史概說》（上海：復旦大學出版社，1993），頁 10。

〔註 91〕CBETA, T02, no. 99, p. 20, c11-22。

〔註 92〕CBETA, T01, no. 1, p. 108, a23-26。

對此問題富蘭那迦葉完全否決，甚至認爲殺光一切眾生並非行惡事，也無惡報，即使舉辦大布施會，利益眾人，亦非行善事，也無善報：

> 彼不蘭迦葉報我言：『王若自作，若教人作，斫伐殘害，煮炙切割，惱亂眾生，愁憂啼哭，殺生偷盜，婬逸妄語，踰牆劫奪，放火焚燒，斷道爲惡。大王！行如此事，非爲惡也。大王！若以利劍臠割一切眾生，以爲肉聚，彌滿世間，此非爲惡，亦無罪報。於恒水南，臠割眾生，亦無有惡報。於恒水北岸，爲大施會，施一切眾，利人等利，亦無福報。』」〔註 93〕

李志夫認爲：「富蘭那迦葉大概是懷疑倫理的人，認爲善惡依習慣而定，且不一定會招致相對應的業報。」〔註 94〕除此之外，《長阿含經》之《寂志果經》卷 1 記載其關於輪迴的看法：

> 無有是也，亦無世尊，無荅善恩。亦無罪福，無有父母。亦無羅漢得道之人，供養無福。亦無今世後世，亦無專行一心道志。於是雖有身命，壽終之後，四事散壞，心滅歸無，後不復生。雖葬土藏，各自腐敗，悉盡如空，無所復有。〔註 95〕

從此引文可知他認爲今生、未來之一切，皆不具任何意義，死後則復歸寂滅，四大分散，不再有業力輪迴，是位斷滅論者。

（二）末伽梨拘舍梨（梵 *Makkhali-Gosāla*）

相傳末伽梨拘舍梨曾經與耆那教主大雄同行修道，後來因爲相爭而一分爲二；他被認爲是邪命外道的代表，〔註 96〕除了他以外，佛世還有婆浮陀伽旃那（*Pakudha Kaccāyana*）抱持相同觀點，他們是宿命論者，〔註 97〕他們相信輪迴，但是認爲修行是無用的，人必須在輪迴中受一定時間的苦，才能解脫，《雜阿含經》卷 7：

> 於此八萬四千大劫，若愚若智，往來經歷，究竟苦邊。〔註 98〕

〔註 93〕CBETA, T01, no. 1, p. 108, a15-b5。

〔註 94〕李志夫，〈試分析印度「六師」之思想〉，《中華佛學學報第 01 期》（臺北：中華佛學研究所，民國 76 年），頁 261。

〔註 95〕CBETA, T01, no. 22, p. 271, b25-c。

〔註 96〕姚衛群，《印度宗教哲學百問》（北京：今日中國出版社，1992），頁 10。

〔註 97〕關則富，〈主宰或被主宰——澄清「我」的意義〉，《第二屆巴利學與佛教學術研討會會議手冊》（嘉義：南華大學，2008），頁 7。

〔註 98〕CBETA, T02, no. 99, p. 44, c22-23。

關則富認爲：「末伽梨拘舍梨主張一切眾生與靈魂皆沒有主宰，不受任何因緣影響，而是受制於命運和本性，在六類生命型態中承受苦樂，不論賢愚，歷經一定時間的輪迴皆得解脫盡苦。」〔註 99〕末伽梨拘舍梨認爲人在輪迴中的時間長短是個定數，想要縮短這定數是不可能的，《長阿含經》卷 17 中，對於上述阿闍世王所請教的問題回答如下：

> 大王！無施、無與，無祭祀法，亦無善惡，無善惡報，無有今世，亦無後世，無父、無母，無天、無化、無眾生，世無沙門、婆羅門平等行者，亦無今世、後世，自身作證，布現他人。諸言有者，皆是虛妄。〔註 100〕

除了否認正統婆羅門教相當重視的祭祀之外，也否認布施等善行，認爲世間一切努力、分別、人與人的關係皆虛幻不實，甚至父母、前世後世、善惡等等統統不承認。

（三）阿耆多翅舍欽婆羅（梵 *Ajita-Kesakambalā*）

阿耆多翅舍欽婆羅的生平不明，在以下這段經文中，不曾說明得此生所爲何因，只認爲人身壞命終之後即歸於地、水、火、風四大，「不存在獨立於人體之外的「我」（靈魂），人死後意識消失」〔註 101〕。《長阿含經》卷 17：

> 受四大人取命終者，地大還歸地，水還歸水，火還歸火，風還歸風，皆悉壞敗，諸根歸空。若人死時，牀輿舉身置於塚間，火燒其骨如鴿色，或變爲灰土，若愚、若智取命終者，皆悉壞敗，爲斷滅法。
>
> 〔註 102〕

楊惠南認爲：「無疑地，這是唯物論者的典型主張。」〔註 103〕又被認爲是後世順世論（*lokāyata*）的重要先驅者。〔註 104〕

順世論者認爲吾人的「知覺是知識的唯一來源」〔註 105〕，因此對於看不

〔註 99〕關則富，〈主宰或被主宰——澄清「我」的意義〉，《第二屆巴利學與佛教學術研討會會議手冊》（嘉義：南華大學，2008），頁 7。

〔註 100〕CBETA, T01, no. 1, p. 108, b10-18。

〔註 101〕姚衛群，《印度宗教哲學百問》（北京：今日中國出版社，1992），頁 107。

〔註 102〕CBETA, T01, no. 1, p. 108, b26-c1。

〔註 103〕楊惠南，《佛教思想發展史論》（台北：東大圖書股份有限公司，2003），頁 11。

〔註 104〕佐佐木教悟等著，楊曾文，姚長壽譯，《印度佛教史概說》（上海：復旦大學出版社，1993），頁 10。

〔註 105〕恰特吉（Chatterjee）、達塔（Datta）原著，伍先林、李登貴、黃彬等譯，《印

見、無法經驗的，均抱持著懷疑的態度：上帝、靈魂、輪迴等等都是不存在的。「推論」與「證言」也都不可靠，唯一的眞實是「於此生盡可能享受歡樂和躲避禍患。最好的生活就是享受最多的生活。善行就是能帶來和諧歡樂的行爲，惡行就是帶來的痛苦要多於歡樂的行爲。」〔註 106〕

（四）婆浮陀伽旃延（梵 *Pakudha-Kaccāyana*）

婆浮陀伽旃延認爲宇宙皆爲七種元素生成，如《雜阿含經》卷 7：

> 謂七身非作、非作所作，非化、非化所化，不殺、不動、堅實。何等爲七？所謂地身、水身、火身、風身、樂、苦、命。此七種身非作、非作所作，非化、非化所化，不殺、不動、堅實、不轉、不變、不相逼迫。若福、若惡、若福惡，若苦、若樂、若苦樂，若士梟、士首，亦不逼迫世間。若命、若身、七身間間容刀往返，亦不害命，於彼無殺、無殺者，無繫、無繫者，無念、無念者，無教、無教者。〔註 107〕

他認爲「宇宙存在七種恆常不變的元素，此七種元素並非被造作出來的，它們不會變異，所以若有人以利劍砍下了某人的頭，也沒有奪走任何人的性命，只不過是劍在七種元素範疇之間穿過縫隙。」〔註 108〕依此可以看出他是一位唯物的思想家。

（五）散若毘羅梨子（梵 *Sañjaya Belaṭṭhi-putta*）

散若毘羅梨子大致與佛陀同一時代，本身並無任何主張，只喜歡與人辯論，以駁倒他人爲快，因此可說是一位懷疑論者，〔註 109〕對於業力問題也是

度哲學概論》（台北：黎明文化事業公司，1993），頁 62。

〔註 106〕同上註，頁 74。

〔註 107〕CBETA, T02, no. 99, p. 44, b19-27。

〔註 108〕關則富，〈主宰或被主宰——澄清「我」的意義〉，《第二屆巴利學與佛教學術研討會會議手冊》（嘉義：南華大學，2008），頁 7～8。《漢譯南傳大藏經》：「大德！如是問時，婆浮陀迦旃延那，如次言我曰：『大王！此等七身，非能作、非所作、非能創造、非所創造，無能生產任何物，常住如山頂直立不動之石柱。此等不動搖、不轉變、無互相侵害、不導致互相苦樂、亦苦亦樂。是故無能殺者，亦無所殺者；無能聞者，無所聞者；無能識者亦無所識者。若人以利刀截斷他人之頭，無有何人奪何人之生命。唯刀劍揮過此七身之間隙而已。』」（《漢譯・長》I, 65）

〔註 109〕霍韜晦，《現代佛學》（新傳統主義叢書，鄭家棟編，北京：中國社會科學出版社，2003），頁 201。

一樣，不給一個確定的答案，對於現世所得的一切，則回答是，也回答不是，又回答既是也不是，使人摸不著努力的方向，相傳佛陀弟子舍利弗與目犍連原爲他的弟子，就是因此才與兩百五十多位信徒皆轉而進入佛教僧團。關於阿闍世王的問題，《長阿含經》卷 17 記載著他的回答：

> 彼答我言：「大王！現有沙門果報，問如是，答此事如是，此事實，此事異，此事非異非不異。大王！現無沙門果報，問如是，答此事如是，此事實，此事異，此事非異非不異。大王！現有無沙門果報，問如是，答此事如是，此事實，此事異，此事非異非不異。大王！現非有非無沙門果報，問如是，答此事如是，此事實，此事異，此事非異非不異。」〔註 110〕

他對於人之所做所爲，認爲不會招致罪福之報，如《寂志果經》卷 1：

> 唯，大王！人所作教，人所當爲，所斷、所奪、所見離見，所求皆厭，愁憂自推。毀瓶甕、離慳貪，破壞國城，敗害人民，殺、盜、婬泆、妄言、兩舌、飲酒、鬪亂，雖犯是事，無有罪殃。所布施者，無有福報。殘害悖逆，作眾不善，無罪無福，亦無所取所作。無因緣，無有至誠，亦無質朴。縱行義理，善惡無應。〔註 111〕

一般人認爲是不善之事，他否認之，一般人認爲是善之事，他也否認之，他否認客觀的眞實性，提倡不可知論。

業力與輪迴一直是印度哲人們關心的議題，人們對於死後的去路也總有著許多不同的認定，在《吠陀》與《奧義書》中，都確信靈魂的存在，創造主的存在，從本節的介紹可知，這五位思想家對於輪迴與業力的想法，與傳統的婆羅門教觀點截然相反，他們都否定祭祀，否定因果，大多鼓勵人們享受今生，忘記未來，不管禮教，可以說是吠陀儀式、祭祀主義、種姓的框架的思想反動。下一節將討論同被佛典歸爲六師外道之耆那教。

三、六師外道及其解脫思想（二）

根據學界的研究，佛教與耆那教興起的時期以及發展的地區有許多重疊之處，因此兩教所使用的術語、修行的方式等也相當近似，加上二者在當時都是有別於婆羅門教的新興沙門團體，使得十九世紀末的一些西方學者誤認

〔註 110〕CBETA, T01, no. 1, p. 108, c20-28。
〔註 111〕CBETA, T01, no. 22, p. 272, a20-27。

彼此為旁枝教派，〔註 112〕在早期的佛教經典中，也可閱讀到耆那教主或其教徒活動的縱影，或是耆、佛二教教徒討論法義。〔註 113〕

學界也從文獻中發現，雖然這兩個沙門團體自外於婆羅門教，但是此二宗教實各自沿襲了婆羅門教的某些觀念及作法。例如：二者雖皆不採取婆羅門教將祭祀做為解脫方法，但是都接受傳統婆羅門教的「業力」說，而在這相同基礎之上，產生不同之開展，其共同的理念則是：「業力」必須自受，「智慧」必須自修，「彼岸」必須自渡，而非與任何大我合一，因此，二教皆肯定現世努力將達到至善，不把自我寄託於不知其是否存在的創造主身上。

既然不以梵我為終極依歸，那麼耆那教消業與入滅法門又所憑何據？此與其解脫輪迴之觀念與作法有直接關係，自然是不同於婆羅門教最為核心的創見與發展，此即本小節欲陳述之重點。

（一）大雄之修行歷程

首先介紹耆那教第二十四位全知者（梵 *Kevalin*）大雄的生平及悟道經過，以做為一個耆那教修行成就的實例，並依此找出該教之消業及入滅法門。

根據《勝上念誦經》（梵 *Ācārāṅga Sūtra*）記載，〔註 114〕大雄的出身為剎帝利階級，父母是占有一方領地之王，在宗教上，他們是耆那教第二十三先知帕爾斯瓦（梵 *Pārsva*）的信徒，後來他們實地參與了耆那教的修行生活，最後採取拒絕進食而死的方式，被認為上升到理想的天國。

〔註 112〕林煌洲，《印度哲學史》（台北：國立編譯館，1996），頁 165：「由於耆那教與佛教在外表上有些相似，有些歐洲學者經由不當的耆那教文獻之例證而熟知耆那教，並易於因而誤信耆那教是佛教的一個分支，甚至不熟知耆那教文獻的印度人也犯下同樣的錯誤。但如今毫無疑問地已證明此種看法是錯誤的，且已知耆那教至少與佛教同樣古老。」另外，Hermann Jacobi, *Jaina Sūtra I*, Sacred Bookof the East, 22, Delhi: Motilal Banarsidass Publishers, 1884, pp. ix-x；呂凱文，〈當佛教遇見耆那教——初期佛教聖典中的宗教競爭與詮釋效應〉，《中華佛學學報》，台北：中華佛學研究所，2006），頁 185 之註 11 亦指出這一狀況。

〔註 113〕耆那教 24 代教主於佛經中名為尼犍若提子（梵 *Nigaṇṭha Nātaputta*），其弟子稱為尼乾或尼犍，於佛經中出現的例子，如《雜阿含經》卷 5 之 110 經、卷 21 之 563 經及 574 經；《中阿含經》卷 3〈2 業相應品・恕破經第二〉、卷 4〈2 業相應品・師子經第八〉、卷 4〈2 業相應品・尼乾經第九〉；《長阿含經》卷 4〈遊行經〉、卷 8〈眾集經〉、卷 11〈阿㝹夷經〉、卷 12〈清淨經〉、卷 17〈沙門果經〉等等。

〔註 114〕關於大雄生平的簡介，參考自 Hermann Jacobi, *Jaina Sūtra I*, Sacred Bookof the East, 22, Delhi: Motilal Banarsidass Publishers, 1884, pp.194-202。

父母死後的大雄，放棄世俗及財富，出家苦修，在十二年間，他採取了折磨身體的修行方式，除了斷食及苦行之外，他任由身體遭受來自天然的氣候侵襲、動物以及人的攻擊，他並堅持貞潔的生活，修習禪定，消滅欲望，行爲舉止都合乎正道，後來在苦行的第十三年，於雷固帕（梵 *Rigupālikā*）河畔的娑羅（梵 *Sāl*）樹邊，以頭下腳上的姿勢於深奧的禪定中，他到達涅槃（梵 *Nirvāna*），一個全知（梵 *Kevala*）的領域，他成爲一個全知者（梵 *Kevalin*）。

成爲全知後，大雄在世繼續推行其所宗，於涅槃之後，其弟子分爲兩派〔註 115〕：天衣派（梵 *Śvetāmbaras*）及白衣派（梵 *Digambaras*），二教皆以正統自居。

從上述簡介可知大雄並非耆那創始人，而是該教第二十四位先知，大雄是刹帝利種姓，顯示了在《奧義書》時代，宗教知識的傳承已非婆羅門種姓獨享，由於刹帝利與婆羅門本有不同的教育背景，因此當刹帝利漸漸吸收婆羅門的解脫觀時，即融入其原本的知識，發展出創新的學說及理論；因此，耆那教的教法與修行方式，皆與《奧義書》有關，卻又有所突破，例如：大雄堅持苦行、斷食，並以其特有的禪定修持，最後達到全知的境界。

（二）耆那教之消業法門

耆那教認爲「業」（梵 *karma*　巴 *kamma*）是附著在靈魂上的極微小物質，〔註 116〕當沒有任何業力依於靈魂，就達到不滅（梵 *nirjarā*）解脫，成就涅槃。〔註 117〕要完全消除此附著於靈魂上的業力，一方面須不造新業，另一方面須

〔註 115〕《長阿含經》卷 12：「時，有沙彌周那在波波國，夏安居已，執持衣鉢，漸詣迦維羅衛緬祇園中，至阿難所，頭面禮足，於一面立，白阿難言：『波波城內有尼乾子，命終未久，其諸弟子分爲二分，各共諍訟……』」見 CBETA, T01, no. 1, p. 72, c14-18；《長阿含經》卷 8〈眾集經〉也有相似的記載。

〔註 116〕「性質完美的純淨靈魂受不同業力所污染。那些掩蔽正確知識（梵 *jñāna*，智）的業稱作智覆業（梵 *jñānavaranīya*），那些掩蔽正確知覺如夢中般的業稱作見覆業（梵 *darśanāvaranīya*），掩蔽靈魂妙樂性質而產生業的稱作受業（梵 vedanīya），掩蔽靈魂正確趨向信念及正行的業稱作迷妄業（梵 *mohanīya*）。除上述四種業力外，另有四種業決定了個體：（1）壽命（2）個體的普遍及特殊性質及才能，（3）國籍、階級、家族、社會地位等，（4）與生俱來的障礙，使不爲善。它們分別稱作：（1）壽量業（梵 *āyuṣka*）（2）名業（梵 *nāma karma*）（3）種性業（梵 *gotra karma*）（4）障礙業（梵 *antarāya karma*）。」見達斯笈多（Surendranath Dasgupta）著，林煌洲譯，《印度哲學史》第 1 冊（台北：國立編譯館，1996），頁 184。

〔註 117〕《中阿含經》卷 4〈2 業相應品〉也有一段關於耆那教解脫論的陳述，與上所

清除舊業。遵守該教禁令即爲防止業力的流入（梵 *āsrava*）之法，耆那教認爲三業中以身業爲重，意業爲輕，因此業力幾乎是由行爲而造作，而不論是蓄意的還是無意的行爲，都將造作同樣力量的業，它亦是導致輪迴的主因。

1. 不造新業——嚴禁殺生

耆那教徒信守五大戒律：「戒殺」、「戒妄語」、「戒盜」、「戒淫」、「戒執著」，〔註 118〕其中尤以「戒殺」最須遵守，其餘的誓約可說是爲成就戒殺而設，〔註 119〕戒殺除了造業的考量點之外，更大的原因是出自對於幼小生靈的同情心及同理心，〔註 120〕因此該教爲了不在無意間傷害或誤殺眾生，任何的移動都保持小心謹愼，以免受害者遭受驚恐及身體上的痛苦，也避免增加自己的惡業，得到兩敗俱傷的結果，因此該教努力控制行爲以避免業力流入。在《入諦義經》（梵 *Tattvārtha Sūtra*）第九章的第一偈即說：

是禁制停止了業的流入。〔註 121〕

此禁制條文具體的規定多達四十二項，禁止規條規定修行者之各種行爲，以避免因心不在焉而傷殺眾生，完全禁止業的流入將在解脫前被實現，〔註 122〕此亦表示精神力到達了極致；故其在行走、講話、托缽、拿著日常用具等等都遵守正確的行爲規則，並控制暴力的動作，因此下一句經文遂接著說：

陳述之解脫觀持同樣觀點：「爾時，世尊告諸比丘：『諸尼乾等如是見、如是說：謂人所受皆因本作，若其故業因苦行滅，不造新者，則諸業盡，諸業盡已，則得苦盡，得苦盡已，則得苦邊。我便往彼，到已，即問：尼乾！汝等實如是見．如是說，謂人所受皆因本作，若其故業因苦行滅，不造新者，則諸業盡，諸業盡已，則得苦盡，得苦盡已，則得苦邊耶？彼答我言：如是。瞿曇！』」見 CBETA, T01, no. 26, p. 442, c2-9。

〔註 118〕*Tattvārtha Sūtra* 7.1.：*hiṃsâ-ṇrta-steyā-brahma-parigrahebhyo viratir vratam.*「節制暴力、謊言、偷竊、淫行以及佔有欲這些誓約。」見 Nathmal Tatia, *That which is*, United Kingdom：HarperCollins Publishers, 1994, p. 169。

〔註 119〕「此五大誓約以不殺生爲其根本，其餘四戒被視爲次要的，附屬的。不殺生被耆那教視爲普遍的基本倫理。一切行爲的判斷須與不殺生的標準相一致。」見達斯笈多（Surendranath Dasgupta）著，林煌洲譯，《印度哲學史》第 1 冊（台北：國立編譯館，1996），頁 191。

〔註 120〕Nathmal Tatia, *That which is*, United Kingdom：HarperCollins Publishers, 1994, p. 172.

〔註 121〕同上註，頁 213：*āsravanirodhaḥ saṃvaraḥ.*

〔註 122〕Nathmal Tatia, *That which is*, United Kingdom：HarperCollins Publishers, 1994, p. 172.

（業力的）流入被「守護」、「謹慎動作」、「道德」、「反映」、「戰勝艱苦」以及「明行」所禁止。〔註123〕

這些行爲及道德、意志控制等等條目的深義在培養同情心以取代瞋恨，戰勝艱苦以建立寬恕，守護禁戒以尊重生命。具體來說，是爲了成就不殺生的德行，例如：雨季時不出外遊行，以避免踩踏小動物及植物；〔註124〕不選擇有蛋卵、小生物存在之處修行；〔註125〕日常排泄之處也須慎選，以免因不熟悉地形跌倒而自傷，同時殺害無辜的生物。〔註126〕值得注意的是，不小心導致生靈傷亡，也被認爲是暴力（梵 *hiṃsa*）的行爲，〔註127〕因此耆那教的信奉者，在舉手投足之間都必須留心注意。

這些外在行爲限制，除了提供防止傷殺生物的功能，內在精神層面也由於專注於行爲舉止，抑止乃至消滅了邪惡的念頭，心漸漸受到了控制，趨於禪定，奠定智慧開展的基礎。

2. 滅除舊業——以苦行為主

除了專注舉止以免造就新業，對於已經存在的舊業，則以苦行消除，對於該教來說，「禁制」（梵 *saṃvaraḥ*）即類似戒律，而「苦行」（梵 *tapaḥ*），是著重於身、心狀態的鍛鍊，比起「禁制」，它除了可以禁止業力流入外，也能夠消除舊有業力〔註128〕，如下述經文所列：

依苦行除去（業的遮蔽）〔註129〕

藉由斷除故業，靈魂從動作得到自由，由於此，而成爲完美、覺悟及解脫，獲得解脫並滅除所有的痛苦。〔註130〕

耆那教遵奉的苦行又分內、外兩種，外苦行方面爲：「斷食」、「節食」、「有限制的托缽」、「遠離美味」、「閑居獨住」、「身體的受苦」等六種〔註131〕，

〔註123〕Nathmal Tatia, *That which is*, United Kingdom：HarperCollins Publishers, 1994, p. 172.

〔註124〕Hermann Jacobi, *Jaina Sūtra I*, Sacred Bookof the East, 22, Delhi: Motilal Banarsidass Publishers, 1884, p. 136.

〔註125〕同上註，頁179。

〔註126〕Nathmal Tatia, *That which is*, United Kingdom：HarperCollins Publishers, 1994, p. 134.

〔註127〕Paul Dundas, *The Jains*, London：Routledge, 2002, p.162.

〔註128〕Nathmal Tatia, *That which is*, United Kingdom：HarperCollins Publishers, 1994, p. 232.

〔註129〕同上註，頁219：*tapasā nirjarā ca*。

〔註130〕*Uttarādhyayana* Sūtra 29,28.見 Lalwani（1997：345）。

〔註131〕*Anaśanâ-vamaudarya-vṛttiparisaṃ*.

經文中的具體內容則有：裸身、〔註 132〕忍受蚊蠅的叮咬或是生物的襲擊、〔註 133〕忍受植物造成刺痛或癢的感覺、忍受氣候冷熱轉變等等。〔註 134〕此六項修練的目的是藉由缺乏食物或受苦來鍛鍊在不同的處境與狀況，都能得到以下利益：遠離世間，保持平穩心境，戰勝感官，維持行爲合於禁制，身體輕安，消除業力。〔註 135〕

內苦行可歸納爲「懺悔」、「尊敬」、「奉仕」、「勤學」、「捨離」、「禪定」等六種；〔註 136〕作用爲修習內在思想，懺悔自己所做那些不合禁制的行爲，尊敬學習及有學者，提供同參病患必要的照顧，勤奮修習捨離與禪定，這些也都有滅除舊業的功能。

早期佛教經典中對於當時流行的苦行項目描述如下：或裸體，或只用手、葉子等物遮掩器官；不梳理頭髮，或剃，或拔；或一直站、或一直蹲；或躺在刺上、或躺在果上，或手交叉而一直舉著。〔註 137〕據說釋迦牟尼佛陀未成

khyāna-rasaparityāga-viviktaśayyāsana-kāyakleśā bāhyaṃ tapaḥ. Nathmal Tatia, *That which is*, United Kingdom：HarperCollins Publishers, 1994, p.231.

〔註 132〕*Anaśanâ-vamaudarya-vṛttiparisaṃkhyāna-rasaparityāga-viviktaśayyāsana-kāyakleśā bāhyaṃ tapaḥ*. Nathmal Tatia, *That which is*, United Kingdom：HarperCollins Publishers, 1994, p. 226.：「裸身的目的在於毫不掩飾生殖器官以強化自己對於羞恥心的控制，孑然一身，身無長物，不蓄私產，一心朝向解脫，毫無性欲。」另外，Hermann Jacobi, *Jaina Sūtra I*, Sacred Bookof the East, 22, Delhi: Motilal Banarsidass Publishers, 1884, p.73，註 1：裸身者可以用四指幅乘以一掌（梵 *hasta*）大小的布遮蓋私處。

〔註 133〕Hermann Jacobi, *Jaina Sūtra I*, Sacred Book of the East, 22, Delhi: Motilal Banarsidass Publishers, 1884, p. 75.

〔註 134〕同上註，頁 73。

〔註 135〕Nathmal Tatia, *That which is*, United Kingdom：HarperCollins Publishers, 1994, p.232.

〔註 136〕同上註，頁 232：*prāyaścitta-vinaya-vaiyāvṛttya-svādhyāya-vyutsarga-dhānāny-uttarm.*

〔註 137〕《中阿含經》卷 4〈2 業相應品〉：「師子！或有沙門、梵志裸形無衣，或以手爲衣，或以葉爲衣，或以珠爲衣；或不以瓶取水，或不以魁取水，不食刀杖劫抄之食，不食欺妄食；不自往，不遣信，不來尊、不善尊、不住尊；若有二人食，不在中食，不懷妊家食，不畜狗家食；設使家有糞蠅飛來，便不食也。不噉魚，不食肉，不飲酒，不飲惡水，或都無所飲，學無飲行，或噉一口，以一口爲足，或二口、三、四、乃至七口，以七口爲足，或食一得，以一得爲足，或二、三、四，乃至七得，以七得爲足，或日一食、以一食爲足，或二、三、四、五、六、七日、半月、一月一食，以一食爲足；或食菜茹，或食稗子，或食穄米，或食雜䵃，或食頭頭邏食，或食麤食；或至無事處，依於無事，或食根，或食果，或食自落果；或持連合衣，或持毛衣，或持頭

道前苦修六年的內容與此類似，然而釋迦牟尼於成佛前爲何會以相似於耆那教的方式來修行呢？若不是當時佛陀受了耆那修行方式的影響，就是這樣的苦行是當時很普遍的修行方式，不需要刻意加入某個組織也會知道這些方法。

根據佛教的經文來看，在論及實行苦行者時，往往指名「沙門、婆羅門」〔註 138〕，或「沙門、梵志」，〔註 139〕而非僅針對耆那教者；另外，裸身修行亦非耆那教單獨奉持，也被其他教派的修行者使用，如《增壹阿含經》卷 35〈40 七日品〉：

> 是時，大王即出城至世尊所，頭面禮足，在一面坐。爾時，如來與無央數之眾，圍遶說法；是時，七尼健子，復有七裸形人，復有七黑梵志，復有七裸形婆羅門，去世尊不遠而過。〔註 140〕

其中即提到除了耆那教的尼健子之外，還有七位裸形人，七位裸形婆羅門，可見裸形非僅耆那教所奉持；況且，與「熱力」源於同一語詞的「苦行」（梵 *tapas*），其能燒盡業力之說，可能源自印度創世神話，〔註 141〕認爲它是世界生起的初始動力，是大自然生長的動力之一，被各時期的聖典文獻記載及頌揚，因此苦行可能早已被一些修行者所注意。而到了《奧義書》出現之後，才被新興的沙們僧團所廣泛使用。

從上述討論可知，苦行確實有其深意，例如：以節食及斷食來減少對食物的依賴，若是托缽不順利，也可以以安穩的身心渡過；上述身體方面的受

舍衣，或持毛頭舍衣，或持全皮，或持穿皮，或持全穿皮；或持散髮，或持編髮，或持散編髮，或有剃髮，或有剃鬚，或剃鬚髮，或有拔髮，或有拔鬚，或拔鬚髮；或住立斷坐，或修蹲行，或有臥刺，以刺爲床，或有臥果，以果爲床；或有事水，晝夜手抒，或有事火，竟昔然之，或事日、月、尊祐大德，叉手向彼。如此之比受無量苦。學煩熱行。」見 CBETA, T01, no. 26, p. 441, c17-p. 442, a11。

〔註 138〕如 CBETA, T02, no. 99, p. 252, c20。

〔註 139〕CBETA, T02, no. 125, p. 742, c17-19； CBETA, T01, no. 26, p. 441, c17；CBETA, T01, no. 26, p. 592, b7。

〔註 140〕CBETA, T02, no. 125, p. 742, b5-9。

〔註 141〕「在《梨俱吠陀》（*Ṛg Veda*）之中，此 *tapas* 被視爲世界生起的初始動力：『唯有黑暗，一切被闇黑所掩蓋，成無光之波動界！被虛空所勾之原子，彼獨依熱（*tapas*）力而生出。』」作者認爲，「此 *tapas* 爲熱力，爲原動力，有生育萬物的力量。」高楠順次郎、木村泰賢著，高觀廬譯，《印度哲學宗教史》（台北：臺灣商務印書館，1991），頁 141；同書頁 152：「然而此動力由何而來？並不得而知，唯一可知者，熱力爲世界生起之源，熱力的作用極大，它生育萬物。」

苦也帶有相同的功能，因此可知，雖然耆那教以身業爲重，但是對於心志的強化、斷絕依賴和阻止欲望的修行上也是不遺餘力地進行。

3. 成為全知者（梵 *Kevalin*）

耆那教認爲經由修習該教所制定之禁制與苦行可成爲全知者，該教認爲，人們的行爲由於業力而無法清淨，舉手投足無不造業，〔註 142〕但可藉由奉持禁制與內、外苦行以達到圓滿，全知者清除既存業力殘留，加上行爲舉止亦如法合法，不再製造新業，因此靈魂全然解脫，再無業力的束縛；全知者的境界，有四種特徵：知識具足（knowledge）、知覺具足（perception）、喜樂具足（bliss）以及能量具足（energy），〔註 143〕代表著圓滿解脫，身、口、意三業清淨無餘，以正確行爲過著無染的生活。

（1）禪　定

成爲全知者並非與某絕對存在合而爲一，而是獲得一種超然的知識與見識，可以直接而立刻獲得宇宙各種時空面向的眞理。〔註 144〕達成全知者的最後階段須經由不動的禪定達成，關於該教的四階段禪定，有以下敘述：

有四種禪定：悲哀、害意、如法、白淨等四支。〔註 145〕

與達成全知者息息相關的，是四者中之後二者。〔註 146〕

a. 悲哀禪定（梵 *Ārta Dhyāna*）

Ārta 有「痛苦」、「不快樂」的意思，上述四者，本禪定觀想生活中導致不快樂的情境，體驗迷妄者身處苦境時所起之種種強烈欲望，〔註 147〕而從此不樂狀態思索脫離之道。〔註 148〕

〔註 142〕Pasmanabh S.Jaini, *The Jaina Path Of Purification*, Delhi：Motilal Banarsidass, 2001, p. 258.

〔註 143〕同上註。

〔註 144〕Paul Dundas, *The Jains*, London：Routledge, 2002, p. 35.

〔註 145〕Nathmal Tatia, *That which is*, United Kingdom：HarperCollins Publishers, 1994, p. 236.

〔註 146〕同上註引書，頁 237：*pare-mokṣahetū.* 關於耆那教的四階段禪定，Dundas 認爲與該教的解脫觀似乎並無太大的關連，他表示該教其實眞正的著力點是避免在行爲間殺傷生靈，並以苦行去除舊業之上，因此他們需要解決的問題是如何讓身心靜止，而並非煩惱的抑制或轉化，而此煩惱的抑制或轉化正是禪定的作用，所以禪定與該教之解脫似乎並無絕對的關係。Paul Dundas, *The Jains*, London：Routledge, 2002, p. 166.

〔註 147〕松濤誠廉，〈ジャイナ教の禅定について〉，《哲學年報》23（福岡：九州大學文學部，1961），頁 62。

〔註 148〕*ārtam amanojñānāṃ samprayoge tadviprayogāya smṛtisamanvāhāraḥ.* Nathmal

本階段的禪定須思維「與所愛別離」，「與怨憎會合」，「治療生病時」及「享樂欲求時」的四種所緣，觀想處於此四種狀態時生起的強烈情感狀態，並思維此狀態將引導邪見者進入畜牲道，因此修道者憑藉清淨我爲對象，實行優越的思索，以避免這雜染之緣。

b. 害意禪定（梵 *Raudra Dhyāna*）

本禪定以「暴力」、「妄語」、「偷盜」、「守財」等四種人心固執狀態爲觀想所緣；〔註 149〕*Raudra* 亦有「暴力」（violent）、「帶來惡運」（bringing misfortune）、「邪惡的靈」（a class of evil spirits）等意。本禪定乃行者觀想違犯耆那教四戒（不殺生、不偷盜、不妄語、不執著）時所生起的心理狀態，這四種狀態皆引導至低等精神狀態存在，行者必須確實了解此業及其所感，故以此爲觀想所緣，但由於他以清淨自我的眞理爲觀想所取境，並憑藉優勢的差別智，所以不會招致此地獄果報。〔註 150〕

c. 如法禪定（梵 *Dharma Dhyāna*）

此階段以解脫之法爲禪思內容，其一，無上視察（梵 *ājñā-vicaya*），思維耆那教教義，以堅信耆那教義眞確不假，建立無法動搖的信心；其二，遠離視察（梵 *pāya-vicaya*），將業的束縛以及捨離此束縛之法作爲思維所緣，確定業行與解脫法門深植於心；第三，因果視察（梵 *vipāka-vicaya*），思索眾生業力與業果之關係，確實明白業力之正確性；第四，總合視察（梵 *saṃsthāna-vicaya*），此即爲總合前述三種內容，隨觀世界各形各色之狀態、存在。〔註 151〕

本階段禪定藉由思維教理以確立耆那教教理的正確性：思維業力及解脫束縛的方法、眾生之因果業報等等，〔註 152〕是對耆那教教法的總體審視，有助於修行者破除心中疑惑，釐清未曾解答的問題，建立不可搖撼之淨信，除此並隨觀所緣之「無常」、「無歸依」、「孤獨」、「輪迴」等不圓滿，以了解世

Tatia, *That which is*, United Kingdom：HarperCollins Publishers, 1994, p. 237，同出處之第 32～35 偈也是在說明此階段的禪定。

〔註 149〕*hiṃsâ-nṛta-steya-viṣayasaṃrakṣaṇebhyo raudram avirata deśaviratayoḥ.* 同上註引書，頁 238。

〔註 150〕松濤誠簾，〈ジャイナ教の禅定について〉，《哲學年報》23（福岡：九州大學文學部，1961），頁 63。

〔註 151〕*Ājñâ-pāya-vipāka-saṃsthānavicayāya dharmam apramattasaṃyatasya.* Nathmal Tatia, *That which is*, United Kingdom：HarperCollins Publishers, 1994, p. 238.

〔註 152〕鈴木重信，《耆那教聖典》（東京：世界聖典全集刊行會，1930），頁 97。

界眞象。〔註 153〕

前述這三種禪定近似於專注思考，簡言之是對耆那教之因果業報及教義深入思維，而第四類，則進入與專注定境有關者。

d. 白淨禪定（梵 *Śukla Dhyāna*）

如同上文所引大雄禪定狀況的經文，此階段禪定止息身體的行動，超越諸根，專注於心的運作，此禪定由於完全自制而抑制情感作用，於此階段，情感作用將會被完全捨棄，〔註 154〕循序漸進地分爲四階，最後終至止息動作的過程。

第一階段名爲「各別相尋究」（梵 *pṛthaktva*），此禪定「有尋」（梵 *vitarka*）「有伺」（梵 *vicāra*）；以釐清「自性本體」（梵 *dravya*）與「次要元素」（梵 *guṇa*），確認各自本質，「自性本體」是「尋」（梵 *vitarka*）所覺察，而聽聞教理的「聞智」（梵 *bhāvashruta*）是「次要元素」，「聞智」經理解詮釋而由自我詮釋了解，並表現在其意、語、身上，即是各別的「伺相」（梵 *vicāra*）。總之，此階段的禪定辨明了「自性清淨本體我」之總相與身口意特徵之細相。

第二階段的禪定是「一相尋究」（梵 *ekatva-vitarka*），上個階段較粗糙之伺相在本禪定被捨去，因此此階段禪定有尋無伺，專注於清淨本體，或是此不變本體所產生的安樂感，或是對自我的認識沒有迷妄屬性，因爲「聞智」的力量而「尋」變得堅固起來，並依此產生全知的智慧（梵 *kevala*），〔註 155〕而達到更深妙樂的禪定。

第三階段的禪定爲「細行不完」（梵 *sūkṣma-kriyā-pratipāti*），只有間斷細微的身體動作，或不發生一點動作的禪定。據說那只存在於完成全知、解脫束縛之前的極短時間，不會有退轉的情形，隨之而將完成不動的完美境界。

第四階段的「捨行休止」（梵 *vyuparata-kriyā-nivarti*）〔註 156〕，完全止息的狀態，上個階段的禪定仍存有微細身體動作，本階段除身行俱止，連心行也都止息。在這層次禪定中，由於斷除一切動作，因此斷除了造業的可能。

〔註 153〕松濤誠廉，〈ジャイナ教の禅定について〉，《哲學年報》23（福岡：九州大學文學部，1961），頁 66。

〔註 154〕見 Nathmal Tatia, *That which is*, United Kingdom：HarperCollins Publishers, 1994, p. 238.

〔註 155〕松濤誠廉，〈ジャイナ教の禅定について〉，《哲學年報》23（福岡：九州大學文學部，1961），頁 69。

〔註 156〕此四階段原文見 Nathmal Tatia, *That which is*, United Kingdom：HarperCollins Publishers, 1994, p. 240.

而據說此之後隨即轉變為靈魂（*jīva*）狀態的解脫。〔註 157〕

（2）全知者的靈魂

從上述討論得知，耆那教修行者須終身奉行禁制與苦行，而要成為全知者，須借助禪定，以澈底了悟一切諸法，最後止於身心完全靜止之完美境界，並了悟宇宙各面向的眞理，則完成其宗教最高目標。

在此隨後靈魂由於去除所有各種業力，擺脫業力附著，達到無業狀態。當所有業力束縛被去除，靈魂不再沉重而上升到宇宙邊際，高升到宇宙邊境的靈魂在彼通過了十二條路徑，經由通過這些路徑而了解了身體、心理與精神的關係。

（三）耆那教之入滅法門

耆那教獨特入滅方法是「禪定入滅」（梵 *sallekhanā*）〔註 158〕，這方法必須與斷食、禪定結合：

1. 斷　食

良好的飲食有資養身體，延續生命的作用，愛好生命者，選擇營養的食物，拒絕壞掉的、發酸發臭的、導致身體不良反應的食物；耆那教在這點上有不同的見解，他們對飲食採取節制措施，此與該教嚴格戒殺有關，如前述同情心與同理心，以及業力概念所驅使，殺生被認為是暴力的象徵，該教認為動物與植物都有生命，而取其性命以供己食，如同犧牲眾多生命而維持一己存活，因此耆那教苦行者藉由循序漸進達到減少進食，進而斷食，〔註 159〕這使苦行者省下托缽時間專精修行，並免去托缽時外境對修行者造成的煩擾，而進食消化也會影響禪定的進行，因此苦行者節食及斷食的目的之一乃是為使禪定更易於進行。〔註 160〕另一方面，住於禪定狀態由於精神專注，饑餓感無從生起，因此節食、斷食對該教來講是禪定的前方便，而禪定也減少了對食物的需求，並間接使靈魂清淨光亮，〔註 161〕修行者在同情、同理等情感因素驅使之下，配合戒除殺生的觀念，有計劃地進行斷食和禪定等訓練，以切斷對食物、身體及世間的愛執。

〔註 157〕Nathmal Tatia, *That which is*, United Kingdom：HarperCollins Publishers, 1994, p.241.

〔註 158〕Paul Dundas, *The Jains*, London：Routledge, 2002, p.179.

〔註 159〕S.Settar, *Inviting Death*, Netherlands：E. J. Brill, 1989, p. 126.

〔註 160〕同上註。

〔註 161〕S.Settar, *Inviting Death*, Netherlands：E. J. Brill, 1989. p. 126.

2. 禪定入滅

以斷食配合禪定入滅，被耆那教視爲成爲全知者以外另一種解脫法門，此法被生病而無法治癒或無法繼續苦行者實施，〔註 162〕或某些經過長期的身心淨化和修行，對世間已經沒有欲望和執著的苦行者所採用。在進行之前必須經過上師的認定，判斷其修行的層次與動機是否純良，始可進行。〔註 163〕

此法被記載於《勝上念誦經》（梵 *Ācārāṅga Sūtra*），行者專精於精神層面而努力達到無欲，專精於生理控制而努力達成不動，加上不願意再以無數眾生的生命維持一己生命的慈悲心，對於生命的維持已不再留戀，因此是以一種極爲平靜的心理狀態下進行此法。〔註 164〕

這種死亡方式外人看來與自殺無異，但其內在並不相同，這種「禪定入滅」由於禪定功能而不帶執著，〔註 165〕加上以往如法苦行，已將業力消盡，因此被認爲是在沒有業力，沒有執著狀態下死去；而一般的自殺是出自於強烈的愛恨情感因素作祟，因此禪定入滅與自殺並不相同。

從上述討論可知，耆那教認爲業力束縛是靈魂無法解脫的主因，其解脫原理即是「清除舊業，不造新業」，附著於靈魂的業一旦消盡就會解脫，認爲苦行可以耗盡舊業，故其將苦行注入生活，注意每個行動的細節，亦開發出極苦的不動禪定，一方面避免無意地殺生而造新業，一方面也消除業力。

在入滅方面，由於耆那教認爲殺生是爲惡業之最大者，因此日常除注意動作以避免任何殺生行爲外，同時積極訓練斷食，該教認爲食材中肉類與植物原本都是生命，用餐是直接或間接造業，因此該教認爲斷食至死是最大勝利，這種死亡被認爲與自殺不同，因爲那伴隨著禪定的死亡，沒有愛恨情緒成份在內，與一般含有激情的自殺方式不同。

耆那教禪定中的前三種重點在分別善惡，並思維該教業力觀的正確性，以及耆那教教法的完美；他們認爲有動作就會造業，所以其最高的禪定成就是達到完全沒有動作的禪定。

總之，耆那教的解脫觀，沿襲著業力盡除的方針，具體的實踐是清除舊

〔註 162〕S.Settar, *Inviting Death*, Netherlands：E. J. Brill, 1989. p. 126.

〔註 163〕Jeffery D Long, *Jainism: An Introduction*, New York：I.B.Tauris & Co Ltd, 2009, p.110.

〔註 164〕Paul Dundas, *The Jains*, London：Routledge, 2002, p.179.

〔註 165〕S.Settar, *Inviting Death*, Netherlands：E. J. Brill, 1989, p131.

業，不再造新業，前者以苦行來成就，後者以殺業的禁絕維護，以此爲中心要旨，發展出斷食、禪定等方式完成之。

以上兩小節討論印度佛世其他思想團體之解脫觀，經由上述討論顯現出不同修行理念，其中《奧義書》保存了部分《吠陀》思想，認爲人有靈魂，世界由梵天所造，可經由祭祀得到利益；本期之思想也有創新之處，如內自修行離欲爲大梵，修行應找尋內心的我，達到梵我不二；以苦行達到解脫等等。而沙門團體的六師，則多否定祭祀、否定善惡業力，有些甚至否定修行的努力。六師中之耆那教教主大雄則肯定靈魂、善惡業與自力解脫，強調身業，以戒殺爲最重要，其解脫道爲不造身業的斷食與不動禪定。

此處據以上兩小節將佛世主要的六位哲學家與宗教師之主要學說與主張以簡表陳列如下：

表一　佛世六種哲學家與宗教師（六師外道）之學說主張

六師名稱	主要主張
富蘭那迦葉（*Pūraṇa-Kassapa*）	1.無善惡行爲，無業報，爲道德虛無論者 2.無今生來世，不相信輪迴，死後寂滅，爲斷滅論者
末伽梨拘舍梨（*Makkhali-Gosāla*）	1.相信輪迴，但不相信修行能導致從輪迴解脫 2.解脫皆必須輪迴八萬四千劫，爲宿命論者
阿耆多翅舍欽婆羅（*Ajita-Kesakambalā*）	1.眾生爲四大構成之物質性結構，爲唯物論者 2.知識上，只相信感官經驗，故因果輪迴、靈魂、上帝等等都不信 3.帶來快樂的就是善的行爲，帶來痛苦的就是惡的行爲
婆浮陀伽旃延（*Pakudha-Kaccāyana*）	生命依七種眞實因素組成，以利劍將頭砍下，利劍從此七眞實因素間的空隙通過，未嘗殺人
散若毘羅梨子（*Sañjaya Belaṭṭhi-putta*）	對人生與哲學並無特別主張，以四種論辯方法與人辯論，以駁倒人爲快
尼犍若提子（*Nigaṇṭha Nātaputta*）	1.相信輪迴，相信業力，相信修行能獲得解脫 2.身業爲主要業力，殺生最重，故意或無心皆等量造業 3.以持戒避免造業，以苦行消業，以禪定成爲一切智者 4.以斷食伴隨禪定入滅

藉由佛陀時代印度當時其他宗教團體的修行理念與方法，可知這些修行者均以不同的方式企圖達到最高層的解脫狀態，在這些修行團體之外，佛陀

則認為必須體證「緣起中道」來獲得最後的解脫，所謂的「緣起」，並非上述斷滅論者、命定論者所持之見解；「中道」，也與上述享樂主義、苦行的施行者抱持著不同的生活態度。

第四節　研究目的

一、釐清《阿含經》中「厭離」之差異

佛典經由轉譯與詮釋，加上年代久遠而產生用語上的認知差異，可能無法被今人完整了解，這情況同樣發生於「厭離」一語上；在經文之中，它究竟代表哪些意義？本文之研究目的之一，即為釐清《阿含經》中「厭離」一語之不同意義。

二、探討「厭離」之五蘊所屬

本文的另一個研究目的，是解釋「厭離」（巴 *nibbidā*）於五蘊之所屬，因為「厭離」既然是因為心理認識活動而生起，理應可審視其所屬之五蘊。契經之中並無述及其五蘊所屬，部派七十五法中也沒有將其納入，不過它似乎與四禪的「捨」有近似的狀態。

此外，經文中也確有近似現代心理學所說之「情緒」之相關討論，學術界亦有許多研究成果是關於討論「情緒」之五蘊歸屬問題，但是對於「厭離」之所屬五蘊始終並未有專著的研究。探討究竟「厭離」是哪一類的五蘊？此為撰寫本文之研究目的。

三、證明「厭離」為「入流」之指標

據經典闡釋，「如實知見」（巴 *yathābhūtañāṇadassana*）是斷除我見煩惱，邁入聖者之流的必要條件，也是達到涅槃之要素，〔註 166〕可見此「如實知見」

〔註 166〕「如實知見」在《阿含經》中的用語有少許差異，例如：「如實正慧等見」（CBETA, T02, no. 99, p. 16, a11）、「如實知」（CBETA, T02, no. 99, p. 106, b3）、「如實觀察」（CBETA, T02, no. 99, p. 182, c16）、「如實善觀察」（CBETA, T02, no. 99, p. 182, b5）、「如實正智觀察」（CBETA, T02, no. 99, p. 224, c4-5）、「見如實、知如眞」（CBETA, T01, no. 26, p. 485, a29）、「如實知見」（CBETA, T01, no. 1, p. 54, c10-11）、「如實覺知」（CBETA, T01, no. 1, p. 54, c12-13）、「如

是爲聲聞道修行必須修練成就之能力；又根據多處經文顯示，隨著「如實知見」而生起者是爲「厭離」，〔註 167〕由此可見「厭離」之生起實爲獲得「如實知見」之重要力證，從上述二者可知，「厭離」似乎可說是佛道修行中判定是否「入流」之重要指標，然而學界對它以及對此現象似乎並未有過較爲全面性之研究，〔註 168〕因此是否「厭離」（巴 *nibbidā*）爲「入流」之指標遂成爲本文之研究目的之一。

四、釐清《阿含經》中「厭離」與「捨」之異同

「捨」（巴 *upekkhā*）生起於三禪，而成就於四禪，它亦一直可以連續到更深層的禪定，直到滅受想定（巴 *saññāvedayitanirodha*）才完全的止息，〔註 169〕乍看之下「捨」是一種禪定修習階段的心理狀態，不過相關研究顯示，它並非只是定境的禪支，而是與佛教的「智慧」息息相關，〔註 170〕是一個趨向解脫前的核心狀態，〔註 171〕從上述研究成果簡述可知，「捨」本身即包含著許多層次的意義。

實正觀」（CBETA, T01, no. 1, p. 61, b25）、「如實知之」（CBETA, T02, no. 125, p. 712, b6）。
闡述如實知見爲「入流」及「涅槃解脫」必要能力者，如《雜阿含經》卷 3，第 61 經（CBETA, T02, no. 99, p. 16, a11-17）、《雜阿含經》卷 31，第 892 經（CBETA, T02, no. 99, p. 224, b26-c11）、《雜阿含經》卷 32，第 917 經（CBETA, T02, no. 99, p. 232, c3-9）、《雜阿含經》卷 34，第 947 經（CBETA, T02, no. 99, p. 242, a29-b7）；言明得二果斯陀含須如實知見之經文，如《雜阿含經》卷 15，第 393 經（CBETA, T02, no. 99, p. 106, a16-b23）；未提及涅槃，而有如實知者得入流之段落者，《雜阿含經》卷 26，第 644 經（CBETA, T02, no. 99, p. 182, b2-9）。

〔註 167〕「厭離」與「厭」在此如實知見生起的用法上爲同義詞，見本文第四章，頁 108，註 2 之説明；又，「如實知」生「厭離」之經文，有許多，此處舉出三例，如：《雜阿含經》卷 1，第 30 經（CBETA, T02, no. 99, p. 6, b16-24）、《雜阿含經》卷 1，第 31 經（CBETA, T02, no. 99, p. 6, c28-p. 7, a8）《雜阿含經》卷 2，第 41 經（CBETA, T02, no. 99, p. 9, c24-p. 10, a2）等等。

〔註 168〕這可能是由於許多研究者在進行探究最核心或可說最原始之佛説經文時，認爲「厭離」是後加經文，因此未被注意之故。

〔註 169〕Anālayo. *From Craving to Liberation*, Malaysia：SBVMS Publication, 2009, p.114.

〔註 170〕Kuan, Tse-fu. *Mindfulness in Early Buddhism*. New York: Routledge, 2008, p.26.

〔註 171〕Anālayo. *From Craving to Liberation*, Malaysia：SBVMS Publication, 2009, p. 121.

此跡象顯示「捨」與「厭離」在某些方面有相似的特質，例如：它們皆直接與「如實知見」有關，二者的生起均與「智慧」（巴 *paññā*）有關，二者又均與涅槃解牽連至深，不同的是一個偏向於止禪系統，一個偏向於觀禪系統，因此「捨」與「厭離」是否眞的近似？若眞的近似，現存道次第爲何不以「捨」爲代表，而以「厭離」爲代表？探究此問題則是本文之另一研究目的。

五、闡釋聲聞乘與菩薩乘之內在關連

《阿含經》與大乘般若經典被分爲小乘與大乘經典，但其中的教說是否有相聯貫之處？《阿含經》中的「厭離」與《大般若經》中的哪些教說可說是共通無礙的？《大般若經》又有哪些與《阿含經》之「厭離」可供相比研究者？是否可以藉由「厭離」的研究試圖貫穿聲聞乘佛教與菩薩乘佛教之教理？此乃本文之另一研究目的。

六、找尋止觀爲現代人所用的契機

撰寫本文的目的之一，爲說明佛教對生命、情感與物質生活的基本態度，對於現代人而言，似乎有過度重於外在物質滿足的傾向，使得現代人除了工作賺錢之外不知爲何而活，也不知生命可以創造的價值何在，導致身心問題嚴重，影響生活品質。

聖嚴法師曾經說過：「佛法這麼好，誤解的人這麼多，了解的人卻很少。」國人對於佛教的概念大多半仍認爲佛教是厭世的，是消極的，受挫折後想不開才會進入的領域，或是厭棄此世，一心追求後世往生到極樂世界；然而《阿含經》的中心要旨則在於現世就能安處於平穩的情緒、得到自由而無拘束的心理，此即是依身心操作而「厭離」的狀況，如同《六祖大師法寶壇經》卷 1 所說：

佛法在世間，　　不離世間覺，
離世覓菩提，　　恰如求兔角。〔註 172〕

西方之研究機構，除了將早期佛教作爲智慧的修行道，進行學術研究之外，亦將此解脫道運用於身心療癒，〔註 173〕日本及國內團體亦不乏跟進者，〔註 174〕

〔註 172〕CBETA, T48, no. 2008, p. 351, c9-11。
〔註 173〕西方學界以佛法中「觀禪」的技巧要領，轉化成「正念減壓療程」（MBSR），以及「正念認知療法」（MBCT），作爲輔助的心理病患的療法，溫宗堃認爲：

可知只要運用得當，此法可維持情緒穩定，撫平煩惱傷痛，運用理性思考，積極從事入世菩薩行，然而若它的好處被誤解，就什麼功用也無法達成。

本文將以現代心理學的研究成果解釋「厭離」，以使此語詞所代表的心理狀況更易被了解，這種研究方式已於上世紀初即開始實行〔註 175〕，以這種跨領域的研究成果相互佐證，可供更多想要解脫煩惱情緒者實際運用。

七、說明「厭離」與「厭世」之分別

《阿含經》的「厭離」與一般「厭世」思想有何相同之處？「厭離」與「厭世」又有何差別之處？「厭世」思想如何可以轉變為「厭離」？討論上述問題，如同探討佛教對於「厭世」思想的看法，並闡述佛教的人生觀，這是本文之另一個研究目的。

第五節　研究方法

一、訓詁法

文字語義隨著時空變遷而漸次改變，並非歷經千年都固著不動，中文也是如此，目前《大正藏》中收錄之《阿含經》，其翻譯年代均已歷經千年，因此，本文主旨「厭離」之字義在漢譯當時的語意，到如今是否經過改變，是本研究首先必須注意並解決的問題。這個步驟對於本文非常重要，因為本文的論述、撰寫走向屬於小題大做的方式，是從「厭離」這個語詞出發，進而探求此語詞在早期佛典中代表的意義，因此必須先查明「厭離」之正確中文

「截至 2004 年，美國、加拿大、英國等西方國家境內已有超過——二百四十家的醫學中心、醫院或診所開設正念減壓療程，教導病人正念修行。」參見溫宗堃，〈佛教禪定與身心醫學——正念修行的療癒力量〉，《普門三十三期》（高雄：普門學報，2006），頁 3。

〔註 174〕「目前，日本國內已經超過二十萬人，體驗過『集中內觀』。」參見周柔含，〈日本內觀的實踐〉，《臺灣宗教研究》第九卷第一期（新竹：臺灣宗教學會，2010），頁 131。關於國內團體使用內觀之經驗，同文頁 132 註 9，註記到此法曾被運用於國內監獄之受刑人，在 1987 年對綠島 100 名受刑人實施一週後，經事後調查，有效地改善了使用後的個人操行，違規率大幅下降。

〔註 175〕自 Rhys Davids 即開始了這種研究進路，其著作 *Buddhist Psychology: An Inquiry into the Analysis and Theory of Mind in Pali Literature,* 2nd ed., London: Luzac and Co., 1924. 除此之外，本文第三、四章亦可見到一些西方學者在這方面的研究成果。

字義與詞義，以做爲本文整個研究發展的基礎。

我國歷代出現過不少以該時代文字意義爲說明對象的著作，例如：《爾雅》、《廣雅》、《說文解字》、《說文解字注》等等訓詁類的工具書，其中記載文字的原意、寫法以及引申意義。因此利用這些古代工具書的解釋，進行比對，並搜羅多樣之中國古典文學作品，再經由比較、對照以找出「厭離」語詞意義之正詁，將會是了解該語詞用法與意義的研究方式。除此之外，中研院語言所對於「厭」之研究成果，搜羅了我國古典文學作品，並對「厭」之用法已有分類，也將是此部份之參考重點。

二、版本比對法

本文亦用到「文獻學」的研究方法，「文獻學」的三種內容分別是「目錄」、「版本」與「校讎」，〔註 176〕他們構成了文獻學的三階段的工作流程，如王欣夫所說：

> 應該先知道有什麼書，就要翻查目錄。得到了書，要知道有什麼刻本比較可靠，就要檢查版本。有了可靠的版本，然後再做研究工作，于是需要懂得怎樣來校讎。〔註 177〕

上述引文所說的即是一種研究文獻的步驟，簡單地說，必須先對於一個問題有所掌握，並將它定義於某範圍之中，再依前人製成之「目錄」找出可靠的「文獻版本」，繼之則在不同版本之間客觀地整理文獻材料，此乃「校讎」，以找尋問題的解答。〔註 178〕這是文獻學的研究方式大略的程序。

（一）本文使用之藏經版本

1.《大正藏》

本文主要使用的兩種藏經版本，一種爲收錄於《大正藏》第一、二冊的四部《阿含經》，使用《大正藏》版本之原因，是因爲這是目前使用廣泛而被視爲標準佛學研究用之藏經版本，〔註 179〕根據藍吉富的研究，它被廣泛地使用有下列原因：

〔註 176〕王欣夫，《文獻學講義》（台北：文史哲出版社，1987），頁 7。

〔註 177〕同上註。

〔註 178〕王欣夫，《文獻學講義》（台北：文史哲出版社，1987），頁 7～8。

〔註 179〕平川彰等著、許明銀譯，《佛學研究入門》（台北：法爾出版社，1990），頁 24。

（1）收書數量居歷來所有大藏經之冠。

（2）編輯及分類方式最合乎學術尺度。

（3）校訂精審。

（4）古逸佛典收集甚多。

（5）日本佛典大量入藏。

（6）圖像部也具有相當高的史料價值。

（7）《昭和法寶總目錄》具有甚高的目錄學價值。〔註 180〕

其中編者校勘了「宋本」（《後思溪藏》）、「元本」（《普寧藏》）、「明本」（《嘉興藏》）、「麗本」（《高麗藏》）以及「縮刷本」等幾個版本，〔註 181〕並將其出入記載於頁下，也就是說，運用《大正藏》的版本等同於使用了已經經過校勘數個版本的藏經。除此之外，「中華電子佛典協會」（CBETA=Chinese Buddhist ElectronicText Association）也已經將《大正藏》電子化，除了化紙本爲光碟，方便攜帶、節省空間之外，更有許多助於學者方便研究的功能，如：檢索、引用、目錄等等。

2. **《尼柯耶》**

另一個主要用來對照的藏經版本爲南傳巴利語的五部《尼柯耶》（巴 *Nikāya*），其傳承的部派爲上座部。五部《尼柯耶》可分爲《相應部》（巴 *Saṃyutta Nikāya*）、《中部》（巴 *Majjhima Nikāya*）、《長部》（巴 *Dīgha Nikāya*）、《增支部》（巴 *Aṅguttara Nikāya*）與《小部》（巴 *Kuddaka Nikāya*）等五部，其中《相應部》與漢譯版本《雜阿含經》可說有較密切的對應關係；《中部》則與漢譯《中阿含經》有著較吻合的對應關係；《長部》則與漢譯《長阿含經》有較整齊的對應關係；《增支部》則與漢譯《增一阿含經》有較爲多的對應經文，此二系統的藏經版本可說是同源於早期佛陀所說的「同源史料」，但又可說是由於部派分裂，各派自擁其說而各自表述的「異源史料」，由於這樣的歷史事實，二者之經名或有可以相互對照者，但是經文卻並非完全能夠對應。

這兩種版本的藏經，除了各自記錄了較爲早期佛教的經文內容，也由於傳承自不同部派，而滲入部派發展後的思想，歐美研究初期佛教學者多以治五部《尼柯耶》爲優先；而《阿含經》則處於次要的地位，這可能是因爲語

〔註 180〕藍吉富，《佛教史料學》（台北：東大圖書，1997），頁 11～15。

〔註 181〕同上註，頁 19～20。

系之差別較大，要學習漢譯經典確有其難處，在這點上，國人研究佛典就佔了一分的優勢。因此，運用漢譯《阿含經》與《尼柯耶》之版本對照，找出「厭離」眞正的意義可說是必須且合適的研究方法。

（二）版本比對的優點

「版本比對研究法」的好處，是可以避免僅根據單一文獻來源可能造成的解讀判斷上之偏差，如杜維運認為：

> 史料是歷史的基本，史料裏面，有虛僞、有誤謬，史學家須對史料施以極嚴格的考證；史料考證的方法極多，比較方法應是其中最基本的方法之一。〔註 182〕

以史學研究的角度來說明史料考證的方法，與本文的研究並不抵觸，因爲以文獻爲主之佛學研究，本是以歷史遺留之史料爲基礎素材，但事實上歷史遺留之史料的種類不只是文獻，佛學史的研究可以從文獻以外的材料進行，如：以實地考古所獲而發現不同說法之證據，而考古所得之物件也是歷史遺留的史料；從事佛學教理研究者，主要以文獻中之經、律、論爲研究對象，要找出研究問題的解答，就非從文獻下手不成。

如上引文所說，史料之中充滿了虛僞與誤謬，無論這些是如何發生的，其存在於文獻之中已經是不爭的事實，因此若能夠以不同版本爲基礎文獻加以比較，則可多方考量，使研究成果較爲可靠，減少被錯誤的文獻牽制的機會，增加得到客觀答案的可能性。運用這個方法，必須以《大正藏》頁下註所做的漢巴經名對照，以及赤沼智善所著《漢巴四部阿含對照錄》〔註 183〕之漢、巴藏經比對，以進行本研究。

從事佛教文獻、教義研究的研究方法之中，版本比對的研究方法，可說一直是《阿含經》研究者或部派思想研究學者所常用的研究方法之一，經由比對漢、巴兩種版本藏經之經文，對於幫助理解《阿含經》中許多不易理解的翻譯，往往可以得到不錯的效果。關世謙認爲：

> 吾人於研究原始佛教的方法上，先須以巴利文的部（*Nikāya*）與漢譯《阿含經》互相比較對照來研讀。〔註 184〕

藍吉富有云：

〔註 182〕杜維運，《史學方法論》（台北：三民書局，1997），頁 87。

〔註 183〕赤沼智善，《漢巴四部阿含對照錄》，台北：華宇，1986。

〔註 184〕關世謙，《佛學研究指南》（台北：東大圖書，1986），頁 4。

由於南傳經、律，與北傳的《阿含經》與各部律藏，來源大體相同，但經過長久流傳後又產生若干變化。因此，南傳經、律兩藏，有很多地方與北傳的《阿含經》與律藏，在內容上頗有差異。這種差異，有時是文字上的繁簡有異，有時候則是內容的詳略不一、或此有彼無。因此，如果能將二者相互比較，然後從中理出頭緒，那麼，所得的結論必定要比僅從南傳（或北傳）單方面資料所研究出來的成果更爲可信。〔註 185〕

當文獻出現不同的版本時，找出不同版本之間對於該議題的說明或陳述，再將這兩者逐句或逐段的比對，以明辨問題主旨。這種版本之間的比對方式，如杜維運所說：

對史學家而言，史料的比較，分爲同源史料的比較、異源史料的比較、轉手記載與原書的比較（亦即第二手史料與第一手史料的比較），較有概括性，也最能看出比較方法在歷史研究上所具有的功用。〔註 186〕

本文二到四章著眼在《阿含經》之中「厭離」各個不同的意義，如果以單一的漢譯本爲解譯的標準加以詮釋，則如杜維運引文之第一段，對於其中誤謬之處無法詳加推測考證。

除此之外，由於傳譯過程或是保存過程間造成的文句錯置，或章節錯置等等，也可以透過版本比對的方法提供正確順序或正確文句的可能性。擅長此研究領域中之國內前輩學者教授們，都使用過這類的研究方法，例如：楊郁文、釋達和、許洋主、黃俊威、呂凱文、關則富、溫宗堃、莊國彬、蔡奇林、越建東等等，而國外學者如：無著比丘（Analāyo）、菩提比丘（Bikkhu Bodhi）；日本學者則如：水野弘元、木村泰賢、山本啓量等等。

這種以史料爲本的研究方法，可以避免一些不必要的主觀價值判斷，得到公允的研究結果，如杜維運所說：

由比較歷史現象所得的結論，能避免一部份的道德判斷（moral judgments 亦可稱之爲價值判斷 value judgments）。因爲歷史事實是無法脱離歷史解釋而獨立的，而歷史解釋卻永遠有道德判斷存在。〔註 187〕

〔註 185〕關世謙，《佛學研究指南》（台北：東大圖書，1986），頁 39～40。
〔註 186〕杜維運，《史學方法論》（台北：三民書局，1997），頁 87。
〔註 187〕同上註，頁 108。

基於上述的原因，本文必須採用版本比對方法，藉由這種比對的方法，對此問題進行研究。

除了《大正藏》中的《阿含經》與巴利南傳《尼柯耶》之外，國內針對此範圍的出版品，另有高雄元亨寺出版的《漢譯南傳大藏經》、佛光出版社出版之《佛光阿含藏》，前者翻譯自《日譯南傳大藏經》，是目前最完整的一套中文南傳大藏經；後者則將《大正藏》之第一、二冊「阿含部」重新編排及標點，並加上註釋，此二版本亦可供比較與參考，以提供理解上的協助。

三、歸納分析法

本文的第四、第五以及第六章，除了運用版本比對法做為基礎的研究方法之外，亦運用了歸納分析法。而此分析法，在判斷文獻中之言外之意時，尤爲重要。如杜維運教授所說：

> 將分散各處的史料，歸納在一起，而賦予意義，是要經過一番分析的；將看起來完全不相關的史料，歸納在一起，而指出其中的關係，非有高度的分析能力不可。所以應用歸納方法，很自然地同時要應用分析法。〔註 188〕

本文前二、三、四章以《阿含經》之「厭離」爲檢索對象，找出範圍中所有的「厭離」經文，並檢索相對應之巴利經文加以比對，以解釋譯經當時，譯師們也許將許多意義相近的原典語詞以「厭離」代表的現象，〔註 189〕並還原其眞實的意義；除此之外，隨著時代變遷，用語習慣也隨之改變，雖然古今所使用的同是中文，卻已經產生了不同的理解，因此將《阿含經》中出現的「厭離」耙梳整理，分門別類，是本研究的初步工作。

接著，將《阿含經》中論述「異中有同」，或「同中有異」的經文，加以歸納及分析，並參考相關的研究成果，說明「厭離」與「如實知見」的關係、

〔註 188〕杜維運，《史學方法論》（台北：三民書局，1997），頁 121。

〔註 189〕佛典傳入我國之前，我國古籍中沒有「厭離」這個語詞，後來它出現在漢譯佛典，因此它應該是佛典中譯所產生的佛教語詞，除了《阿含經》之外，像《小品般若・卷七》，CBETA, T08, n227, p.571b08-p.571, b15,《大法鼓經・卷一》，CBETA, T09, 270, p.290, c26-p.291, a01, 或《十地經・卷二》，CBETA, T10, 286, p.507a24m,-p.507, b04 等等，本文並未全盤地蒐羅大藏經，不過單就以上這些與《阿含經》翻譯時期相近的經文看來，已經發現這些爲數不少的例子，據此可推論它可能是佛典中文化過程所產生的語詞。

和「厭離」與「捨」的關係。此則為本文第五及第六章的研究進路與方法。故本文之研究方法，三者於各章有其使用上之偏重。

第六節　論文內容與整體架構簡述

本文分為七章，前四章乃緒論與基礎的文獻版本比對處理，以南北傳藏經之「厭離」經文比對研究，並延伸闡述相關的教理；第五章藉由「厭離」（巴 *nibbidā*）與「捨」（巴 *upekkhā*）的相關經文，以及研究成果相互比對討論，並參考契經中之修道次第的安排，分析關於此一道次第背後含藏著的意義；第六章則就前二至四章所討論之三種「厭離」至初期大乘佛教經典《大般若經》中所呈現之面貌，分析此「厭離」於般若思想中各自演變成怎樣的形式，最後一章是結論。以下進一步說明。

第一章　緒 論

說明研究本論題之原因、學術界對此之研究現況，也說明本文之研究目的、研究方法、論文架構，以及佛陀當時宗教團體之學說等等。

第二章　「厭離」作為「出離的情緒」（巴 *saṁvega*）之用法

「出離的情緒」是「厭離」於《阿含經》中代表的意義之一，本章說明這一種「厭離」對應的巴利語（巴 *saṁvega*），說明該巴利語於《阿含經》中其他的對應語詞，本章並討論它的五蘊相關屬性，並說明它是一種情緒，也順道說明佛教的情緒觀。

第三章　「厭離」作為「對治煩惱」的用法

本章說明「厭離」在《阿含經》中的另一種意義，同樣是運用版本之間相互比對的方式，查找出契經中「厭離」的巴利語相對應經文，並加以分析討論。這種「厭離」可以說是佛教的信仰者在修證佛道過程之中，依照個人對於佛教教義或是規範的理解，將之做為修正個人身、口、意行為上之標準規範，若是有違反此規範者，則覺察而以法門對治之。

第四章　「厭離」作為「中立的情緒」（巴 *nibbidā*）的用法

本章說明「厭離」的第三種意義，方法上仍然是採用版本比對的方式，《阿含經》的「厭離」用法，除了本文第二章介紹的與情緒有關外，這個「厭離」也是，本章即說明《阿含經》之中此種文脈之下的「厭離」所指涉者，是一種對諸法處於中立的情緒之狀態，而且可說是達到涅槃解脫前的必經過程。

第五章　「厭離」、「捨」與道次第

本章以「厭離」與「捨」的討論爲開端，先說明早期佛教修行的兩大法門：「止禪」與「觀禪」的連結關係，學者們認爲在早期經典中存在著止禪者與觀禪者的矛盾與緊張，而如道次第所說的由止而觀，由定發慧的修行階次則是雙方妥協之後的結果。次之則說明以禪定入滅似爲沙門僧團的傳統，另外，本章說明「觀禪」所得之「厭離」與止禪所得之「捨」頗有神似之處。並以此爲基礎，討論道次第中的「厭離」可能代表著「厭離」與「捨」二者。

第六章　「厭離」於《大般若經》的轉化

本章討論《阿含經》中的三種「厭離」在初期大乘佛教之《大般若經》中的呈現的不同面貌，在《大般若經》之中，此三種「厭離」似乎都有了不同的面貌，也有了更爲後續的延展。表示了佛教思想積極進化以適應時代的一面。

第七章　結　論

簡述本文之研究發現、對本論題之貢獻；於研究過程中遭遇的困難，以及克服困難的方法，並對於未來此論題之後續發展提出建議。

以上對於本文的各章做了簡單說明，根據於此，以下以結構圖說明本文整體的架構：

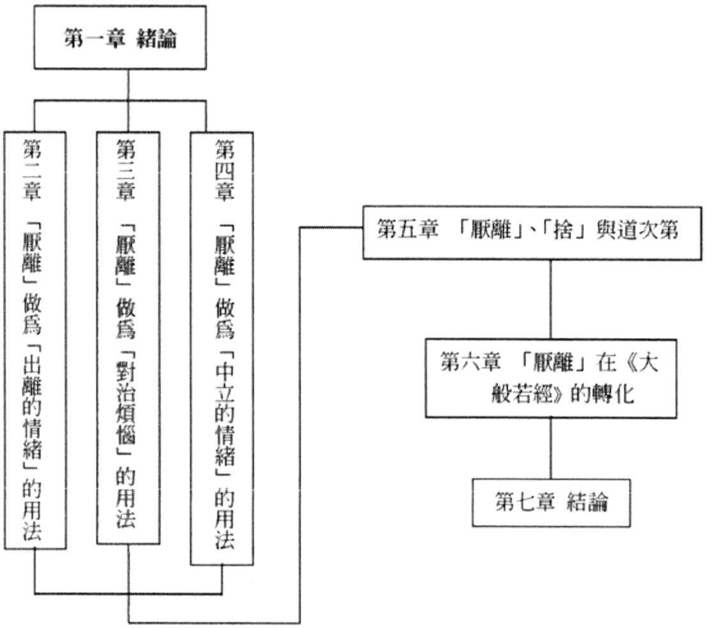

圖一　本文之各章架構

第二章　「厭離」作爲「出離的情緒」之用法

出現於《阿含經》之「厭離」，在各經文中意義並不完全相同，爲明辨其差異，故在正文論述之肇始，釐清經中出現的各個「厭離」，研究方法先以經文上下研判語意，略做分類，再找出各經之巴利三藏相對應經文，當作解釋「厭離」意義之參考，經由如此的研究程序，可將之略分爲三類，以下遂以三章分別討論之。

將此用法安排於正文之首章，有其意義，因爲這可能是追求精神生活的初始原因：原本認同於當時之社會價值，著眼於世俗名利之享受與追求，但由於生老病死等生活經驗，觸發生命無常的反思，導致面對生命無常之震驚或迷惑，體認到自己也將面對同樣的狀況，於是開始認眞思考是否應該找出對應之道，水野弘元名之爲「宗教心」〔註 1〕，這種經歷生死無常而生之情感，使人可能開始接近宗教或心靈探求，希望從中得到人生問題的解答，可說是轉迷成悟的起點，也是本文首先討論此「厭離」的原因。

在水野弘元之後，谷川泰教接續此「宗教心」的研究成果，對照漢譯與巴利本藏經，將此類「厭離」的種類細分。本章將以上述研究成果爲基礎，進一步討論這種「厭離」的心理屬性，趨近於「感受」、「想法」還是「意志作用」？如此的討論將更貼近現代人的認知，藉由分析經文，並舉出現代學術研究的成果，說明此類「厭離」是一種兼俱「受蘊」與「行蘊」的「情緒」作用，使得「厭離」的面貌更加清楚。

〔註 1〕見本文頁 7 之相關說明。

第一節　「厭離」（巴 *saṁvega*）之用例

於《雜阿含經》卷 19，有一段敘述大目揵連尊者以神通力讓帝釋天王「心生厭離」的經文，尊者在禪思中回憶起帝釋天王曾向佛陀請示愛盡解脫之理，因此欲前往帝釋天王處討論，到達天宮之後，看見帝釋天王貪著於天女歌舞，把愛盡解脫的正道拋於腦後，他並新建輝煌的殿堂樓宇，將這些娛樂享受，歸功於自己先前所修福德，〔註 2〕接著是「厭離」出現的經文：

> 時，尊者大目揵連作是念：「今此帝釋極自放逸，著界神住，歎此堂觀，我當令彼心生厭離。」即入三昧，以神通力，以一足指撇其堂觀，悉令震動……〔註 3〕

上段經文是說：大目揵連尊者認爲帝釋天王放縱欲樂，心神全部放在這些享受之上，又讚歎此雄偉的寶殿，我應該讓帝釋天王生起厭離之心，於是大目揵連尊者進入三昧，用神通力，以腳趾使殿堂震動〔註 4〕搖晃。

此舉讓帝釋天王經驗無常，經查此漢譯經文有對應之南傳巴利經文，見於《中部・愛盡小經》（*Cūḷataṇhā-saṅkhayasuttaṃ*），試譯如下：

> 那時，尊者大目揵連這樣想：「這帝釋天處於放逸的狀態，我何不使他心生厭離？」接著尊者大目揵連如〔他自己〕〔註 5〕想的那樣準備

〔註 2〕CBETA, T02, no. 99, p. 133, c10-25。

〔註 3〕同上註 c25-29。

〔註 4〕據《長阿含經》卷 2 之八種地震原因，除前二者之外，與佛都有關係：「佛告阿難：『凡世地動，有八因緣。何等八？夫地在水上，水止於風，風止於空，空中大風有時自起，則大水擾，大水擾則普地動，是爲一也。復次，阿難！有時得道比丘、比丘尼及大神尊天，觀水性多，觀地性少，欲自試力，則普地動，是爲二也。復次，阿難！若始菩薩從兜率天降神母胎，專念不亂，地爲大動，是爲三也。復次，阿難！菩薩始出母胎，從右脇生，專念不亂，則普地動，是爲四也。復次，阿難！菩薩初成無上正覺，當於此時，地大震動，是爲五也。復次，阿難！佛初成道，轉無上法輪，魔、若魔、天、沙門、婆羅門、諸天、世人所不能轉，則普地動，是爲六也。復次，阿難！佛教將畢，專念不亂，欲捨性命，則普地動，是爲七也。復次，阿難！如來於無餘涅槃界般涅槃時，地大振動，是爲八也。以是八因緣，令地大動。』」見 CBETA, T01, no. 1, p. 15, c28-p. 16, a15。此震動之作用可能是作者想要顯示佛陀與自然界力量同等強大，人們對佛應起敬仰；除此，經中描述實際經驗者多會驚悚，再加上該地震多與佛陀有關，因此似乎也可以將之視爲佛陀說法的方式之一，使人們意識到吾人認爲最堅固的大地也是危脆不安的，生命是無常的。如 CBETA, T01, no. 1, p. 26, c7-9。

〔註 5〕在試譯段落中，爲使譯文順暢，增加〔 〕中之文字。

著，以腳趾使三十三天的宮殿重閣震動，大震動，巨大震動。〔註6〕

在此經文之後，北傳的經文沒有記錄這震動是否使得帝釋天王積極尋求出離欲樂之道，南傳經文則記載帝釋天王接著就向尊者請示愛盡解脫法門，尊者以神通震動天宮的作法，得到了他想策勵帝釋天王「厭離」的目的。

下表以《雜阿含經》所列該經之經文，配合巴利藏《中部》與之對應的經文和《南傳大藏經》之翻譯，逐句對照。

表二　出現「厭離」經文之南北傳版本比較（一）

句　次	南　北　傳　經　文　比　較	
第一句	《雜》	時，尊者大目揵連作是念：
	MN	*Atha kho āyasmato Mahāmoggallānassa etadahosi-*
	《漢譯・中》	而尊者大目犍連作是念：
	試譯	那時，尊者大目揵連這樣想：
第二句	《雜》	「今此帝釋極自放逸，著界神住，歎此堂觀，
	MN	*Atibāḷhaṃ kho ayaṁ　yakkho pamatto viharati.*
	《漢譯・中》	「此藥叉是過於放逸，
	試譯	「這帝釋天處於放逸的狀態，
第三句	《雜》	我當令彼心**生厭離**。」
	MN	*Yaṁnūnāhaṁ imaṁyakkhaṁ saṁvejeyyan"ti*
	《漢譯・中》	然，我使此藥叉**戰慄**。」
	試譯	我何不使他**心生厭離**。」
第四句	《雜》	即入三昧，以神通力，以一足指撇其堂觀，悉令震動……
	MN	*Atha kho āyasma Mahāmoggallāno tathārūpam iddhābhisaṅkhāraṁ abhisavkhāsi yathā vejayantaṁ pāsādaṁ pādaṅguṭ ṭhakena saṅkampesi sampakampesi sampavedhesi.*
	《漢譯・中》	於是尊者大目犍連以示神通力，以足拇指使最勝宮殿震搖激動。
	試譯	接著尊者大目揵連那樣準備著，以腳趾使最勝宮殿震動，大震動，巨大震動。

〔註 6〕*Atha kho āyasmato Mahāmoggallānassa etadahosi--"Atibāḷhaṃ kho ayaṁ yakkho pamatto viharati. Yaṁ nūnāhaṁ imaṁ yakkhaṁ saṁ vejeyyan" ti. Atha kho āyasma Mahāmoggallāno tathārūpam iddhābhisaṅkhāraṁ abhisaṅkhāsi yathā vejayantaṁ pāsādaṁ pādaṅguṭṭhakena saṅkampesi sampakampesi sampavedhesi.*（MN. I 254）此外，《漢譯南傳大藏經》則將此譯爲「戰慄」：「而尊者大目犍連作是念：『此藥叉是過於放逸，然，我使此藥叉**戰慄**。』於是尊者大目犍連以示神通力，以足拇指使最勝宮殿震搖激動。」（《漢譯・中》I, 342）

從上述的比較可知，此處《雜阿含經》的「心生厭離」與巴利語的 *saṁ vejeyyan*〔註 7〕對應，此處厭離之意應如何理解方為合適？而 *saṁvejeyyan* 衍變自 *saṁ* +√*vij*，是祈願型動詞，該語詞的字根√*vij* 原意有「因為某件恐懼的事而快速地、立即地退縮或是顫抖」〔註 8〕之義。此處以其名詞型之 *saṁvega* 查照各大佛學詞典並列表如下：

表三　梵、巴辭典中 *saṁvega* 的解釋

工具書名稱	詞　彙	解　　釋
Sanskrit-English Dictionary, p.1115a	*saṁvega* (*saṁ* +√*vij*)	Violent agitation, excitement, flurry; vehemence, intensity, high degree; desire of emancipation（激烈震動、刺激、慌張、憤怒、強度、高等的、解脫的欲望）
梵和大辞典，頁 1371a	*saṁvega*	烈しい興奮または動揺；激越，強度，高度 漢譯：厭，厭惡，厭離，可厭，紛擾，憂惱，怖畏，厭（怖），遠離，戰慄，厭離心，怖畏心，永倦怠，諸倦怠（強烈地興奮或搖動、激昂、強度、高度）
パーリ語辞典，頁 227a	*saṁvega*	悚懼，おそれ，感動，厭離心，宗教心 （害怕、恐懼、感動、厭離心、宗教心）
Buddhist Hybrid Sanskrit Grammar and Dictionary, p.541b	*saṁvega* (*saṁ* +√*vij*)	perturbation（擾亂）
The Pali Text Society's Pali-English Dictionary, p.658a	*saṁvega*	〔saṁ＋√vij〕agitation, fear, anxiety; thrill, religious emotion（caused by contemplation of the miseries of this world…… eight objects inducing emotion: birth, old age, illness, death, misery in the apāyas, and the misery caused by samsara in past, present and future stages） （激動，恐懼，焦慮，驚悚，宗教情緒（導因於對現世苦難的沉思而生……八種導致情緒之物：出生、年老、疾病、死亡、地獄之悲哀、過去、現在、未來處於輪迴中悲哀……））

〔註 7〕*saṁvejeyyan* 原為 *saṁvejeyyaṃ* 由於後面接續齒音開頭的 *ti*，而產生了 *n* 的齒音音變。

〔註 8〕*"The Pali word saṁvega…… In other contexts the root vij, with or without the intesive prefix sam, or other prefix such as pra, "forth", implies a swift recoil from or trembling at something feared."* A. K. Coomaraswamy, "*Saṁvega—Aesthetic Shock*", Harvard Jurnal of Asiatic Studies VII, 1943, pp. 174-179.

Concise Pali-English Dictionary, p.143b	*saṁvega*	Anxiety, agitation, religious emotion（焦慮，激動，宗教情緒）

上述各大佛學辭典中對 *saṁvega* 的解釋，不出：「激動」、「害怕」、「焦慮」、擾亂」等等。在述說佛陀生涯的史詩《佛所行讚》（*Buddhacarita*）中，陳述佛陀生起出離意圖的其中一段，是因為見到了路旁孱弱的老人，覺得驚懼，又從車伕口中得知了自己未來也會衰老，遂產生「厭離」，《佛所行讚》卷 1〈3 厭患品〉有如下的描述：

> 老相之所壞，　　觸類無所擇，
> 雖有壯色力，　　無一不遷變。
> 目前見證相，　　如何不厭離？〔註 9〕

以該偈誦對照梵文本及英譯本，試譯如下：

> 年老如此地擊倒了我們的記憶、容顏及強壯，擊倒了所有，然而眼前所見就是臨近的宿命，世人怎能不被驚動。〔註 10〕

《佛所行讚》的「厭離」對應著梵文本中的 *saṁvega*，英譯本則為 disturbed，為「受驚擾的」之意，可見世尊對於生老病死感受的強度。佛陀的出家因緣，也見於《長阿含經》卷 1：

> 於時，菩薩欲出遊觀，告勅御者嚴駕寶車，詣彼園林，巡行遊觀。……於其中路見一老人，……太子又問：「吾亦當爾，不免此患耶？」答曰：「然，生必有老，無有豪賤。」於是，太子悵然不悅……
>
> 又於後時，太子復命御者嚴駕出遊。於其中路逢一病人，……又曰：「吾亦當爾，未免此患耶？」答曰：「然。生則有病，無有貴賤。」於是，太子悵然不悅……
>
> 又於異時，太子復勅御者嚴駕出遊。於其中路逢一死人，……太子又問御者：「吾亦當爾，不免此患耶？」答曰：「然，生必有死，無

〔註 9〕CBETA, T04, no. 192, p. 6, a17-20。

〔註 10〕*evaṃ jarā haṃti ca nirviśeṣaṃ mṛtiṃ ca rūpaṃ ca parākramaṃ ca| na caiva saṃvegamupaiti lokaḥ pratyakṣato 'pīdṛśamīkṣamāṇaḥ||*其英譯為：Old age thus strikes down all alike, our memory, comeliness, and valour; and yet the world is not disturbed, even when it sees such a fate visibly impending. http://www.ancient-buddhist-texts.net/Texts-and-Translations/Buddhacarita/Buddhacarita.pdf.（2012.04.10 瀏覽）

> 有貴賤。」於是，太子**悵然不悅**……
>
> 又於異時，復勑御者嚴駕出遊，於其中路逢一沙門，法服持鉢，視地而行。……太子曰：「善哉！此道眞正永絕塵累，微妙清虛，惟是爲快。」即勑御者迴車就之。爾時，太子問沙門曰：「剃除鬚髮，法服持鉢，何所志求？」沙門答曰：「**夫出家者，欲調伏心意，永離塵垢，慈育群生，無所侵嬈，虛心靜寞，唯道是務。**」太子曰：「善哉！此道最眞。」……〔註 11〕

可知佛陀出家之目的，是爲了調伏自己易受感動的心，希望自己老病死之時，情緒能夠不受其干擾。度邊楳雄認爲佛陀出家的原因，與這種情感執著有關：

> 儘管釋尊成長於這樣好的環境，他七歲時已經潛心於宗教、哲學的思索。他這個傾向，隨著年齡的增長而更明顯，但感情豐富深厚，對愛妃、兒子、父王與其他身邊的人或物，有著很強烈的愛著，摰望這些人或物永遠不離開自己的身旁，因此反而發覺並驚訝於世間一切的無常（*aniccatā*），終於爲專心研究如何解決這個問題而出家。〔註 12〕

佛陀在走訪各大名師，學遍甚深哲理與禪定，仍然覺得未得解脫，他終於了解這些哲理或禪定並沒有辦法使其完全解脫，因此他試著修習更爲極端的苦行六年，但其願仍未遂行，度邊楳雄接著說：

> 這時，釋尊想起前述他七歲時在田埂正思惟的事，即：根據當時釋尊的記憶，他在那樣正坐思惟時，**心情不樂也不苦**。因此若能繼續保持當時那樣的心情，則他心中或許不會有父王和愛妃，同樣地，也不會有愛兒，世間萬象都沒有，進而對世間一切的愛著，顧念也會消失，總之，或許能有「不憂慮過去，不希冀未來，只一心一意地活在現在」（《雜阿含經》995 經，《別譯雜阿含經》132 經）的心情。〔註 13〕

度邊楳雄認爲，佛陀如此努力追求，主要是希望不受世間恩愛別離、所

〔註 11〕CBETA, T01, no. 1, p. 6, a25-p. 7, a12。

〔註 12〕水野弘元等著，許洋主譯，《印度的佛教》（台北：法爾出版社，1988），頁 51。此章之作者爲度邊楳雄。

〔註 13〕同上註，頁 51～52。

求不得之苦的干擾，能夠不再隨著外境感到苦樂、憂慮與不安，擺脫情緒的干擾。關於此，水野弘元認爲人之苦惱、罪惡越深，出離的需求就越強烈：

> 原來宗教的出發點，必定有苦惱或罪惡等不滿的感覺，因此，對不安、苦惱、罪惡之意識越是強烈，則其追求完美理想的心越是強。有崇高的理想，必定會對現實產生悲觀厭世或自卑反省的心，若不正視這種現實，就無法達到眞正的理想。〔註 14〕

除了佛陀因爲要調伏情緒而出家修行外，佛弟子中也有因爲情緒方面困擾而出家學道者，《雜阿含經》卷 6：

> 時，有眾多外道出家至尊者羅陀所，共相問訊已，退坐一面，問羅陀言：「汝爲何等故，於沙門瞿曇所出家修梵行？」
>
> 羅陀答言：「**爲於色憂、悲、惱、苦盡**、離欲、滅、寂、沒故，於如來所出家修梵行；**爲於受、想、行、識，憂、悲、惱、苦盡**、離欲、滅、寂、沒故，於如來所出家修梵行。」
>
> 爾時，眾多外道出家聞是已，心不喜，從坐起，呵罵而去。〔註 15〕

此外，《清淨道論》中有關持戒對情緒或惡習的控制，有這樣的內容：

> 其次不毀壞等性，包攝於：……忿、恨、覆、惱、嫉、慳、諂、誑、強情、激情、慢、過慢、驕、放逸等惡法不生。〔註 16〕

「忿」（*kodha*）爲生氣（anger）〔註 17〕；「恨」（*upanāha*）〔註 18〕爲惡意、敵意（ill-will, enmity）；「覆」（*makkha*）爲覆蓋，（smearing over）〔註 19〕，貶低別人；「惱」（*palāsa*）爲惡意、怨恨（unmercifulness, malice）〔註 20〕；「嫉」（*issā*）爲嫉妒、生氣、羨慕、惡意（jealousy, anger, envy, ill-will）〔註 21〕；「慳」

〔註 14〕水野弘元等著，如實譯，《原始佛教》（臺北：普門文庫，1984），頁 21。

〔註 15〕CBETA, T02, no. 99, p. 38, b16-25。

〔註 16〕覺音（Buddhaghosa）著，葉均譯，《清淨道論》（高雄：正覺佛教會，2002），頁 52。

〔註 17〕T.W.Rhys Davids & William Stede, *Pali-English Dictionary*, London, The Pali Text Society, reprinted, 1986, p.228.

〔註 18〕同上註，頁 143。

〔註 19〕T.W.Rhys Davids & William Stede, *Pali-English Dictionary*, London, The Pali Text Society, reprinted, 1986, p.511。

〔註 20〕同上註，頁 440。

〔註 21〕T.W.Rhys Davids & William Stede, *Pali-English Dictionary*, London, The Pali Text Society, reprinted, 1986, p. 123.

（*macchariya*）爲貪婪、吝嗇、自私（avarice, stinginess, selfishness）〔註 22〕；「諂」（*māyā*）爲欺騙性的外觀，欺詐，欺騙，虛僞（deceptive appearance, fraud, deceit, hypocrisy）〔註 23〕；「誑」（*sāṭheyya*）爲背叛（treachery）〔註 24〕；「強情」（*thambha, thaddhabhāva-lakkhana*）爲不動、堅硬、僵、頑固（immobility, hardness, stupor, obstinacy）〔註 25〕；「激情」（*sārambha*）爲急燥、憤怒、爭吵（impetuosity, anger, quarrel）〔註 26〕；「慢」（*māna*）爲驕傲、自負、傲慢（pride, conceit, arrogance）〔註 27〕；「過慢」（*atimāna*）爲堅持己見、驕傲、自大、自負（high opinion（of oneself）, pride, arrogance, conceit）〔註 28〕；「驕」（*mada*）爲驕傲、自負（pride, conceit）〔註 29〕；「放逸」（*pamāda*）爲粗心、疏忽、懶惰、怠慢（carelessness, negligence, indolence, remissness）〔註 30〕。此外，《清淨道論》中又說：

> 因爲愁、苦、憂、惱與無明是不相離的；悲是在於癡者之故；所以只於彼等（愁悲等）成就，而無明成就。即所謂：「漏集故有無明集」。同時亦由漏集故有此等愁等。何以故？（一）當與事欲不相應之時，則愁以彼漏爲集……（二）此等一切（愁等）以見漏爲集。即所謂：「那些有『我是色，色是我』的觀念而住者，由於色的不定變易而生起愁、悲、苦、憂、惱」。（三）如以見漏爲集，如是亦以有漏爲集。……諸天見到了五前兆（五衰相）爲死的怖畏所戰慄。（四）如以有漏爲集，如是亦以無明漏爲集。即所謂：「諸比丘，此愚者於現世而受三種的苦與憂」。〔註 31〕

〔註 22〕T.W.Rhys Davids & William Stede, *Pali-English Dictionary*, London, The Pali Text Society, reprinted, 1986, p. 514.
〔註 23〕同上註，頁 529。
〔註 24〕T.W.Rhys Davids & William Stede, *Pali-English Dictionary*, London, The Pali Text Society, reprinted, 1986, p. 702.
〔註 25〕同上註，頁 308。
〔註 26〕T.W.Rhys Davids & William Stede, *Pali-English Dictionary*, London, The Pali Text Society, reprinted, 1986, p.706.
〔註 27〕同上註，頁 528。
〔註 28〕T.W.Rhys Davids & William Stede, *Pali-English Dictionary*, London, The Pali Text Society, reprinted, 1986, p.20.
〔註 29〕同上註，頁 518。
〔註 30〕T.W.Rhys Davids & William Stede, *Pali-English Dictionary*, London, The Pali Text Society, reprinted, 1986, p.416.
〔註 31〕覺音（Buddhaghosa）著，葉均譯，《清淨道論》（高雄：正覺佛教會，2002），頁 599。

從上述諸引文可見，平息種種紛擾情緒是爲佛教修行的要務，而要平息之則必須確實了解他們生起以及能夠消彌他們的因緣，故出現上述《清淨道論》引文這種討論種種情緒的論述。回過頭來，本文以巴利本中 *saṁvega* 用例對照《阿含經》，同此字根，有對應於「恐怖」〔註 32〕者，見《雜阿含經》卷 33：

> 如是於正法、律有四種善男子。何等爲四？謂善男子聞他聚落有男子、女人疾病困苦，乃至死，聞已，能生**恐怖**，依正思惟，如彼良馬顧影則調，是名第一善男子於正法、律能自調伏。〔註 33〕

除此，也有「怖畏」〔註 34〕、以及「厭怖」〔註 35〕等，足見其爲表現內心情感作用的語詞。也可知佛陀當時面臨無常時所生起的錯綜複雜心情，可見調伏自心情緒的紛擾，確是佛陀出家的原因之一。

第二節　「感受」與「情緒」

本文緒論曾提到 Thanissaro Bhikkhu 認爲「佛教是一個著重於情緒的宗教」，〔註 36〕而對於「厭離」（*saṁvega*），他認爲可分爲三個不同的心理階段，首先是感到「震驚」與「慌張」，其次是希望自己能提升向上，最後則認眞地去尋找解脫之道。有趣的是，這個著重於情緒的宗教在巴利語中卻沒有一個指稱「情緒」的專有名詞，雖說如此，在經文中我們確實可以見到形容情緒的語詞，例如：憂、悲、惱、苦、怒、哀、怖畏、驚恐、歡喜……等等，但本章所討論之「厭離」並非是單純的感受，上節的例句中，帝釋天王除了震驚之外，還引發了對於天宮享樂的厭棄，這樣的反應是由於外在現象的轉變出乎經驗者意料，或由於曾碰過類似情況而引起不舒服的回憶，因此

〔註 32〕如 CBETA, T02, no. 99, p. 234, b1-4 對應於 AN. II 114；CBETA, T02, no. 99, p. 320, c25-28 對應於 SN. I, 169；又 CBETA, T02, no. 99, p. 155, a8-10，此段經文中的「恐怖」與 SN. I 50 的 *saṃviggo* 對應。

〔註 33〕CBETA, T02, no. 99, p. 234, a29-b4。對應於：*Cattārome, bhikkhave, puggalā santo* ***saṃvijjamānā*** *lokasmiṃ. Katame cattāro? Samaṇamacalo, samaṇapuṇḍarīko, samaṇapadumo, samaṇesu samaṇasukhumālo.*（AN. II 114）

〔註 34〕見 CBETA, T02, no. 99, p. 234, b5-14，此段經文對應於（AN. IV 113.）同上註所引第一段之巴利經文。

〔註 35〕CBETA, T02, no. 99, p. 234, b14-19。

〔註 36〕同上註。

而害怕或驚訝，所以進一步使經驗者思考：若是這現象發生在自己的身上，是多可怕的事！於是他進而思索著如何才能解決那樣的狀況，能夠安穩地面對，或是避免那情況再發生。可見情緒的生起與認知、記憶、經驗另有關連。

「感受」是「生理歷程」得到的經驗，〔註 37〕「生理歷程」是指生理面的刺激，例如：打針覺得會痛；看見行駛中的車；聞到焦味；起風而覺得冷等等，它們屬於簡單的、孤立的事實性資料，〔註 38〕這些是「感受」（sensation/feeling），又被稱爲「原初的感受」（original feeling）。〔註 39〕

這些訊息由神經系統傳至大腦，大腦對之選取並加以統整和解釋，做出的回應，這些回應被稱爲「知覺」（perception），「知覺」異於「原初的感受」是屬於經驗者本身心理歷程得到的經驗。〔註 40〕

西方的心理學研究將「情緒」（emotion）認爲是影響行爲的重要因素，在定義上，美國心理學家 J. Drever 認爲，「情緒」伴隨著強烈的情感，以及想以某種特定方式去行動的衝動。〔註 41〕張春興認爲，行爲受「動機」的驅使而產生，這些經由「動機」所引發的行爲，是有組織、有目的，有方向性的活動，不過個體這些平穩進行的、有規律的行爲，常會因爲一些不順己意的狀況，而產生混亂的現象，他們被稱爲「情緒性的行爲」（emotional behavior）。〔註 42〕而這些情緒性的行爲，多半是受負面情緒影響而產生。〔註 43〕由此可知，情緒是一種心理作用，不過情緒也會影響生理狀況。例如：恐懼時，雙腿會發軟，雙手發抖，心跳加快，無法正常行動；沮喪時，做事的效率很差；發怒時，力量變得很大，聲音宏亮，破壞行爲增加等等。

心理學家認爲，「情緒」的產生與「感受」（sensation/feeling）有直接的關

〔註 37〕張春興，《心理學概論》（台北：東華書局，2002），頁 269。

〔註 38〕同上註，頁 282。

〔註 39〕Kuan, Tse-fu. 2008. *Mindfulness in Early Buddhism*. New York: Routledge, p.27. 這些原初的感覺，若是生理上的機能受損，如腦傷，神精系統受傷或酒精及藥物中毒而影響了他們的話，即無法正常地傳導或反應。參見梅錦榮，《神經心理學》（台北：桂冠，1991），頁 1～15。

〔註 40〕張春興，《心理學概論》（台北：東華書局，2002），頁 293。

〔註 41〕馮觀富，《情緒心理學》（台北：心理出版社，2005），頁 5。

〔註 42〕張春興，《心理學概論》（台北：東華書局，2002），頁 432。

〔註 43〕「人們日常生活在喜、怒、哀、樂、愛、惡、欲的七情六欲中，不愉快的負面情緒居多，七情中佔了七分之五。」見馮觀富，《情緒心理學》（台北：心理出版社，2005），頁 5。

連；上述「知覺」之中，有一部分〔註 44〕是經驗者對於「原初的感受」的個人化反應，〔註 45〕此外，情緒也受過去經驗影響，由於它是對「原初的感受或訊息」的反應，因此這種反應被稱爲「間接的感受」（英 secondary feeling）〔註 46〕，就是情緒（emotion），比對於上頁陳述「生理歷程」時所舉的例子，例如：還沒打針之前，想到打針（原初的訊息連接到記憶）就覺得恐懼（間接的感受/情緒）；對於看見車向自己快速駛來（原初的感受）而驚慌（原初的訊息連接到記憶或認知）；對於聞到燒焦的味道（原初的感受）感到驚嚇（原初的訊息連接到記憶或認知）；對於起風（原初的感受）覺得悲涼（間接的感受）等等。

現象世界與經驗者的接收器（五官）接觸而形成各種的訊號，是爲「感受」，而主體對此感覺的主觀偏好，基礎在過往的知識、經驗之上，以及個人對於感受的偏好，混雜而爲「情緒」。心理學家對「情緒」有許多種不同的歸納分類，此處舉出歸類爲六種的情緒分類法，如：驚訝（surprise）、恐懼（fear）、厭惡（disgust）、憤怒（anger）、愉悅（happiness）及悲傷（sadness）。〔註 47〕

可知「感受」是以五種感官中的任何一種與現象世界接觸時，對這種刺激產生的個人認定：合意、不合意；而「情緒」則是得到這「感受」之後，經驗者對這「感受」的個人化反應。對於「情緒」，Padmasiri de Silva 解釋如下：

> 情緒或情感可被認爲是一種感受傾向，一個受者於彼感受判定爲合適的之後，就會傾向於彼，反之，則被判定爲不合意的感受而傾向遠離。〔註 48〕

可見「情緒」是「源自於個人對感覺的偏愛或厭惡，偏愛那刺激所產生的感受就會多方接近，或心生喜樂；厭惡那刺激所產生感覺就會避免或遠離，這是情緒影響行爲的簡單反應。」〔註 49〕此外，Kuan 認爲：

〔註 44〕知覺除了包括生理訊息產生的情緒、情感之外，也包括了以生理訊息爲資料所進行的思考、記憶、判斷等理性的部份。

〔註 45〕Gillian Butler & Freda McManus, *Phychology：A Very Short Introduction.* New York：Oxford, 1998, p.55.

〔註 46〕Kuan, Tse-fu. 2008. *Mindfulness in Early Buddhism*. New York: Routledge, p. 27.

〔註 47〕Padmasiri de Silva, *An Introduction to Buddhist Phychology.* New York：Palgrave Macmillan.4th edt. 2005, p.27.

〔註 48〕同上註，頁 42.

〔註 49〕Padmasiri de Silva, *An Introduction to Buddhist Phychology.* New York：Palgrave Macmillan.4th edt. 2005, p.42.

原初感受可能是本有的，如它存在的那樣，在感知訊號中，如同人們被箭射傷時感覺到痛；而若他難過、悲哀於被箭所傷，那麼他感受到第二重的痛苦。〔註 50〕

從上述討論可知，「情緒」是對於「原初的感覺」的個人主觀心理反應，此個人主觀立場，除了生理的彼此差異之外，也受到過往的認知經驗影響。關則富在解釋身心運作時，以下圖說明：

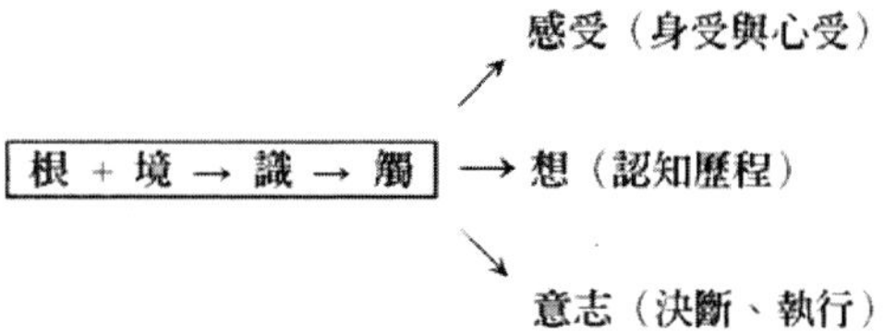

〔註 52〕

圖二　「感受」、「想」與「意志」生成過程圖（一）〔註 51〕

此圖依《雜阿含經》卷 13：「眼、色緣生眼識，三事和合觸，觸俱生受、想、思，……」〔註 53〕繪製，據此經文，刺激進入大腦，大腦將之分爲三部分處理：「感受」，分爲身受與心受；「想」，爲認知歷程，與知識、經驗、觀念建立等等有關；「意志」：決斷或執行。故知想蘊的認知歷程所形成的記憶或判斷，對於形成情緒有影響的關連。

〔註 50〕 Kuan, Tse-fu. 2008. *Mindfulness in Early Buddhism*. New York: Routledge, p.27.

〔註 52〕 印順法師認爲：「論到觸，習見的經句，如『雜含』（卷一三・三〇六經）說：『眼、色緣，生眼識，三事和合觸，觸俱生受、想、思』。這即是根、境二和生識，根、境、識三和合觸的明證。根、境和合生識，即由於根、境相對而引起覺了的識。此識起時，依根緣境而成三事的和合；和合的識，即名爲觸——感覺而成爲認識。此觸，經部師解說爲即是識，即觸境時的識，如『雜含』（卷一三・三〇七經）說：『眼色二種緣，生於心心法。識觸及俱生，受想等有因』。有部以識及觸爲二，又是同時相應的；所以觸從三和生，又爲令三和合的心所。」參見釋印順，《佛法概論》（新竹：正聞出版社，1992），頁 114。關則富引 Sue Hamilton 的說法，認爲這「觸」（*passa*）表示有意識的「感官接觸」（sensorycontact）。不過關則富自己認爲「觸」在這個公式中的涵意很難釐清，也無法在心理學的領域中找到相對應的觀念。參見關則富，〈注意力在認知歷程的作用——佛教與心理學的比較研究〉，《佛學與科學》（台北：圓覺文教基金會，2010），頁 39。

〔註 51〕 參見關則富，〈注意力在認知歷程的作用——教與心理學的比較研究〉，《佛學與科學》（台北：圓覺文教基金會，2010），頁 39。

〔註 53〕 CBETA, T02, no. 99, p. 87, c26-27。

與意志有關的決斷與執行，又受到想蘊的經驗認知與情緒影響很大，這即是本節前文所說的情緒性行爲，下圖爲以關則富所繪之圖爲基礎增改之「受」、「想」與「行」關係圖：

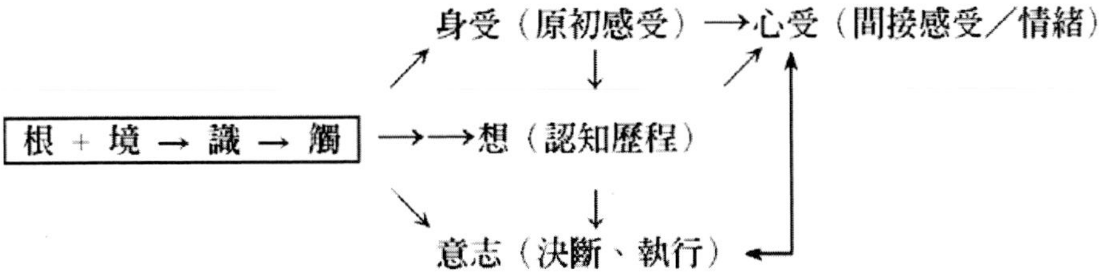

圖三　「感受」、「想」與「意志」生成過程圖（二）

第三節　佛典中的身受與心受

一、以十二支緣起說明

佛典將感受作爲宏觀生命歷程的動力因之一，例如：感受會影響行爲的決策，進而影響經驗者的未來，如本文中所舉之例子：佛陀見到老者而產生的行爲意志改變。對此，Kuan 認爲：

> 情緒是「受」與「行」的交集，雖然在定義方面，心理學家們未達成絕對的共識，……許多心理學家指出情緒跨越了「感受」（巴 *vedanā* 英 feeling）與一部份的「意志的造作」（巴 *saṇkārā* 英 volitional formation）。〔註 54〕

如上述六類情緒的分類中，「憤怒」就從感受跨到了「行蘊」的範圍，因此 Kuan 認爲，情緒可以是從初始感受轉變爲行蘊（意志）的過渡（transition）。接著，檢視十二支緣起的部分段落，說明情緒生起的理論：

> ……六入處、觸、受、愛……〔註 55〕

「六入處」即爲吾人接受外境刺激，〔註 56〕產生訊息的感官，他們分別爲眼、

〔註 54〕關則富，〈注意力在認知歷程的作用——佛教與心理學的比較研究〉，《佛學與科學》（台北：圓覺文教基金會，2010），頁 39。

〔註 55〕CBETA, T02, no. 99, p. 84, b25。

〔註 56〕實際上接受外在刺激者有五項，即眼、耳、鼻、舌、身，此中應該各自包括專司傳導各別領域的感覺神經，而六者最後的意根是心的功能，被認爲是統

耳、鼻、舌、身，是爲產生感受及情感必要的器官；「觸」即爲接觸，表示外境與感官接觸的過程，若無此接觸，感受無法生起；「受」即爲「感受」，是說五官經由與各自領域之現象界接觸而產生感受；「愛」是說上個過程所產生的「感受」，經過意根的統合，心的作用，對於曾有過的苦的、不好的記憶，經與當下狀況比對判斷，認爲此將受苦就生起討厭的情緒，或判定爲樂而產生偏愛，可看出好惡的分別與主觀的經驗有很大的關係，對於合於己意的感覺則轉強爲愛；不合己意者則轉爲瞋恨。

二、「身受」與「心受」

早期佛典也有關於「感受」的敘述，佛典將「感受」分爲兩種：「身受」與「心受」，如《雜阿含經》卷 17：

> 譬如士夫身被雙毒箭……增長二受：身受、心受，極生苦痛，所以者何？……於諸五欲生樂受觸，受五欲樂，受五欲樂故，爲貪使所使；苦受觸故，則生瞋恚，生瞋恚故，爲恚使所使。於此二受，若集、若滅、若味、若患、若離不如實知；不如實知故，生不苦不樂受，爲癡使所使。爲樂受所繫終不離，苦受所繫終不離，不苦不樂受所繫終不離。云何繫？謂爲貪、恚、癡所繫，爲生、老、病、死、憂、悲、惱、苦所繫。」〔註 57〕

引文中「身被雙毒箭」即比喻人們的身、心被「身受」與「心受」雙重毒害，「身受」，是生理上覺察到的，可以比爲上述西方心理學中之「感受」或是「原初的感受」；而「心受」，則是心理的感覺、「間接的感受」（secondary feeling），是「情緒」。

上文接著說，五官於現象世界中各自與五種境界接觸，若對接觸之訊息感覺到喜樂，心中就產生「貪愛」；接觸到覺得苦痛的訊息，就產生「瞋怒」；對於此二者的由來、消失、特性、過失以及遠離他們的方法不能如實地明白的話，就成了「不苦不樂的感受」，是爲「愚癡」，這種「苦受」、「樂受」、「不苦不樂受」將一直延續，一直都會生、老、病、死、憂、悲、惱、苦。

由上述經文可知該經認爲一般外在刺激（身受），都將引起「貪愛」、「瞋

攝這些生理刺激資訊而被心解讀的樞紐。

〔註 57〕CBETA, T02, no. 99, p. 120, a12-22。

怒」及「迷癡」（心受），即使是一時感到快樂，也因爲無法持續，終究會因變異於苦而不被贊同。〔註 58〕

從這樣的比較可知，佛教解釋情緒生起的路徑，與西方心理學的說法所去不遠，以下以簡表比較之：

表四　感受於佛教與心理學的比對

心理學名詞	感受（feeling）	情緒（emotion）
佛教名詞	身受	心受
生起原因	五官與現象界的接觸	對感受的個人化傾向
反應對象	外在現象界	感受
發生場域	生理	心理

值得注意的是，在「由受生愛」的過程中，佛典並沒有論及「情緒」的這一角色，而是以「受」涵蓋「身受」與「心受」，把「心受」當作情緒作用，此即可說明佛典中沒有另一個代表「情緒」之專有名詞的原因，沒有對等於「情緒」之專有名詞並非等同於佛教不重視情緒問題。

第四節　「厭離」（*saṁvega*）兼俱受、想與行蘊

根據上述的討論可以歸納出判定情緒的兩個要素：一是對感受的個人化反應。二是這反應受主體認知與經驗影響。此處依此來檢試本章討論的「厭離」（巴 *saṁvega*）。

回歸到本文的例子來說，當天宮震動之時，帝釋天王感覺到震動，此時爲「身根」接觸到「外境」引起生理的反應，亦即「感受」，帝釋天因此心生厭離，此爲帝釋天對此震動之個人化反應。這符合了「對感受的個人化反應」一項，由於帝釋天王過去必定也曾經經歷過地震等天災，因此當再次經歷類似的經驗，使他回憶起過去的恐怖經驗，因此對震動產生不安的情緒，可知，「厭離」也符合受經驗者認知與經驗影響的一項。

另外，他曾經與佛陀請教過出離之道，在經歷這樣的震動之後，除了震

〔註 58〕CBETA, T02, no. 99, p. 21, a11-21。然而，據黃纓淇〈聖樂（*aryia-sukha*）之研究〉（《正觀》第 46 期，台灣：南投：正觀雜誌社，2008），因修習佛法，遠離惡法而會產生「樂」，是爲「聖樂」，此於早期佛典中受到讚許。

驚之餘，再次向尊者大目揵連詢問愛盡解脫法，可見此次震動影響了他促成行為改變，行為的改變源自於「意志」，即為行蘊的發動。可知本章「厭離」（巴 *saṁvega*）的心理成分，一者、帶有對原初感受的個人化反應，其次，又受過去的認知經驗影響，可見本章之「厭離」是一種「情緒」。

再以佛陀的出家因緣來看，見到了老、病、死者的悉達多太子，除了對所見所聞滿懷驚懼外，後來他決定改變生活型態，捨棄在家生活，出家雲遊修道，這生活形態的改變源自於屬於行蘊的意志決定。這也符合丹尼爾•布朗（Daniel Brown）認為情緒的三個要素：身體感受、認知或思緒、表達性的反應。〔註 59〕另外，艾克曼也認為情緒有評斷的成分：

> 情緒是有著強烈感覺成分的心理狀態，……這個感覺必須帶有評斷的成分，亦即思想。〔註 60〕

由上述討論可知，本章之「厭離」（*saṁvega*）是跨越「受蘊」、「想蘊」與「行蘊」的「情緒」，故若以此說明引發出離世俗狀況者，可以用「出離的情緒」來說明。

本章討論《阿含經》中「厭離」的一種分類，經由討論得知，這種分類的「厭離」與「出離的情緒」有關。

本章先在研究範圍中摘錄出此「厭離」的經文，再經由與巴利《尼柯耶》的對應經文比對，得知此「厭離」對應於巴利語 *saṁvega*；*saṁvega* 有「激動」（agitation），「恐懼」（fear），「驚悚」（thrill）；焦慮（anxiety），「宗教的情感」（religious emotion）等解釋，可知這是形容情感狀態的語詞。

西方心理學研究成果認為「感受」是五官與現象世界接觸後生起的生理刺激，「情緒」則是對「感受」的個人化反應；佛典之中，「身受」為身體或五官與外境接觸所受的外在刺激，「心受」則是對於「身受」的個人化的情感反應，可見佛典中之，「身受」相近於西方心理學所說的「感受」；「心受」則

〔註 59〕丹尼爾・高曼（Daniel Goleman）編，李孟浩譯，《情緒療癒》（台北縣：立緒文化事業有限公司，1998），頁 98。

〔註 60〕丹尼爾・高曼（Daniel Goleman）著，張美惠譯，《破壞性情緒管理》（臺北：時報文化出版企業股份有限公司，2009），頁 65。此處的「評斷的成分」，被認為是「思想」，然而由於帶有評斷的成分，更精準地說應該是「行蘊」的意志作用。

與「情緒」相似。

從經文敘述帝釋天王生起「厭離」的過程，以及佛陀出家因緣的過程來看，此「厭離」是對於感受的個人化反應，據上述對於情緒的描述與定義來看，可以說「厭離」即爲情緒的一種。詳細地說，它是一種「出離的情緒」。

值得注意的是，心理學學者們認爲情緒跨越了「受蘊」、「想蘊」以及「行蘊」的範圍，也就是說「情緒」可以促使行爲或是決定的改變，如同本章所引之經文，帝釋天王由於「厭離」而改變了放逸的行爲模式，而悉達多太子則由於「厭離」而放棄世俗生活，選擇出家修行。因此可知，漢譯《阿含經》中「厭離」若對應於巴利語 *saṁvega*，可做爲「出離的情緒」，而在心理操作方面，則與「受蘊」、「想蘊」與「行蘊」之相互作用有關。

此外，這種「厭離」雖然是對於所處之狀況產生恐懼，但並非一味地退縮，而是積極地面對並且試圖找尋解決此驚恐再度發生的方法。佛陀拋棄了世俗生活而出家，那是因爲他見到世俗享受與物資擁有的短暫性與不確定，但他見到人人必然會面對生老病死，因此他必須出家去追求對應之道，並非是躲避恐懼，或明知而不願面對，最後佛陀則以自身的努力達成高度精神層面的成就，可知這種佛教的「厭離」並非是「厭世主義」〔註 61〕，而是一種自力去除內心煩惱的「實效主義」。

〔註 61〕「動物和人的本質是受痛苦支配的，另一方面，如果因爲太容易得到滿足而使它沒有欲求的對象，便會產生可怕的空虛和無聊感……人的生命像鐘擺一樣在痛苦和厭煩之間來回擺動著。」叔本華，《意志與表象的世界》（劉大悲譯，志文出版社，1993），頁 277。「厭世主義」似乎沒有積極轉變自己情緒的作法與動力。

第三章　「厭離」作爲「對治煩惱」之用法

從上一章可知，「厭離」（巴 *saṁvega*）是有感於無常而震驚、惶恐的情緒，欲出離以找尋身心平靜之法，顯示佛教重視情緒平穩，因此保持情緒平穩是佛法修行要務，延續於此，本章之「厭離」則是發覺不善情緒生起，即以法門平息的過程。進一步地說，本章之「厭離」是生起了貪愛、瞋恚等煩惱，由於厭惡此煩惱的擾亂，遂以法門加以對治使煩惱消失；這兩種「厭離」中文雖然相同，然對應之巴利語不同，意義也有差距，故將本章之「厭離」歸納爲「對治煩惱」。這類「厭離」。如同《阿毘達磨大毘婆沙論》卷 28 所說：

> 厭惡違逆名「厭」……毀呰煩惱名「厭」。……訶毀欲界名「厭」。……見所斷名「厭」。……尊者妙音作如是說，「厭」謂薄地……〔註 1〕。

本引文是說：厭惡、違背、不順從之，稱爲「厭」……毀滅煩惱叫「厭」……訶責、毀滅欲界名爲「厭」……斷除知見之煩惱名爲「厭」……妙音尊者認爲：「厭」是爲「薄地」。〔註 2〕可知此處的「厭」是刻意地操作意念來滅煩惱、

〔註 1〕 CBETA, T27, no. 1545, p. 147, b18-28。

〔註 2〕 「薄地」可能是指貪、瞋、癡經過修行而變得較爲淺薄，可能代表著已修證得二果斯陀含者，如《雜阿含經》卷 29：「何等爲斯陀含果？謂三結斷，貪、恚、癡薄。」見 CBETA, T02, no. 99, p. 205, c3-4，因此這可能是田上太秀認爲得厭離者已成就「斯陀含果」即「一來果」，爲欲界最高之心所之文獻基礎。參見田上太秀，《菩提心の研究》（東京：東京書籍，1990），頁 90。「薄地」亦出現於般若經的菩薩思想中，如《大般若波羅蜜多經（第 401 卷～第 600 卷）》卷 491〈3 善現品〉：「佛告善現：『是菩薩摩訶薩方便善巧行六波

欲望。另外，同屬論藏之《阿毘曇八犍度論》卷 3，則以生活上實際會發生的狀況說明這類「厭離」之意：

> 「厭」云何？答曰：「以得色、聲、香、味，細滑衣、食、床、臥，病、瘦、醫藥具，諸喜善喜，亦善喜他，厭善厭善厭他，此謂厭。」〔註 3〕

本引文是說：「厭」是什麼？答：得到的外物、聲音、香氣、味道、觸感，衣服、食物、床舖、臥具、生病、羸瘦時之醫藥用具，對於自己以及別人的這些心理狀態，這些接觸到可喜而美好之物時，所產生喜歡的心理狀態，加以厭惡，這叫做「厭」。此即如《瑜伽師地論》卷 85 所云：

> 云何「厭」？謂有對治現前故，起厭逆想令諸煩惱不復現行。〔註 4〕

此段引文是說：什麼是「厭」？是指煩惱生起時，當下用對治的法門，故意生起與煩惱相違逆的想法，使之不再出現。《瑜伽師地論》卷 51 則條列出更為具體的對治法門：

> 云何「厭患損伏」？謂如有一或由過患想，或由不淨想，或由青瘀等想，或由隨一如理作意，如是如是厭患諸欲，雖未離欲，然於諸欲修厭逆故，心不趣入乃至廣說，如是名為厭患損伏。〔註 5〕

此段引文是說：什麼是厭患損伏？若有一個人欲望生起之時，用「過患想」，或用「不淨想」，或用「青淤想」等等，或是「如理作意」，以這些法門及對治態度去面對生起欲望的這個緣起，雖然無法全然離開欲望，然而由於厭惡、違背這些欲望，心就不會沉溺入這欲望中，這即叫做「厭患損伏」。

總之，本章所列出之「厭離」，表示利用各種法門去對治擾亂身心清淨的各種狀況，不讓它有坐大的機會，回復身心的平靜。本章中這些陳述「厭離」的經文，雖然對應之巴利語詞並不一致，但是都同樣在講述「對治煩惱」的相關教說。

羅蜜多，修四靜慮、四無量、四無色定、三十七菩提分法廣說乃至十八佛不共法，具一切智、一切相智，超淨觀地、種性地、第八地、具見地、薄地、離欲地、已辦地、獨覺地及菩薩地，又能永斷一切煩惱習氣相續，便成如來、應、正等覺住如來地。善現！如是菩薩摩訶薩住第十地趣如來地。如是，善現！齊此當知諸菩薩摩訶薩發趣大乘。』」見 CBETA, T07, no. 220, p. 497, b10-19。

〔註 3〕 CBETA, T26, no. 1543, p. 781, c28-p. 782, a1。

〔註 4〕 CBETA, T30, no. 1579, p. 775, b3-4。

〔註 5〕 同上註，頁 583, c23-28。

第一節　遠　離（巴 *viveka*）

在《中阿含經》卷 56〈3 晡利多品〉有一段關於「厭離」的經文，它對應於巴利經文的 *viveka*，是「遠離」之意，以下是該段經文：

> 阿難！依何道、依何跡，斷五下分結？……如是，阿難！若有比丘**攀緣厭離，依於厭離，住於厭離**，止息身惡故，心入離、定故，離欲、離惡不善之法，有覺、有觀，離生喜、樂，得初禪成就遊。〔註 6〕

此引文中「厭離」之詞意隱晦不明，按照前後文看來，此「厭離」應屬於戒學的領域。查照其對應之巴利三藏經文，是爲《中部・摩羅迦大經》（巴 *Mahā-mālukya-suttaṃ*）中之一段，試譯如下：

> 阿難！何謂捨斷五下分結之道？從何爲捨斷五下分結之道跡？於此，比丘由於**遠離所依**，由於捨離不善法〔註 7〕，由於所有由行爲起之粗罪安息，由於從諸欲遠離，由於從諸不善法遠離，獲得尋、伺、由於離諸不善法而生起喜、樂，住於初禪。〔註 8〕

爲了更清楚地比對，以下將上述南北傳對應之經文分句列表：

〔註 6〕CBETA, T01, no. 26, p. 779, b12-c21。

〔註 7〕此阻礙進入初禪的不善法是五蓋，《清淨道論》：「但依《分別論》中，『什麼是不善？即欲欲（瞋恚、惛沉睡眠、掉舉惡作、疑）』等的說法，乃表示以五蓋爲禪支所對治的，故說五蓋爲不善。因爲五蓋是禪支的反對者，所以說只有禪支是他們（五蓋）的對治者、破壞者及殺滅者。」覺音（*Buddhaghosa*）著，葉均譯，《清淨道論》（高雄：正覺佛教會，2002），頁 141。覺音論師另說明「離生喜樂」中「離生」之意義如下：「離去爲離，即離去五蓋的意思。或以脫離爲離，脫離了五蓋與禪相應法聚之義，從脫離而生或於脫離五蓋時而生，故名離生。」同本註引書，頁 143。

〔註 8〕巴利本之原文爲：*Katamo cānanda, maggo, katamā paṭipadā pañcannaṃ orambhāgiyānaṃ saṃyojanānaṃ pahānāya? Idhānanda, bhikkhu upadhivivekā akusalānaṃ dhammānaṃ pahānā sabbaso kāyaduṭṭhullānaṃ paṭippassaddhiyā vivicceva kāmehi vivicca akusalehi dhammehi savitakkaṃ savicāraṃ vivekajaṃ pītisukhaṃ paṭhamaṃ jhānaṃ upasampajja viharati.*（MN. I 435）
《漢譯南傳大藏經》則譯爲：「然而，阿難！爲捨斷五下分結有何等道，何等道跡耶？阿難！在此，比丘由離依，由捨諸不善法，出止息一切身之粗惡，而離諸欲，離諸不善法，有尋、有伺、由離生喜樂，成就初禪而住之。」（《漢譯・中》II, 200）事實上此處節錄之《中阿含經》以及《中部》的經文，其文句皆未結束，經文中所說的「得初禪成就遊」、*paṭhamaṃ jhānaṃ upasampajja viharati*，實乃斷五下分結之前的步驟之一，由於考量篇幅及論述主軸，並未引述全文。

表五　出現「厭離」經文之南北傳版本比較（二）

句次	南北傳經文之對照	
第一句	《中》	阿難！依何道、依何跡，斷五下分結？
	MN	*Katamo cānanda, maggo, katamā paṭipadā pañcannaṃ orambhāgiyānaṃ saṃyojanānaṃ pahānāya?*
	《漢譯・中》	然而，阿難！爲捨斷五下分結有何等道，何等道跡耶?
	試譯	阿難！何謂捨斷五下分結之道？從何爲捨斷五下分結之道跡？
第二句	《中》	如是，阿難！若有比丘攀緣厭離，依於厭離，住於厭離，
	MN	*Idhānanda, bhikkhu upadhivivekā*
	《漢譯・中》	阿難！在此，比丘由離依
	試譯	阿難！於此，比丘由於遠離所依，
第三句	《中》	止息身惡故，
	MN	*akusalānaṃ dhammānaṃ pahānā*
	《漢譯・中》	由捨諸不善法
	試譯	由於捨離不善法
第四句	《中》	心入離、定故，
	MN	*sabbaso kāyaduṭṭhullānaṃ paṭippassaddhiyā*
	《漢譯・中》	出止息一切身之粗惡
	試譯	由於所有由行爲而起之粗重罪安息，
第五句	《中》	離欲、離惡不善之法，
	MN	*vivicceva kāmehi vivicca akusalehi dhammehi*
	《漢譯・中》	而離諸欲，離諸不善法
	試譯	由於從諸欲遠離，由於從諸不善法遠離，
第六句	《中》	有覺、有觀，離生喜、樂，得初禪成就遊。
	MN	*savitakkaṃ savicāraṃ vivekajaṃ pītisukhaṃ paṭhamaṃ jhānaṃ upasampajja viharati.*
	《漢譯・中》	有尋、有伺、由離生喜樂，成就初禪而住之
	試譯	獲得尋、伺、由於遠離而生起之喜、樂，住於初禪

從上表之比較可知《中阿含經》〈3 晡利多品〉之「攀緣厭離」、「依於厭離」、「住於厭離」三句經文可能都直接對應於巴利經文的 *upadhiviveka*，因爲若它拆解成 *upadhi*（所依、執著）及 *viveka*（遠離）來直譯的話，可以是「執著遠離」或「所依遠離」，可見漢譯版本中之「攀緣」，「依」，「住」可能都對

應於巴利語 *upadhi*。

upadhi 其意爲「所依」、「存在之基礎」、「再生之基礎」、「執著」、「渴愛煩惱」，〔註 9〕是指眾生生存於欲界的因素，《雜阿含經》譯其音爲「億波提」，而經中出現「億波提」的，似乎也只有此處。

《雜阿含經》有關於「億波提」和「愛欲」、「苦報」之經文，如《雜阿含經》卷 12：

> 若諸沙門、婆羅門於世間所念、諦正〔註 10〕之色，作常想、恒想、安隱想、無病想、我想、我所想而見，則於此色愛增長；愛增長已，億波提增長，億波提增長已，苦增長；苦增長已，則不解脫生、老、病、死、憂、悲、惱、苦，我說彼不解脫苦。……如是，沙門婆羅門見世間可念端政〔註 11〕之色，作常見、恒見、安隱見、無病見、我、我所見，乃至不得解脫生、老、病、死、憂、悲、惱、苦。
>
> 若諸沙門、婆羅門於世間可念、端政之色，觀察如病、如癰〔註 12〕、如刺、如殺、無常、苦、空、非我，彼愛則離，愛離故億波提離，億波提離故則苦離，苦離故則生、老、病、死、憂、悲、惱、苦離。……如是，沙門、婆羅門於世間可念之色，觀察如病、如癰、如刺、如殺、無常、苦、空、非我，乃至解脫生、老、病、死、憂、悲、惱、苦。……〔註 13〕

本段節錄之經文是說，若認爲世俗美貌是恆常不變者，是安穩無病者，是永恆的或屬於永恆的，愛欲就會增長；愛欲增長，億波提就會增長，所帶來的苦隨之增長，而無法解脫生理上的生、老、病、死，情緒上的憂傷、悲哀、惱恨、苦痛，如此無法解脫於苦。

可見「億波提」與「我見無明」和「愛欲」有著絕對的因果關係，「我見無明」使人認爲五蘊有常存之元素，「愛欲」則隨著我見無明的增長而增長，連帶著構成存在的因素也不斷增長，如此則憂、悲、惱、苦皆不斷增長。

若是以之比對於十二支緣起的結構，如上經所示：「……則於此色愛增長；愛增長已，億波提增長，億波提增長已，苦增長；苦增長已，則不解脫

〔註 9〕水野弘元，《パーリ語辞典》（東京，春秋社，1981），頁 65。

〔註 10〕比較下一段的話，此處「諦正」之「諦」似應爲「端」。

〔註 11〕原出處指出宋、元、明藏經版本皆爲「正」。

〔註 12〕發音爲 yuon1，同於「雍」之發音。

〔註 13〕CBETA, T02, no. 99, p. 82, b17-c16。

生、老、病、死、憂、悲、惱、苦，我說彼不解脫苦。……」而對照十二支緣起的「觸、受、愛、取、有、生、老死」可知，此億波提應該近似於「取」、「有」緣起支，也就是由愛而引發的執取意念，以及想要存在的意志。

除此之外，根據《中部》註釋（巴 *Majjhimapaṇṇāsa-Aṭṭhakathā*）對於此處之 *upadhivivekā* 解釋，也支持著這樣的說法，試譯如下：

> 「遠離所依」是藉由遠離生存所依附之意。是藉此來教示遠離五欲功德。〔註 14〕

「遠離所依」是遠離供給吾人所需之營養，也就是根對境時所生的貪欲及其後續造成的果報。經中談到生存所依的「四食」時有近似的論述，如《雜阿含經》卷 15：

> 爾時，世尊告諸比丘：「有四食資益眾生，令得住世攝受長養。何等爲四？一者摶食，二者觸食，三意思食，四者識食。諸比丘！於此四食有貪有喜，則有憂悲、有塵垢，若於四食無貪無喜，則無憂悲，亦無塵垢。」〔註 15〕

四食，有維持肉身生存動力的摶食，以及維持心理生存、延續輪迴動力的觸食，意食與識食，只要無明尚存，則使用摶食或五根與外境有所接觸而產生貪瞋，都將引發有漏的未來因，億波提似乎亦近於此，「攀緣厭離」、「依於厭離」、「止於厭離」即在說明必須「遠離於欲界有漏生存所依之執取」，在面對合意的外境產生興趣欲望之時，對其生起無常想、病想、如同膿包、如同針刺、如同殺害、是不長久的，是苦的，是空無所得的……，以這些想法對治億波提之生起，確認世間諸行無一爲長存者，世間美貌皆爲因緣所生，皆不可長久，務必不可使愛欲增深、增廣，擺脫因愛戀而起的憂悲惱苦。經由以上的討論，《中阿含經》此段經文之文意應是：

> 阿難啊！斷除五種與欲界連結的煩惱，要依循哪一條道路？沿著哪樣的足跡？……像這樣，阿難啊！如果有比丘遠離了億波提，遠離生存之所依，心由於專注而止息並脫離了行爲上的惡行，離

〔註 14〕巴利經文爲：*Upadhivivekāti upadhivivekena. Iminā pañcakāmaguṇaviveko kathito.*（MA.III 146）「五欲功德」是指眼、耳、鼻、舌、身與色、聲、香、味、觸經由五種各自不同的接觸方式而產生的貪欲，以及後續生起的業報。例如：眼睛與色經由眼睛看見該色，此中需要有光線照射，沒有物體從中阻隔等因緣和合而成立，由於此接觸而產生三種受，隨之生起貪愛或瞋恚。

〔註 15〕CBETA, T02, no. 99, p. 103, a14-18。

開了欲望、沒有五蓋，能夠把心安住於所緣上、〔註 16〕並專注於所緣〔註 17〕，因爲離開粗糙的欲望，生起身心的喜與樂，成就了初禪。

第二節　被斷捨（巴 *pahīyati*）

在「厭離」做爲「對治煩惱」的用法中，另有對應「被斷捨」者，其對應經文之巴利語詞是 *pahīyati*，如該經之卷 3：

復次，比丘！多聞聖弟子住六觸入處，而能厭離無明，能生於明。〔註 18〕

本處經文在說明六觸入處與無明的關係，不過「厭離無明」不確知其意義爲何，因此需要進一步了解，此處對照其對應之巴利經文，試譯如下：

諸比丘！於此五根持住，此時，多聞聖弟子的無明被斷捨，明生起。〔註 19〕

〔註 16〕《分別論》〈禪那分別品〉：*Tattha katamo vitakko? Yo takko vitakko saṅkappo appanā byappanā cetaso abhiniropanā sammāsaṅkappo--ayaṁ vuccati "vitakko".*（Vbh.565.）此段巴利語之意爲：什麼叫做「尋（思）」（*vitakko*，vi 含强化之義，*takka* 爲思索，尋、思索）？凡是尋（*takka*）、2 尋思（*vitakka*，尋思、思维、思量）、思惟（*saṅkappa*）、安止（*appanā*，把心固定在一個對象）、極安止（*byappanā*，同於 *vyappanā*，由 *vi* 加 *appanā* 而來）、心的安置（*cetaso abhiniropanā*）、正思惟（*sammāsaṅkappo*），這稱爲「尋」。在七個同義詞中，最能表達「尋」的性質及作用的是「心的安置」（*cetaso abhiniropanā*），即把心安置在所緣上。引述自「巴利三藏、義注、複注助讀及巴利語、漢語、英語、日語電子辭典」（Pali-Chinese-English Dictionary Version 1.92，*vitakka* 一項之說明。

〔註 17〕《分別論》〈禪那分別品〉：*Tattha katamo vicāro? Yo cāro vicāro anuvicāro upavicāro cittassa anusandhanatā anupekkhanatā--ayaṁ vuccati vicāro. Iti iminā ca vitakkena iminā ca vicārena upeto hoti…… pe…… samannāgato. Tena vuccati "savitakkaṁ savicāran"ti.*（Vbh.565.）此段巴利語之意爲：什麼叫做「伺（察）」？凡是伺（*cāro* 偵查）、伺察（*vicāro*）、隨伺（*anucāro* 緊跟著伺察）、近伺（*upacāro* 靠近伺察）、心的隨屬（*cittassa anu-sandhanatā*）、熟慮（*anupekkhanatā*），這稱爲「伺」。以此等已賦予尋、伺之意。六個同義詞中，最能表達「伺」的性質及作用的是「心的隨屬」，即專注在所缘上，「伺」緊接著「尋」之后。「伺」不包括在在第三禅以上的禪那。引述自「巴利三藏、義注、複注助讀及巴利語、漢語、英語、日語電子辭典」（Pali-Chinese-English Dictionary Version 1.92，*vicāro* 一項之說明。

〔註 18〕見 CBETA, T02, no. 99, p. 16, b27-28。

〔註 19〕南傳經文爲：*Tiṭṭhanti kho pana , bhikkhave, tattheva pañcindriyāni. Athettha*

本經是說於此五根能持續地專注守護而不放逸，〔註 20〕不使向外追逐，此時聖弟子之「無明」將被斷捨，而「明」將會生起。

南北傳經文比較之下，有些許相異之處：以下列表以簡單比較之：

表六　出現「厭離」經文之南北傳版本比較（三）

句　次	南北傳經文之對照	
第一句	《雜》	復次，比丘！
	SN	*bhikkhave*
	《漢譯・相應》	諸比丘！
	試譯	比丘們啊！
第二句	《雜》	多聞聖弟子住六觸入處，
	SN	*Tiṭṭhanti kho pana…… tattheva pañcindriyāni.*
	《漢譯・相應》	亦即於其處住於五根
	試譯	於此五根持住，
第三句	《雜》	而能厭離無明，能生於明
	SN	*ariyasāvakassa avijjā pahīyati vijjā uppajjati.*
	《漢譯・相應》	然則，有聞之聖弟子斷無明而生明
	試譯	多聞聖弟子的無明被斷捨，明生起

表中的第三句，《漢譯・相應》以主動方式陳述，不過參考巴利經文 *avijjā pahīyati vijjā uppajjati* 可知，*avijjā*（無明）爲主格，*pahīyati*（to be abandoned, vanish 被斷捨，消失）是被動態動詞，可知此句是被動句型，而後接續之 *uppajjati*

sutavato ariyasāvakassa avijjā pahīyati vijjā uppajjati.（SN. II 47）《漢譯南傳大藏經》譯爲：「諸比丘！亦即於其處住於五根。然則，有聞之聖弟子斷無明而生明。」（《漢譯・相應》III, 47）

〔註 20〕巴利語 *tiṭṭhanti* 有「站立」之意，似乎有守衛者站立門口，持續監視過往行人一樣，持續地注意之意，。如《中阿含經》卷 15〈1 王相應品〉：「舍梨子！若比丘、比丘尼成就護六根爲守閤人者，便能捨惡，修習於善。舍梨子！猶如王及大臣有守門將，聰明智慧，分別曉了。舍梨子！如是，比丘、比丘尼以正念爲守門將。舍梨子！若比丘、比丘尼成就正念爲守門將者，便能捨惡，修習於善。」見 CBETA, T01, no. 26, p. 519, a14-19，即以六根爲六個門，而正念則是門將，注意著來往的人群的例子。另有一例，如《雜阿含經》卷 43：「譬如有邊國王，善治城壁，門下堅固，交道平正，於四城門置四守護，悉皆聰慧，知其來去。……四守門者，謂四念處。」見 CBETA, T02, no. 99, p. 315, c19-p. 316, a3，此守門者做爲四念處之比喻，以說明對於進、出的種種都如守門者看守進出人員一樣了了分明，可以做爲此處解釋上的參考。

（to be born）〔註21〕則爲動詞的主動態，故據巴利經文的陳述譯爲：無明被斷捨，明生起。

經比較得知，在感知器官的說明中，南傳爲「五根」：眼、耳、鼻、舌、身等五者；北傳則於南傳經文之「五根」上再加「意根」而爲「六根」，此即爲文中之「六觸入處」，六種經由接觸產生刺激，進入心理意識層面的管道。

意根統攝前五根與外在現象世界接觸而得到的刺激，由於各根無法認識彼此的境，只能認識特定的境，如眼對色，耳對聲，即「五識」，而意根可統攝彼等，由於此統合能力亦爲一種重要的認識現象世界不可缺之能力，因此也被認定爲一根，而統整後的識，即稱爲「意識」。

此處南北傳之間所存在的「六觸入處」與「五根」的差別，應該是此處南傳強調五官與外在環境接觸時，必須特別注意接觸時生起的無明，而北傳經文則對於意根與諸心所有法的接觸也認爲要加以注意。雖然存在著這樣的差別，實際上二者皆要求在各種心所生起之時，例如：與外境接觸後生起喜、怒、哀、樂等情緒，或是冷、熱、痛、癢等感覺，或因與外在接觸而生起的想法、決斷等等，吾人都必須專注地觀察它們。〔註22〕

另外，此處北傳經文之「厭離無明」，與南傳之「無明被斷捨」對應。由此可知，北傳經文中之「厭離」，在這個例子中存在著「被斷捨」的意義。以北傳經典中一段說明「五受陰」與「六觸入處」之關係的經文來解釋，如《雜阿含經》卷3：

> 爾時，世尊告諸比丘：「有五受陰？謂色受陰，受、想、行、識受陰。比丘！若沙門、婆羅門計有我，一切皆於此五受陰計有我。何等爲五？諸沙門、婆羅門於色見是我、異我、相在；如是受、想、行、識，見是我、異我、相在。如是愚癡無聞凡夫，計我、無明、分別如是觀，不離我所；不離我所者，入於諸根；入於諸根已，而生於觸；六觸入所觸，愚癡無聞凡夫生苦樂，從是生此等及餘。謂六觸身，云何爲六？謂眼觸入處，耳、鼻、舌、身、意觸入處。比丘！

〔註21〕T.W.Rhys Davids & William Stede, *Pali-English Dictionary*, London, The Pali Text Society, reprinted, 1986, p. 151.

〔註22〕專注觀察有去除情緒反應的作用，因此若專注力很強之時，可能足以不起情緒反應，例如禪定即有不起欲望的作用，此外，心理學也有做過關於專注力與情緒之關係的研究，相關論述請參閱本文頁136，或可見關則富，〈注意力在認知歷程的作用——佛教與心理學的比較研究〉，《佛學與科學》（台北：圓覺文教基金會，2010），頁38～48。

有意界、法界、無明界，無明觸所觸。愚癡無聞凡夫言有、言無、言有無、言非有非無、言我最勝、言我相似，我知、我見。」〔註23〕

眾生若認爲五蘊或其中一蘊，可以長存不朽者，即是對「五蘊」有錯誤的認知，則此五蘊稱之爲「五受陰」、「五取蘊」（巴 *pañca-upādāna-khandhā*）。

文中的「無明」，即是「於色見是我、異我、相在」，這「我（巴 *atta*）」帶有「長存不朽之存在」的意思，婆羅門教信奉者主張靈魂不朽，只要認識梵天，與梵天連結，小我即會進入大我，達到常、樂、我、淨的狀態。而「於色見是我、異我、相在」之對應巴利經文爲「認爲這色蘊是我，這是我的，我爲彼我」〔註24〕，是說：（這）色蘊是不朽的（我）、（這）色蘊屬於大我所有（我的）、此色蘊之我是那個大我。

此經是說：吾人組成自色、受、想、行、識等五種聚集，有些沙門或婆羅門所說的有長存不滅靈魂之存在者，都是在這五種聚集中認爲有長存不滅靈魂之存在，是哪五種聚集？沙門或婆羅門認爲「肉身形體」、「感受」、「認知及觀念」、「意志決定」、「經六根形成的認識作用」等五類聚集所成者是不朽的、認爲他們是屬於大我所有、認爲此這五類之靈魂就是那個大我的靈魂；這樣的人認爲五蘊與長存不朽的靈魂有關。不過這些是對生命存在錯誤見解的，這樣的觀念，是認爲人的存在離不開大我靈魂的所有，有這樣的觀念者，則影響了六根，認爲六根也是長存不滅的，進而認爲六根與外境的接觸、也是長存不滅的，然而事實必與此相反，因此凡夫生起苦、樂，以及其他的，如：六觸身，有那六觸身？眼、耳、鼻、舌、身、意等六者是爲觸之入口；比丘！若以無明的狀況去接觸外境，那麼凡夫會說有、說無、說有無、說非有非無，說我是最崇高的，說我與最大靈魂相似，說大我靈魂的知識與見解。

若認爲五蘊確有與常存之主體有關，認爲五蘊是長存的，則那麼就會在感官等六根與外境接觸時，生起苦樂，由於認爲六根感官與常存實體有關，然而現實世界中卻不可能尋獲長存不變的感官經驗，由於這樣的矛盾，當五蘊起了變化，就生起憂苦，若有一時的樂也因爲因緣變化消失而轉爲苦，由於相信於常想，故又不停地於六根追求不變的狀態，而無法了知諸法無我的本來面貌，故不停地在追求永恆與願望的破滅中產生不滿。

若能洞察於此，則明生起，無明與明是針對同一個狀況的相對性認知，

〔註23〕CBETA, T02, no. 99, p. 16, b14-26。

〔註24〕此文之巴利經句爲：*eso'ham asmi, etaṁ mama, me so attā.*

因此只要產生明，無明則消失，如同黑夜的結束是因爲太陽的光線照耀。在六根與外境六塵接觸之因緣生起時，停止追求常想，專注觀察因緣生滅的狀況，以證實六根與六境是由於因緣俱足而生起，因爲因緣不俱足而轉變、消失的眞實情形。這即是南傳經文所說的「無明被斷捨」。

以該字根出現於《相應部》的其他形式來看此處南傳巴利語之 *pahīyati*〔註 25〕，對照他們在《雜阿含經》的對應經文，作「捨離」、「斷」、「捨」、「離」等，〔註 26〕經文內容同樣講述以觀察六觸入處斷除無明（巴 *avijjā*）、貪慾（巴 *kāmacchando*）等不善心所，如《雜阿含經》卷 2：

> 多聞聖弟子於此六觸入處，**捨離無明而生明**，不生有覺、無覺、有無覺、勝覺、等覺、卑覺、我知我見覺。如是知、如是見已，先所起無明觸滅，後明觸覺起。〔註 27〕

此北傳經文中之「捨離無明而生明」中之「捨離」，南傳對應經文亦爲 *pahīyati*〔註 28〕，故知本小節討論之「厭離」（巴 *pahīyati*），實有「捨離」、「斷捨」之意。由上述論述可知，對於五蘊的常見，將波及於六觸入處，而生起憂惱，其對治的方法則爲於六觸入處觀察因緣的生滅，以此正確的知見（明）取代錯誤的妄想（無明）。可知本例之心理操作，是生起想蘊的專注（念）功能，因此妄想以及情緒作用（受、想、行蘊的交互作用）等自然降低及消失。

因此本小節之「厭離」可視爲「被斷捨」，該段經文應可白話翻譯如下：

> 然後，比丘啊！多聞聖弟子於六根持續地專注，則能夠斷捨「無明」，能生起「明」。

〔註 25〕該語詞來自字根√hā 的被動語態（巴 *Kammapapa*），它的主動語態是 *pajahati*。

〔註 26〕例如 CBETA, T02, no. 99, p. 304, a28-b1 之「捨離」與同源自√*hā* 的 *pahīnāni* 等語詞對應，見其相對應的巴利經文 SN. I 99，或 CBETA, T02, no. 99, p. 84, a14-17，其中對應於「斷」者、「盡」者皆爲 *pajahanti*，見 SN. II 111, 7-15。

〔註 27〕CBETA, T02, no. 99, p. 11, b15-19。

〔註 28〕南傳經文爲：*Tiṭṭhanteva kho〔tiṭṭhanti kho pana（sī. syā. kaṃ. pī.）〕, bhikkhave, tattheva〔tatheva（katthaci）〕pañcindriyāni. Athettha sutavato ariyasāvakassa avijjā pahīyati, vijjā uppajjati. Tassa avijjāvirāgā vijjuppādā ‘asmī’ tipissa na hoti; ‘ayamahamasmī’ tipissa na hoti; ‘bhavissa’ nti…… ‘na bhavissa’ nti…… rūpī…… arūpī…… saññī…… asaññī……‘ nevasaññīnāsaññī bhavissa ’ ntipissa na hotī ”ti.（SN. III 47）*《漢譯南傳大藏經》之翻譯爲：諸比丘！亦即於其處住於五根。然則，有聞之聖弟子斷無明而生明。彼人離無明而生明故，不思惟我，不思惟此是我，不思惟有，不思惟無，不思惟有色……無色……有想……無想……非想非非想。（《漢譯・相應》III, 68）

第三節　厭　逆（巴 *paṭikūla*）

承上小節所述，六根與外境接觸，其所產生的好、惡，必須自攝心守護，是為六根律儀，如《雜阿含經》卷 43：

> 如世尊說，如來、應、等正覺所知所見，告諸比丘：「汝等應當守護根門，善攝其心。若眼見色時，莫取色相，莫取隨形好，增上執持。若於眼根不攝斂住，則世間貪、愛、惡不善法則漏其心，是故此等當受持眼律儀。耳聲、鼻香、舌味、身觸、意法亦復如是。乃至受持意律儀。」〔註 29〕

此「六根律儀」的施行需要「念」（巴 *sati*），上述經文中說必須「善攝其心」、「於眼根不攝斂住」即以「念」的作用行之。「念」，即為專注，專注於當下之身、受、心、法，注意力不會向外飛馳、攀緣，才足以「善攝其心」，平息欲望；反之，無法專注於當下者，無法攝住己心，往往產生樂想或惡想，可知此六根律儀必須建立在「正念」、「正知」的基礎上才得以達成。

在《雜阿含經》卷 11 有一段「厭離」運用於依六入處所生起之好、惡，而調整的經文，：

> 阿難白佛言：「唯願世尊為諸比丘說賢聖法、律無上修根，諸比丘聞已，當受奉行。」佛告阿難：「諦聽，善思，當為汝說。緣眼、色，生眼識，見可意色，**欲修如來厭離正念正智**。眼、色緣生眼識，不可意故，**修如來不厭離正念正智**，眼、色緣生眼識，可意不可意，**欲修如來厭離、不厭離正念正智**。眼、色緣生眼識，不可意可意，**欲修如來不厭離、厭離正念正智**。眼、色緣生眼識，可意不可意，可不可意，**欲修如來厭、不厭、俱離捨心住正念正智**。」〔註 30〕

〔註 29〕CBETA, T02, no. 99, p. 311, b8-14。

〔註 30〕CBETA, T02, no. 99, p. 78, b6-17。以下經文中之厭離、正念正知等，與本文正文中所節錄之經文類似，如《雜阿含經》卷 19：「一時，佛住舍衛國祇樹給孤獨園。乃至尊者大目犍連問尊者阿那律：『云何名為四念處修習多修習？』尊者阿那律語尊者大目犍連言：『若比丘於內身起厭離想，於內身起不厭離想、厭離不厭離俱捨想，正念正知。如內身，如是外身、內外身，內受、外受、內外受，內心、外心、內外心，內法、外法、內外法，作厭離想、不厭離想、厭離不厭離俱捨想，住正念正知。如是，尊者大目犍連！是名四念處修習多修習。』」見 CBETA, T02, no. 99, p. 139, b25-c5。本段經文是說：尊者大目犍連問尊者阿那律：什麼叫做四念處修習多修習？尊者阿那律對尊者大目犍連

本段節錄經文中之「厭離」，其文意不甚明顯易懂，因此此處仍藉由版本之比對，找出了其對應之巴利經文《中部・根修習經》（巴 *Indriya-bhāvanā-suttaṃ*），以幫助解讀，試譯如下：

> 阿難！何謂聖修根？於此，阿難！眼見色後生起可意，生起不可意，生起可意不可意；彼若希望：「我於諸厭逆，應住不厭逆想。」於彼，他住於不厭逆想；彼若希望：「我於諸不厭逆，應住厭逆想。」於彼，他住於厭逆想；彼若希望：「我於諸不厭逆與厭逆處，應住厭逆想。」於彼，他住於厭逆想；彼若希望：「我避免諸厭逆與不厭逆之後，應住於捨、正念、正知」，於彼，他住於捨，正念、正知。〔註31〕

此段經文是說：阿難！什麼是聖修根？阿難！在眼見色而生起合於己意、不合己意、合不合己意的感受；他若希望：「我生起這些不合己意的感受，

說：若比丘對於色身內、外之有形之物生起厭離、不厭離、厭離不厭離都捨去的想法，都能夠正念正知，除此之外，對於色身內、外生起的感受，心中生起的心所，以及未被歸類於此些項目的諸法，對這些所生起的厭離、不厭離、厭離不厭離的想法，皆可正念正知，即爲四念處修習多修習。本段經文在說明對於身心所起之所有狀況，舉凡是令人討厭的，是令人喜歡的，是既不令人討厭也不令人喜歡的，也就是中性的感受，皆能夠以「念」（專注力）「住」（持續地覺察）之，即爲四念處多修習之意。

〔註31〕 *Kathañcānanda, ariyo hoti bhāvitindriyo? Idhānanda, bhikkhuno cakkhunā rūpaṃ disvā uppajjati manāpaṃ, uppajjati amanāpaṃ, uppajjati manāpāmanāpaṃ. So sace ākaṅkhati-'paṭikūle〔paṭikkūle（sabbattha）〕appaṭikūlasaññī vihareyya' nti, appaṭikūlasaññī tattha viharati. Sace ākaṅkhati-'appaṭikūle paṭikūlasaññī vihareyya' nti, paṭikūlasaññī tattha viharati. Sace ākaṅkhati-'paṭikūle ca appaṭikūle ca appaṭikūlasaññī vihareyya' nti, appaṭikūlasaññī tattha viharati. Sace ākaṅkhati-'appaṭikūle ca paṭikūle ca paṭikūlasaññī vihareyya' nti, paṭikūlasaññī tattha viharati. Sace ākaṅkhati-'paṭikūlañca appaṭikūlañca tadubhayaṃ abhinivajjetvā upekkhako vihareyyaṃ sato sampajāno' ti, upekkhako tattha viharati sato sampajāno.*（MN.IV 301）

《漢譯南傳大藏經》爲：「然者、阿難！聖者如何修習根？阿難！於此，比丘以眼見色已，而可意生、不可意生、可意不可意生。彼若欲：『於〔所〕厭忌，應住不厭忌想。』〔即〕於其處，不厭己想而住。若欲：『於〔所〕厭忌，應住厭忌想。』〔即〕其處，厭忌想而住。若欲：『於〔所〕厭忌與於〔無所〕厭忌，應住不厭忌想。』〔即〕於其處，不厭忌想而住。若欲：『於〔無所〕厭忌與〔所〕厭忌，應住厭忌想。』〔即〕於其處，厭忌想而住。若欲：『於〔所〕厭忌與〔無所〕厭忌，以避如是兩者〔即有有捨，應住有念、正知。』〔即〕於其處，有捨、有念、正知而住。」（《漢譯・中》IV, 329-330）

應該保持不厭逆想。」那麼他將保持不厭逆想；他若希望：「我生起這些合己意的感受，應該保持厭逆想。」那麼他將保持厭逆想；他若希望：「我生起這些不合己意與合己意的感受，應該保持厭逆想。」那麼他將保持厭逆想；他若希望：「我在避免這些不合己意與合於己意的感受後，應該保持情緒中立〔註 32〕，正念、正知。」那麼他將保持情緒中立，正念、正知。

爲易於比較，將上述南北傳之對應經文逐句製表如下：

表七　出現「厭離」經文之南北傳版本比較（四）

句　次	逐　句　比　較	
第一句	《雜》	阿難白佛言：「唯願世尊爲諸比丘說賢聖法、律無上修根，諸比丘聞已，當受奉行。」
	MN	*Kathañcānanda, ariyo hoti bhāvitindriyo?*
	《漢譯・中》	然者、阿難！聖者如何修習根?
	試譯	阿難！何謂聖修根？
第二句	《雜》	佛告阿難：「諦聽，善思，當爲汝說。
	MN	*Idhānanda,*
	《漢譯・中》	阿難！於此
	試譯	於此，阿難！
第三句	《雜》	（無）
	MN	*bhikkhuno cakkhunā rūpaṃ disvā uppajjati manāpaṃ, uppajjati amanāpaṃ, uppajjati manāpāmanāpaṃ.*
	《漢譯・中》	比丘以眼見色已，而可意生、不可意生、可意不可意生
	試譯	比丘之眼見色後生起可意，生起不可意，生起可意不可意；
第四句	《雜》	緣眼、色，生眼識，見可意色，欲修如來厭離正念正智
	MN	*So sace ākaṅkhati-‘paṭikūle [paṭikkūle（sabbattha）] appaṭikūlasaññī vihareyya ’nti, appaṭikūlasaññī tattha viharati.*
	《漢譯・中》	彼若欲：「於〔所〕厭忌，應住不厭忌想。」〔即〕於其處，不厭己想而住。

〔註 32〕此處將「捨」譯爲「保持情緒中立」，相關研究請見本文第五章；此外「捨」（巴 *upekkhā*）於佛教中分屬於幾個不同的名相組合中，如三禪之「捨」、「念」、「樂住」與四禪之「捨」、「念」、「清淨」的禪支；「慈」、「悲」、「喜」、「捨」四無量心，「念」，「擇法」、「精進」、「喜」、「息」、「定」、「捨」七覺支。

	試譯	彼若希望：「我於諸厭逆（不可意），應住不厭逆想。」於彼，他住於不厭逆想；
第五句	《雜》	眼、色緣生眼識，不可意故，修如來不厭離正念正智，
	MN	*Sace ākaṅkhati-‘appaṭikūle paṭikūlasaññī vihareyya ’nti, paṭikūlasaññī tattha viharati.*
	《漢譯・中》	若欲：「於〔所〕厭忌，〔註 33〕應住厭忌想。」〔即〕其處，厭忌想而住。
	試譯	彼若希望：「我於諸不厭逆（可意），應住厭逆想。」於彼，他住於厭逆想；
第六句	《雜》	眼、色緣生眼識，可意不可意，欲修如來厭離、不厭離正念正智
	MN	*Sace ākaṅkhati-‘paṭikūle ca appaṭikūle ca appaṭikūlasaññī vihareyya ’nti, appaṭikūlasaññī tattha viharati.*
	《漢譯・中》	若欲：「於〔所〕厭忌與於〔無所〕厭忌，應住不厭忌想。」〔即〕於其處，不厭忌想而住。
	試譯	彼若希望：「我於諸厭逆與不厭逆處（不可意與可意），應住不厭逆想。」於彼，他住於不厭逆想；
第七句	《雜》	眼、色緣生眼識，不可意可意，欲修如來不厭離、厭離正念正智。
	MN	*Sace ākaṅkhati-‘appaṭikūle ca paṭikūle ca paṭikūlasaññī vihareyya ’nti, paṭikūlasaññī tattha viharati.*
	《漢譯・中》	若欲：「於〔無所〕厭忌與〔所〕厭忌，應住厭忌想。」〔即〕於其處，厭忌想而住。
	試譯	彼若希望：「我於諸不厭逆與厭逆處（可意與不可意），應住厭逆想。」於彼，他住於厭逆想；
第八句	《雜》	眼、色緣生眼識，可意不可意，可不可意，欲修如來厭、不厭、俱離捨心住正念正智。
	MN	*Sace ākaṅkhati-‘paṭikūlañca appaṭikūlañca tadubhayaṃ abhinivajjetvā upekkhako vihareyyaṃ sato sampajāno ’ti, upekkhako tattha viharati sato sampajāno*
	《漢譯・中》	若欲：「於〔所〕厭忌與〔無所〕厭忌，以避如是兩者〔即〕有有捨，應住有念、正知。」〔即〕於其處，有捨、有念、正知而住。
	試譯	彼若希望：「我避免厭逆與不厭逆二者之後，應住於捨、正念、正知」，於彼，他住於捨，正念、正知。

〔註 33〕此處「於〔所〕厭忌」翻譯似乎應爲「於〔無所〕厭忌」。

經由逐句之比對可知，在巴利藏《中部》經典中，第三句先將六根所生起之三種感受一併提出，而漢譯經文則無此句；另外，第四句與第五句、第六句與第七句之說明順序，南北傳亦呈現相反的陳述。

經文需要進一步解釋的是「不可意的感受（巴 *amanāpaṃ*）」，南傳經文中爲「厭逆（巴 *paṭikūla*）」，而「不可意的感受」爲何爲「厭逆」？因爲「不可意的感受」是指不受人歡迎的，被討厭的感受，人們對於自己不喜歡的事物，總會拒絕、遠離，或是心生厭倦，因此這「厭逆」是人的天性而言，若吾人將此不可意的感受隨之擴大，則變成瞋恨，故必須住於「不厭逆想（巴 *appaṭikūlasaññī*）」，不再加強討厭它的情緒。

「可意的感受（巴 *manāpaṃ*）」被視爲「不厭逆（巴 *appaṭikūla*）」者，則與上述所說相反，「可意的感受」是受人歡迎的，即是此經中所說的「不厭逆」，人們對於自己喜歡的事物，總是想辦法親近或擁有，這也是天性使然，但是若不加以注意對治，則可能擴大增廣而成爲貪愛，因此必須住於「厭逆想（巴 *paṭikūlasaññī*）」以降低染著、執取的可能。

其餘二者所謂「可意不可意」或「不可意可意」，或許是程度上的輕重，或許是時間前後導致感受的變化，其對治方法亦如經文所說。

經由南傳經文的協助，可知北傳的經文同樣在說生起苦受、樂受及不苦不樂受之時，爲了平穩自心而必須進行的心理操作：「正念」、「正智」。如《雜阿含經》卷 37 所說：

> 比丘！云何爲正念？謂比丘內身身觀念處，精勤方便，正念正智，調伏世間貪憂：外身身觀念處、內外身身觀念處，內受、外受、內外受，內心、外心、內外心，內法、外法、內外法法觀念處，精勤方便，正念正智，調伏世間貪憂，是名比丘正憶念。〔註 34〕

其對應之南傳經文解釋「正念」，試譯如下：

> 比丘們啊！什麼是俱念的比丘？於此，諸比丘啊！比丘於身隨觀身，他是精勤的、是正知的、是俱念的，排除了世間的貪欲與憂惱：於受隨觀受……於心隨觀心……於法隨觀法，排除了世間的貪欲與憂惱。比丘們啊！如此是俱念的比丘。〔註 35〕

〔註 34〕 CBETA, T02, no. 99, p. 268, c2-7。

〔註 35〕 南傳經文爲：*Kathañca, bhikkhave, bhikkhu sato hoti? Idha, bhikkhave, bhikkhu kāye kāyānupassī viharati ātāpī sampajāno satimā, vineyya loke*

上述所說的「正念」，陳述比丘對於發生於自身內外的所有狀態，皆能專注地以意念觀察其生滅的狀態。而上文所說之「正知」，則如《雜阿含經》卷37：

> 云何「正智」？謂比丘若來若去，正知而住，瞻視觀察，屈申俯仰，執持衣鉢，行、住、坐、臥、眠、覺，乃至五十、六十，依語默正智行。比丘！是名正智。〔註36〕

此文中的「正智」即是「正知」，是說在行動來去之當下，能清楚明白每個動作的施行與改變，例如當以眼睛視察之時，以及身體各個部位的動作變化，手拿著衣服與缽，行走、站立、坐著、臥下、睡眠、醒來、排泄之時，皆專注於彼，清楚了知。這就是比丘「正智」。而其南傳對照之經文試譯爲：

> 比丘們啊！什麼是正知？於此，比丘們啊！當比丘去、來之時，他是專注的，當觀看注視之時，他是專注的，當彎曲、伸展之時，他是專注的，當手持僧袈梨、缽、僧衣之時，他是專注的，當飲、食、餐畢、嘗味之時，他是專注的，當大小便時，他是專注的，當行、住、坐、睡眠、醒來、說話、靜默之時，他是專注的，如此，比丘們啊！是比丘正智。〔註37〕

---

abhijjhādomanassaṃ ; vedanāsu vedanānupassī viharati …… *pe* …… *citte cittānupassī viharati* …… *pe* …… *hammesu dhammānupassī viharati ātāpī sampajāno satimā, vineyya loke abhijjhādomanassaṃ. Evaṃ kho, bhikkhave, bhikkhu sato hoti.*（SN. IV 212）《漢譯南傳大藏經》則翻譯如下：諸比丘！比丘如何爲正念耶？諸比丘！於此有比丘，於身觀身而住，精進正知、有念，以抑止此世之欲貪憂戚，於諸受觀受而住……於心觀心而住……於諸法，觀法而住，精進於正知、有念，以抑止此世之欲貪憂戚。諸比丘！比丘如是而爲正念。（《漢譯・相應》IV, 268）

〔註36〕CBETA, T02, no. 99, p. 268, c7-10。

〔註37〕南傳經文爲：*Kathañca, bhikkhave, bhikkhu sampajāno hoti? Idha, bhikkhave, bhikkhu abhikkante paṭikkante sampajānakārī hoti, ālokite vilokite sampajānakārī hoti, samiñjite pasārite sampajānakārī hoti, saṅghāṭipattacīvaradhāraṇe sampajānakārī hoti, asite pīte khāyite sāyite sampajānakārī hoti, uccārapassāvakamme sampajānakārī hoti, gateṭhite nisinne sutte jāgarite bhāsite tuṇhībhāve sampajānakārī hoti. Evaṃ kho, bhikkhave, bhikkhu sampajānakārī hoti.*（SN. IV 212）《漢譯南傳大藏經》則翻譯如下：比丘如何而爲正知耶?諸比丘！此有比丘，於進於退皆以正知而爲，視前方、視四週亦以正知而爲，四肢之屈伸亦以正知而爲，持僧伽梨衣、缽、衣亦以正知而爲，或食或飲或嚙或味亦以正知而爲，乃至大小便利之事亦以正知而爲，行住坐臥語默亦以正知而爲。諸比丘！如是之比丘乃爲正知。（《漢譯・相應》IV, 269）

從本例可知，「正知」是要求於對於自己動作上的完全了解，要做到如此則必須像個守衛士兵一樣，盯著所有過路者的一舉一動。上述的「正念」則是更爲深入地對於內在的感覺、念頭等等能完全了知。這樣做的目的，如上述正念之引文所說，是在調整貪愛與憂慮的情緒。對身心動、靜狀態的完全覺知，來自於「念」（巴 *sati*），即「專注」，專注於身心的一舉一動，故能了知善心與不善心的生起，有趣的是，當依此要領確實履行之時，貪愛與憂慮就被調伏了。〔註 38〕

不善情緒來自於六根與六境之因緣接觸，人的身心機制自動將這些感受區分爲喜好與討厭，因此產生《阿含經》中所說的不善情緒，如：憂、悲、惱、驚悚、怒、哀等等，這往往與人生的「生」、「老」、「病」、「死」、「怨憎會」、「愛別離」、「求不得」以及「五蘊身心的無法常保安樂」等情境相伴而至，可說是自自然然感受苦於內而發情感於外的表現，經由對治、修習專注，在煩惱生起時發現並以法門對治，保持情緒平穩，則可不被合意與不合意的狀況干擾影響。可知本例之心理運作中重要的功能爲想蘊中的「念」，即爲「專注」，經由「念」能夠確實了知根境識和合生起的合意或不合意受，繼而「決定」（行蘊的功能）以怎樣的方式去對治。因此，本小節主要討論之《雜阿含經》卷 11 之經文，其意義應該是：

> 阿難向佛說：希望佛爲比丘們說無上修根的賢聖法、律，比丘們聽過之後，就會接受並且奉行。佛告訴阿難：專注聽！好好想！我說予你聽！由於眼與色的因緣聚合，眼識因此而生，見到自己覺得合意的外色，要修習我所說的厭逆想，住於正念、正智；見到自己覺得不合意的外色，要修習我所說的不厭逆想，並住於正念、正智；見到自己覺得合意、不合意的外色，要修習我所說的厭逆、不厭逆想，並住於正念、正智；見到自己覺得不合意、合意的外色，要修習我所說的不厭逆、厭逆想，並住於正念、正智；見到自己覺得合

〔註 38〕「坐禪的實習，是將自我這樣東西，像剝芭蕉葉一樣地，一層妄念又一層妄念剝光之後，不但見不到一個裝模作樣的我，連一個赤裸裸的我也見不到的……坐禪只是循著修習的方法，漸漸地將妄念減少，乃至到了無念的程度……」釋聖嚴，《坐禪的功能（增訂版）》（台北：財團法人聖嚴教育基金會，2012），頁 71～72。可知依循方法，妄念即可減少，如正文所說，依專注而可以調伏世間貪憂，這是因爲最後將認識每個感受、念頭、意志皆爲獨立的，在時間上有起點有終點的，並非堅固而不可破的。

意、不合意的外色，要修習我所說的厭逆、不厭逆均捨棄，並住於正念、正智。

第四節　避　免（巴 *jigucchati*）

《阿含經》的「厭離」於南傳經文中另有與 *jigucchati*（避免）對應者，經文敘述必須時時自我反省，以避免犯下身、口、意惡業。例如《雜阿含經》第 33 卷：

> 復次，丈夫心生厭離於身惡業，口、意惡業，惡不善法及諸煩惱，重受諸有熾然苦報。〔註 39〕

上述經文中說厭離身、口、意惡業，〔註 40〕以及各種不善法和種種煩惱，也厭離於遭受這些所造成的苦報〔註 41〕。此處「厭離」的語意也不容易掌握，而與此對應的經文出現在《增支部》，試譯如下：

> 避免者，避免身惡行、語惡行、意惡行，他避免惡不善法成就。〔註 42〕

今將上述經文列表以供對照：

表七　出現「厭離」經文之南北傳版本比較（四）

句　次	逐　句　比　較	
第一句	《雜》	復次，丈夫心生厭離於身惡業，口、意惡業
	AN.	*Jegucchī hoti, jigucchati kāyaduccaritena vacīduccaritena manoduccaritena;*
	《漢譯・增支》	爲厭嫌者而厭嫌身惡行、語惡行、意惡行
	試譯	避免者，避免身惡行、語惡行、意惡行，

〔註 39〕CBETA, T02, no. 99, p. 235, c14-15。

〔註 40〕身、口、意三業就是十業跡，本文「身、口、意惡業」，見 CBETA, T02, no. 99, p. 128, a17-18.

〔註 41〕若三業常惡，則引起不善因緣相應的連鎖效應，將使今生的惡越滾越大，見 CBETA, T02, no. 99, p. 273, c10-14, 反之，若能常保身、口、意清淨則能順得正見、正定，見 CBETA, T02, no. 99, p. 204, b23-27。

〔註 42〕南傳經文爲：*Jegucchī hoti, jigucchati kāyaduccaritena vacīduccaritena manoduccaritena; jigucchati pāpakānaṁ akusalānaṁ dhammānaṁ samāpattiyā.*（AN. IV 189）《漢譯南傳大藏經》則翻譯如下：爲厭嫌者而厭嫌身惡行、語惡行、意惡行，厭嫌惡不善法之成就。（《漢譯・增支》V, 45）

第二句	《雜》	惡不善法及諸煩惱，重受諸有熾然苦報
	AN.	*jigucchati pāpakānaṁ akusalānaṁ dhammānaṁ samāpattiyā.*
	《漢譯・增支》	厭嫌惡不善法之成就
	試譯	他避免惡不善法成就

此處《雜阿含經》之「丈夫」即是巴利語詞 *jegucchī*〔註 43〕（避免者），而《雜阿含經》「厭離」是為巴利本的 *jigucchati*，其語根√*gup* 是「護」的意思，〔註 44〕此處帶有「避免」、「討厭」、「厭惡」或「驚恐」之意，〔註 45〕這幾個語詞皆有自我保護的意味，因此，此處經文是說須避免自己犯身、語、意三惡業，以免除因惡業而自招的苦報。

身、口、意三惡業具體的行為被歸類為「十惡業」，見《增壹阿含經》卷 43〈47 善惡品〉：

> 由十惡之本，外物衰耗，何況內法！云何為十？所謂殺、盜、淫、妄言、綺語、惡口、兩舌鬪亂彼此、嫉妬、恚害、心懷邪見。〔註 46〕

與身、口、意三惡業相對者，是為「十善業」，《長阿含經》卷 9：

> 云何十增法？謂十善行：身不殺、盜、婬，口不兩舌、惡罵、妄言、綺語，意不貪取、嫉妬、邪見。〔註 47〕

此十善之中，行為上的善業為前三者，言語上的善業為次四項，觀念想法上的善業為後三種，奉行此十善業者，身壞命終之後自然投生於人天之善處，〔註 48〕此十善業者亦為修習禪定之基礎，〔註 49〕與智慧的增長至關重要。

〔註 43〕*Jegucchin*（adj.）: one who detests or avoids. T.W.Rhys Davids & William Stede, 1986, *Pali-English Dictionary*, London, The Pali Text Society, reprinted, p.285b. 文中 *jegucchī* 是 *jegucchin* 主格單數。

〔註 44〕水野弘元，《パーリ語辞典》（東京，春秋社，1981），頁 187：*jigucchati* 是「示意動詞」（巴 *Tumicchattha*），此種動詞是因為避免一直用「想要」這個動詞以及不定詞而產生的，見張雲凱，《巴利語教材之比較研究》（台北：中華佛學研究所畢業論文，1997），頁 147。

〔註 45〕*Jigucchati*〔desid. of *gup*〕:" to shun, avoid, loathe, detest, to be disgused with or horrified at. " 同註 43，頁 283b。

〔註 46〕CBETA, T02, no. 125, p. 781, a9-12。

〔註 47〕CBETA, T01, no. 1, p. 57, a26-28。

〔註 48〕《長阿含經》卷 22〈12 世本緣品〉：「彼十善者，善心歡喜，亦復如是。其人身壞命終，為日天子，居日宮殿，有千光明，以是因緣故，名善業光明。」見 CBETA, T01, no. 1, p. 146, a4-6；《長阿含經》卷 18〈2 鬱單曰品〉：「其人前世修十善行，身壞命終，生鬱單曰〔最上之意〕，壽命千歲，不增不減。

此例之心理操作，「避免」是將對境當下（六根作用）與記憶的標準、規範或戒條進行比對之「思維」活動，屬於「想蘊」，由於認爲彼此相抵觸而「決定」避免，是意志作用，屬於「行蘊」。因此，本小節節錄之《雜阿含經》經文應可譯爲：

接著，人們應該避免於身、口、意生起惡業，應該避免生起邪惡不善的心，以及各種煩惱，以免再受生，承擔如同火燒之苦的業報。

第五節　棄　捨（巴 *ojahāṭi*）

《阿含經》的「厭離」有對應於南傳經文中「棄捨」之例，如《雜阿含經》卷 26：

若族姓子捨諸世務，出家學道，剃除鬚髮，著袈裟正信非家，出家學道。……厭離俗務，出家學道而反染著，增諸罪業而自破壞，沈翳沒溺。〔註 50〕

本引述經文在陳述某人捨離世俗生活，出家學道，穿上袈裟，剃除鬚髮，但是後來反而墮落染著，這樣增加了許多罪業。此處的「厭離」與巴利語詞 *ojahāṭi* 對應，與該段漢譯經文對應之《相應部》經文試譯如下：

如是一類善男子棄捨諸欲後，出家而住於非家，卻深陷比那樣的欲貪更惡毒，而破壞者。〔註 51〕

是故彼人壽命正等。」見 CBETA, T01, no. 1, p. 119, b4-6。

〔註 49〕本引述經文說明行十善者可隨順得定，且可與四無量心相應《中阿含經》卷 4〈2 業相應品〉:「世尊告曰：『伽彌尼！多聞聖弟子離殺斷殺，斷不與取、邪婬、妄言，至斷邪見，得正見，彼於晝日教田作耕稼，至暮放息，入室坐定，過夜曉時而作是念:「我離殺斷殺，斷不與取、邪婬、妄言，至斷邪見，得正見。」彼便自見，我斷十惡業道，念十善業道。彼自見斷十惡業道，念十善業道已，便生歡悅，生歡悅已，便生於喜，生於喜已，便止息身，止息身已，便身覺樂，身覺樂已，便得一心。伽彌尼！多聞聖弟子得一心已，則心與慈俱，遍滿一方成就遊。如是，二三四方、四維上下，普周一切，心與慈俱，無結無怨，無恚無諍，極廣甚大，無量善修，遍滿一切世間成就遊。』」見 CBETA, T01, no. 26, p. 447, b2-15。

〔註 50〕CBETA, T02, no. 99, p. 190, a9-18。

〔註 51〕"*Evam eva kho, bhikkhave, idhekacco kulaputto yādisake kame ohāya agārasmā anagāriyaṁ pabbajito hoti, so tādisakehi kāmehi tato vā pāpiṭṭhatarehi obhaggavibhaggo vipatito seti.*"（SN.V 96）《漢譯南傳大藏經》譯如下：諸比丘！如是，於此有一類之男子，棄諸欲，離家爲出家，然彼被諸欲或更甚邪

今將上述經文列表以供對照：

表八　出現「厭離」經文之南北傳版本比較（五）

句次	逐句比較	
第一句	《雜》	若族姓子捨諸世務，
	SN.	*Evam eva kho, bhikkhave, idhekacco kulaputto yādisake kame ohāya*……
	《漢譯・相應》	如是，於此有一類之男子，棄諸欲，
	試譯	如是一類善男子棄捨諸欲後，
第二句	《雜》	出家學道，剃除鬚髮，著袈裟正信非家，出家學道。
	SN.	*agārasmā anagāriyaṁ pabbajito hoti*
	《漢譯・相應》	離家為出家，
	試譯	出家而住於非家，
第三句	《雜》	厭離俗務，出家學道而反染著，增諸罪業而自破壞，沈翳沒溺。
	SN.	*so tādisakehi kāmehi tato vā pāpiṭṭhatarehi obhaggavibhaggo vipatito seti.*
	《漢譯・相應》	然彼被諸欲或更甚邪惡者所破損、倒壞。
	試譯	卻深陷比那樣的欲貪更惡毒，而破壞者。

上述《雜阿含經》的經文有兩處與《相應部》中 *ohāya*〔註52〕有關連，其一為：「捨諸世務……」的「捨」；另一個是「厭離俗務」的「厭離」，不過與此相對應的南傳經典只有一段經文在述說這件事情，因此《雜阿含經》與《相應部》之對應經文並非完全吻合，不過從所敘述的事件可知，二者所記載的事件應該相同。

除此之外，此例中《雜阿含經》經文的「世務」與「俗務」似指向相同的對象，也就是「在家的生活型式」，在家的生活型態，即為欲望所驅使的生活型式，無法避免的要為家計而奔走忙碌，賺取生活、享受所需的花費，在社會上工作謀生，無法避免會因為牟利而相互競爭；在家生活又有許多生活上的誘惑：食物、資具、夫妻之間的男女欲望，也無法全數盡止，因此，在家生活都無可避免的受欲望牽引。對照於《相應部》的對應經文，此處是為

惡者所破損、倒壞。（《漢譯・相應》V, 258）

〔註52〕*ohāya* 是 *ojahāṭi* 的連續體（Gurend），連續體表示兩個動作前後相續，一個動作結束之後再進行第二個動作。

kāme（諸欲），二者可說至爲吻合，因此《雜阿含經》此處的「厭離」之含義，應可參考巴利語「ohāya」，爲「棄捨」之意。

這「棄捨」所牽涉的心理操作，如本文第二章討論到，出離需要動機，若無動機則不會想要出離，因此必須生起出離的情緒，過程如本文第二章所列，需經過感受，思維在家及出家生活的優劣（回憶），以及「認知」；而最後「抉擇」則屬於意志作用，是「行蘊」的範圍，而識蘊則是統合六根對六境者。因此本例之心理操作實含蓋了受、想、行、識。

第六節　除去不滿而生滿足

（巴 *attanāva attano anabhiratiṁ vinodetvā abhiratiṁ uppādetvā*……）

另外《雜阿含經》卷 45，第 1215 經中的「厭離」則對應於 *Attanāva attano anabhiratiṁ vinodetvā abhiratiṁ uppādetvā*……（自己去除不滿而生滿足……），表示修行者身處不善的心理狀況時回歸清淨的歷程：

> 時，尊者婆耆舍作是念：「我今不利，不得利，得苦不得樂，見他女人容色端正，貪欲心生，我今當說厭離偈。」念已，而說偈言……〔註 53〕

經文是說：尊者見到女人長相美麗端正而生起貪慾，當尊者覺察並認爲不利於己時，即「說厭離偈」，以除去欲貪之心。此段經文於巴利之對應經文試譯如下：

> 那時，尊者婆耆舍這麼想：「我失利，我無得，我已不善，我不得善，由於不滿生起，貪欲使心墮落，〔利、善〕從何可得？我應除去不滿而生起滿足！我應自己除去不滿而生滿足啊！」彼時尊者婆耆舍自己除去其不滿，生起滿足，於彼時說此偈……〔註 54〕

〔註 53〕見 CBETA, T02, no. 99, p. 331, b15-18。

〔註 54〕南傳經文爲：*Atha kho āyasmato vaṅgīsassa etadahosi-"Alābhā vata me, na vata me lābhā; dulladdhaṁ vata me, na vata me suladdhaṁ ; yassa me anabhirati uppannā, rāgo cittaṁ anuddhaṁ seti, taṁ kutettha labbhā, yaṁ me paro anabhiratiṁ vinodetvā abhiratiṁ uppādeyya. Yaṁ nūnāhaṁ attanā va attano anabhiratiṁ vinodetvā abhiratiṁ uppādeyyan"ti. Atha kho āyasmā Vavgīso attanāva attano anabhiratiṁ vinodetvā abhiratiṁ uppādetvā tāyaṁ velāyaṁ imā gāthāyo abhāsi*……（SN. I 185）《漢譯南傳大藏經》則翻譯如下：時尊者婆耆沙如是思念：「我心生不快，貪欲污我心，對我實是甚悲痛。別人無從滅我心

為清楚地比較，遂將其拆解分句列表如下：

表九　出現「厭離」經文之南北傳版本比較（六）

句　次	逐　句　比　較	
第一句	《雜》	時，尊者婆耆舍作是念
	SN	*Atha kho āyasmato vaṅgīsassa etadahosi*
	《漢譯・相應》	時尊者婆耆沙如是思念：
	試譯	那時，尊者婆耆舍這麼想：
第二句	《雜》	我今不利，不得利，得苦不得樂，
	SN	*Alābhā vata me, na vata me lābhā; dulladdhaṁ vata me, na vata me suladdhaṁ;*
	《漢譯・相應》	我心生不快，貪欲污我心，對我實是甚悲痛。
	試譯	我失利，我無得，我已不善，我不得善，
第三句	《雜》	見他女人容色端正，貪欲心生，
	SN	*yassa me anabhirati uppannā, rāgo cittaṁ anuddhaṁ seti, taṁ kutettha labbhā, yaṁ me paro anabhiratiṁ vinodetvā abhiratiṁ uppādeyya.*
	《漢譯・相應》	別人無從滅我心之不快而令愉悅。我自滅我心之不快、令生愉快。
	試譯	由於不滿升起，貪欲使心墮落，〔利、善〕從何可得？
第四句	《雜》	我今當說厭離偈，
	SN	*Yaṁ nūnāhaṁ attanā va attano anabhiratiṁ vinodetvā abhiratiṁ uppādeyyan"ti*
	《漢譯・相應》	我除去不滿而生滿足，
	試譯	我應自己除去不滿而生滿足啊！
第五句	《雜》	念已，而說偈言……
	SN	*Atha kho āyasmā Vavgīso attanāva attano anabhiratiṁ vinodetvā abhiratiṁ uppādetvā tāyaṁ velāyaṁ imā gāthāyo abhāsi*……
	《漢譯・相應》	時，尊者婆耆沙，自滅自己之不快而生愉悅，其時以唱此偈曰……
	試譯	彼時尊者婆耆舍除去其不滿，生起滿足，於彼時說此偈……

比較南北傳經文可知，此《雜阿含經》之「厭離偈」與巴利經文之「除

之不快而令愉悦。我自滅我心之不快、令生愉快。時，尊者婆耆沙，自滅自己之不快而生愉悦，其時以唱此偈曰：」（《漢譯・相應》I, 312）

去不善而生起喜樂」對應，「厭離偈」可能是用來生起道心而寫的偈頌，在心中充滿煩惱欲望時稱念，發揮提醒的功能。這段經文的其它傳本與南傳此本之敘述方式較爲類似，沒有用到「厭離」一詞。〔註 55〕

根據經文，厭離偈並非爲固定某一首，而是隨當時狀況所作，如本經之「厭離偈」爲：

我已得出離，非家而出家，貪欲隨逐我，如牛念他苗。當如大將子，大力執強弓，能破彼重陣，一人摧伏千。今於日種胤，面前聞所說，正趣涅槃道，決定心樂住。如是不放逸，寂滅正受住，無能於我心，幻惑欺誑者。決定善觀察，安住於正法，正使無量數，欲來欺惑我。如是等惡魔，莫能見於我。〔註 56〕

從此偈可知，出家學道後仍然有可能會生起欲望，然而也由於身心常處於平靜的狀態，心理一旦出現變動，就會覺知，爲了提振自己道心，自喻爲大將之子，破敵軍之陣。而同屬此尊者婆耆舍所作，亦有如下之「厭離偈」，如《雜阿含經》卷 45：

當捨樂不樂，及一切貪覺，於隣無所作，離染名比丘。於六覺心想，馳騁於世間，惡不善隱覆，不能去皮膚。穢污樂於心，是不名比丘，有餘縛所縛，見聞覺識俱。於欲覺悟者，彼處不復染，如是不染者，是則爲牟尼。大地及虛空，世間諸色像，斯皆磨滅法，寂然自決定。法器久修習，而得三摩提，不觸不諂僞，其心極專至。彼聖久涅槃，繫念待時滅。〔註 57〕

可見「厭離偈」並非某一固定的偈頌，是因當時狀況而吟誦的。除此之

〔註 55〕如《別譯雜阿含經》卷 12：「一時，佛在舍衛國祇樹給孤獨園。爾時，尊者婆耆奢與阿難俱，著衣持鉢，入城乞食。見一女人，年在盛壯，容貌端正，便起欲想。爾時婆耆尋自覺知，極自呵責：『我今名爲不得出家之利，我之壽命，極爲難得，若生是心，名爲不善。寧捨壽命，不作欲想，我於今者，不名出家。何以故？見於盛壯端正女人，即起愛心。若生此心，非我所宜。』即向阿難而說偈言：『爲欲結所勝，燋然於我心，唯願爲我說，除欲善方便。』」見 CBETA, T02, no. 100, p. 458, a25-b6。以及《增壹阿含經》卷 27〈35 邪聚品〉：「一時，佛在羅閱城迦蘭陀竹園所，與大比丘眾五百人俱。爾時，阿難、多耆奢時到，著衣持鉢，入城乞食。是時，多耆奢在一巷中見一女人，極爲端正，與世奇特；見已，心意錯亂，不與常同。是時，多耆奢即以偈向阿難說：『欲火之所燒，心意極熾然，願說滅此義，多有所饒益。』」見 CBETA, T02, no. 125, p. 701, a12-19。

〔註 56〕CBETA, T02, no. 99, p. 331, b19-29。

〔註 57〕同上註，頁 331, a3-15。

外，「厭離偈」並不一定要名之爲「厭離偈」，如《雜阿含經》卷 45：

> 爾時，尊者尼拘律相住於曠野禽獸住處。尊者婆耆舍出家未久……而彼無有隨時教授、無有教誡者，心不安樂，周圓隱覆。如是深住。時，尊者婆耆舍作是念：「我不得利，難得非易得。我不隨時得教授、教誡，不得欣樂周圓隱覆心住。**我今當讚歎自厭之偈**。」即說偈言……〔註 58〕

此處經文不說「厭離偈」，而是「我今當讚歎自厭之偈」。除此之外，與此形式近似的經文，還有《雜阿含經》卷 45：

> 爾時，尊者阿難陀晨朝著衣持鉢，入舍衛城乞食，以尊者婆耆舍爲伴。時，尊者婆耆舍見女人有上妙色，見已，貪欲心起。時，尊者婆耆舍作是念：「我今得不利，得苦非得樂，我今見年少女人有妙絕之色，貪欲心生。今爲**生厭離故**，而說偈言……」〔註 59〕

此處經文亦不說「厭離偈」，而是「爲生厭離故，而說偈言……」由上述數經可知，厭離偈可能是在面對到貪欲或煩惱生起時，爲了生起厭離，將「無常」、「無我」等修行經驗，或是欲望的過患、輪迴的過患等等教法編撰起來，以偈頌的方式吟誦，以對治貪欲、煩惱。

針對於異性生起之性欲，以下集結三種對治欲貪之法門，首先是將所見到的異姓想成自己的姐妹、母親或自己女兒，同理，若對於男性生起欲望，也可將之視爲自己之兄弟、父親或是兒子，從至親的角度去思考，則生起的將不是欲望，而是對年長者的尊重，對年幼者的愛護，如《雜阿含經》卷 43：

> 尊者賓頭盧答言：「如佛所說，如來、應、等正覺所知所見，爲比丘說：『汝諸比丘！若見宿人，當作母想；見中間者，作姊妹想；見幼稚者，當作女想。』」〔註 60〕

或有以「十想」對治欲望者，如《增壹阿含經》卷 42〈46 結禁品〉：

> 爾時，世尊告諸比丘：「其有修行十想者，便盡有漏，獲通作證，漸至涅槃。云何爲十？所謂白骨想、青瘀想、膖脹想、食不消想、血想、噉想、有常無常想、貪食想、死想、一切世間不可樂想。是謂，

〔註 58〕CBETA, T02, no. 99, p. 330, c21-p. 331, a2。

〔註 59〕同上註，頁 331, a19-24。

〔註 60〕CBETA, T02, no. 99, p. 331, c21-p.311, a13-16。

比丘！修此十想者，得盡有漏，得至涅槃界。』」〔註61〕

本段經文是說：有十種想，可結束有漏，獲得神通，並自己可以作證得到涅槃。這十種想爲：白骨想、青瘀想、膖脹想、食不消想、血想、噉想、有常無常想、貪食想、死想、一切世間不可樂想。除此之外，爲了對治欲望，另有十想，如《增壹阿含經》卷42〈46 結禁品〉：

爾時，世尊告彼比丘：「汝今當捨淨想，思惟不淨想；捨有常想，思惟無常想；捨有我想，思惟無我想；捨可樂想，思惟不可樂想。所以然者，若比丘思惟淨想，欲心便熾盛；若思惟不淨想，便無欲心。比丘當知，欲爲不淨，如彼屎聚；欲如鸜鵒，饒諸音響；欲無返復，如彼毒蛇；欲如幻化，如日消雪；當念捨欲，如棄塚間。欲還自害，如蛇懷毒；欲無厭患，如飲鹹水；欲難可滿，如海吞流；欲多可畏，如羅刹村；欲猶怨家，恒當遠離。欲猶少味，如蜜塗刀；欲不可愛，如路白骨；欲現外形，如廁生華；欲爲不眞，如彼畫瓶，內盛醜物，外見殊特；欲無牢固，亦如聚沫。是故，比丘！當念遠離貪欲之想，思惟不淨之想。汝今，比丘！當憶昔迦葉佛所奉行十想，今當重思惟十想，有漏心便解脫。」〔註62〕

上述對治欲望的三種觀想方法，分別是：姐妹母親想及兩種十不淨想，人往往跟隨著欲望而衝動行事，而此三種方法，可以把人引導回理性面再重新思考一次，從事實的角度去看異性的組成結構，想想欲望會造成的過患。然而，觀想並非沒有缺點，《雜阿含經》卷29就記載著比丘們修習不淨觀後，由於情緒太過激動，而自殺或請人殺的經文：

爾時，世尊爲諸比丘說不淨觀，讚歎不淨觀言：「諸比丘修不淨觀，多修習者，得大果大福利。」時，諸比丘修不淨觀已，極厭患身，或以刀自殺，或服毒藥，或繩自絞、投巖自殺，或令餘比丘殺。〔註63〕

〔註61〕CBETA, T02, no. 125, p. 780, a17-26。

〔註62〕同上註，b5-21。

〔註63〕CBETA, T02, no. 99, p. 207, b22-c19。《相應部》對應處之經文如下：*Atha kho te bhikkhū-"bhagavā anekapariyāyena asubhakathaṃ katheti, asubhāya vaṇṇaṃ bhāsati, asubhabhāvanāya vaṇṇaṃ bhāsatī" ti anekākāravokāraṃ asubhabhāvanānuyogamanuyuttā viharanti. Te iminā kāyena aṭṭīyamānā harāyamānā jigucchamānā satthahārakaṃ pariyesanti. Dasapi bhikkhū ekāhena satthaṃ āharanti, vīsampi…… pe…… tiṃsampi bhikkhū ekāhena satthaṃ āharanti.*（SN. V 320）《漢譯南傳大藏經》則翻譯如下：時，彼諸比丘！以「世

本經文是說有比丘因爲修習不淨觀，對於自己的身體生起過於強大的厭惡情緒，因而自殺或互殺，或要求別人殺死自己，認爲如此就能解脫此不淨的身體。這個事件不只被記載在於此，另見於《善見律毘婆沙》卷 10〈舍利弗品〉：

> 羞者，觀身穢污不淨，而自羞恥賤薄，厭惡此身。……比丘厭惡其身亦復如是。取刀自相殺者，各各相語：「長老，卿爲度我。」答言：「我爲度汝。」如是次第而共相殺。〔註 64〕

不淨觀是對治貪欲的方法，它提供生理作用熾盛的比丘對治自身貪欲以回歸心理平靜的法門；〔註 65〕藉由實際地觀察屍體腐爛的變化，了解外在的清淨美色無法長久，此外，於美色之內包裹著種種不淨之聚集，以此實相對治貪欲的產生，可知須對治的是貪欲、煩惱，而非生命，帶著煩惱的狀態背負著殺業結束生命，不免造就惡的業力，再次受生，經文中由於修習不淨觀而自殺或請他人殺者，確實是誤解了此法門的眞義。

回歸到本文，立刻覺知煩惱的生起必須依想蘊的「專注（念）」功能，「念」與「認知」二者皆屬於「想蘊」。進而運用法門將之平息，則爲「行蘊」之「決定」、「意志」作用。根據上述的討論，《雜阿含經》此處的經文可譯爲：

> 那時，尊者婆耆舍這樣想：此刻我的心不利於我，我不能得利，反而得苦，不得樂。我見到女人長得美麗端正，心生貪欲，我應該立刻說厭離偈。如此想了之後，就說了偈誦……

第七節　懺　悔

（巴 *attanāva attano vippatisāraṁ uppādetvā*……）

《雜阿含經》的「厭離」又有與「懺悔」（巴 *attanāva attano vippatisāraṁ uppādetvā*……）對應者，如第 45 卷，第 1216 經：

> 尊者婆耆舍自以智慧堪能善說，於法聰明梵行所生憍慢心，即自心

尊以種種方便說不淨論，讚歎不淨〔觀〕，讚歎不淨〔觀〕之修習。」乃以行種種相差別不淨之修習而住。彼等以此身爲羞、爲慚、愧恥，求執刀者，一日十比丘執刀，一日二十比丘執刀，一日三十比丘執刀，以自害。（《漢譯・相應》VI, 176）

〔註 64〕CBETA, T24, no. 1462, p. 744, c15-22。

〔註 65〕CBETA, T02, no. 99, p. 311, a3-b25。

念：「我不利，不得利，得苦不得樂，我自以智慧輕慢於彼聰明梵行者，我今當說能生厭離偈……」〔註66〕

尊者因輕慢其他同修而苦惱，而說「能生厭離偈」來回復平靜喜樂，相對應的巴利經文〔註67〕試譯如下：

那時，尊者婆耆沙這樣想：「我眞的得不到〔喜樂〕，我眞的無法得到〔喜樂〕，我有不善的想法，無法得到善的想法，我以自己的辨才輕蔑其他溫和的比丘們。」爾時尊者婆耆沙自己懺悔之後，說了這些偈頌……

以下以表格逐句對：

表十　出現「厭離」經文之南北傳版本比較（七）

句　次	逐　句　比　較	
第一句	《雜》	尊者婆耆舍自以智慧堪能善說，於法聰明梵行所生憍慢心，即自心念：
	SN	*Atha kho āyasmato vaṅgīsassa etadahosi*
	《漢譯・相應》	時，尊者婆耆沙生如是思念：
	試譯	那時，尊者婆耆舍這樣想：
第二句	《雜》	我不利，不得利，得苦不得樂，
	SN	*Alābhā vata me, na vata me lābha; dulladdhaṁ vata me, na vata me suladdhaṁ*
	《漢譯・相應》	我心生不快，貪欲污我心，對我實是甚悲痛。
	試譯	我失利，我無得，我已不善，我不得善，
第三句	《雜》	我自以智慧輕慢於彼聰明梵行者，
	SN	*yvāhaṁ attano paṭibhānena aññe pesale bhikkhū atimaññāmī"*
	《漢譯・相應》	以誇自己之頓才，輕蔑其他溫和比丘等。對我眞是甚悲痛。
	試譯	我以自己的辨才輕蔑其他溫和的比丘們，

〔註66〕CBETA, T02, no. 99, p. 331, c3-7.

〔註67〕*Atha kho āyasmato Vaṅgīsassa etadahosi--"Alābhā vata me, na vata me lābha; dulladdhaṁ vata me, na vata me suladdhaṁ; yvāhaṁ attano paṭibhānena aññe pesale bhikkhū atimaññāmī"ti.Atha kho āyasmā Vavgīso attanāva attano vippatisāraṁuppādetvā tāyaṁvelāyaṁimā gāthāyo abhāsi*……. (SN. I 187)《漢譯南傳大藏經》翻譯如下：時，尊者婆耆沙生如是思念：「以誇自己之頓才，輕蔑其他溫和比丘等。對我眞是甚悲痛。」如是尊者婆耆沙，自己省悔，其時唱此偈曰：(《漢譯・相應》I, 315)

第四句	《雜》	我今當說能生厭離偈……
	SN	*Atha kho āyasmā Vavgīso attanāva attano vippatisāraṁ uppādetvā tāyaṁ velāyaṁ imā gāthāyo abhāsi*……
	《漢譯・相應》	如是尊者婆耆沙，自己省悔，其時唱此偈曰……
	試譯	爾時尊者婆耆沙自己懺悔之後，說了這些偈頌……

在本例之中，尊者對於自己的輕蔑之心生後悔，藉由懺悔增長善法，〔註 68〕經由比較得知，此處《雜阿含經》之「能生厭離」於巴利本可以是「自我懺悔」之意。

「懺悔」是一種對治煩惱，回歸清淨的法門，若再剛好碰上長老尊者或佛陀對此說法，反而因此有證果的機會，如《雜阿含經》第 21 卷有一則關於一位比丘尼見到阿難入城乞食，而生起染著之心的經文，根據經文所說，該比丘尼見到阿難尊者之後，引起染心，因此叫人請阿難尊者到其處，彼時，她「露身體臥床上」〔註 69〕，阿難尊者見狀則馬上「收斂諸根，迴身背住」，該比丘尼見到阿難尊者的反應，「即自慚愧，起著衣服，敷坐具，出迎尊者阿難」，阿難尊者隨即對該比丘尼宣講法益，於此之後，該比丘尼即證得「法眼淨」，並向尊者阿難懺悔如下：

> 「我今發露悔過：愚癡不善，脫作如是不流類事；今於尊者阿難所，自見過、自知過，發露懺悔，哀愍故！」尊者阿難語比丘尼：「汝今眞實自見罪、自知罪，愚癡不善，汝自知作不類之罪，汝今自知、自見而悔過，於未來世得具足戒。我今受汝悔過，哀愍故，令汝善法增長，終不退減。所以者何？若有自見罪、自知罪，能悔過者，於未來世得具足戒，善法增長，終不退滅。」〔註 70〕

除此之外，據經典所說，若是自知己過而懺悔，未來不再犯者，則如同無過，如《中阿含經》卷 4〈2 業相應品〉：

> 世尊告曰：「如是，伽彌尼！汝實如愚、如癡、如不定、如不善。所

〔註 68〕可參考 CBETA, T02, no. 99, p. 148, b29-c8。

〔註 69〕「露身體臥床上」以及本段的另外兩段文字：「收斂諸根，迴身背住」、「即自慚愧，起著衣服，敷坐具，出迎尊者阿難」出自《雜阿含經》卷 21：「彼比丘尼遙見尊者阿難來，露身體臥床上。尊者阿難遙見彼比丘尼身，即自攝斂諸根，迴身背住。彼比丘尼見尊者阿難攝斂諸根，迴身背住，即自慚愧，起著衣服，敷坐具，出迎尊者阿難，請令就座，稽首禮足，退住一面。」見 CBETA, T02, no. 99, p. 148, a17-23。

〔註 70〕CBETA, T02, no. 99, p. 148, b29-c8。

以者何？謂汝於如來・無所著・等正覺妄說是幻。然汝能悔過，見罪發露，護不更作。如是，伽彌尼！若有悔過，見罪發露，護不更作者，則長養聖法而無有失。」〔註71〕

此段經文是說：世尊告訴他說：「是啊！伽彌尼！你之前實在像個愚癡者，像個不堅定者，像個不善者，爲何如此說呢？你錯說如來是虛幻不實。然而你現在能悔過，看見自己的過錯並自己說出自己的過錯，如此則可以守護自己、遠離過失而不再犯。伽彌尼！像這樣，若悔過並看見自己的過錯，自己說出自己的過錯，守護、遠離而不再犯的人，則能夠增長、培養善心而沒有過失。」

可見發露懺悔能夠讓犯錯者心中的煩惱平息，並在未來能對同樣的行爲產生警戒之心，不再犯下同樣的錯誤。立刻覺知煩惱生起爲想蘊「專注（念）」功能，而認爲驕傲有害於己是「認知」功能，二者皆屬於「想蘊」。運用法門平息驕傲，則爲「行蘊」之「決定」、「意志」作用。此段《雜阿含經》之經文可爲如下：

尊者婆耆舍自認爲能言善辯，由於在佛法中修梵行，而生起驕傲心，自己立刻念到：此心不利於我，我無法得利，得苦而不得樂，我自以爲智慧，以傲慢心對待那些有修爲而且精進梵行者，我現在應說能生厭離偈……

以上節錄之七段出現「厭離」經文，其中的「厭離」都與「對治煩惱」有關，這是《阿含經》中之「厭離」的第二種用法，此章以對治煩惱來討論這類厭離，實由於彼等屬性相近所致，事實上，於巴利三藏的對應經文中，它們分別是：「遠離」（巴 *viveka*）、「被斷捨」（巴 *pahīyati*）、「厭逆」（巴 paṭikūla）、「避免」（巴 *jigucchati*）、「棄捨」（巴 *ojahāṭi*）、「除去不滿而生滿足」（巴 *attanāva attano anabhiratiṁ vinodetvā abhiratiṁ uppādetvā*……）以及「懺悔」（巴 *attanāva attano vippatisāraṁ uppādetvā*……）。此處以簡表整理如下：

〔註71〕CBETA, T01, no. 26, p. 446, a2-7。

表十一　七種做為「對治煩惱」之「厭離」一覽表

漢譯經文用語	相對應之巴利經文用語及中譯	所對治之煩惱或事項	對治的方法	出處
厭離	*viveka*：遠離	生存所依	遠離五欲	《中》卷 56〈3 晡利多品〉
厭離	*pahīyati*：被斷捨	無明	專注觀察六觸入處之無常、無我	《雜》卷 3
厭離	*paṭikūla*：厭逆	厭逆想或不厭逆想等等	針對合意與不合意等想法採取厭逆之想，並對於這些都正念、正知	《雜》卷 11
厭離	*jigucchati*：避免	身、口、意三惡業	行十善業行	《雜》卷 33
厭離	*ojahāṭi*：棄捨	諸欲	沒有提及	《雜》卷 26
厭離	*attanāva attano anabhiratiṁ vinodetvā abhiratiṁ uppādetvā*⋯⋯：除去不滿而生滿足	見女人而心生欲想	1.以無常、無我自我提醒。 2.將異性當作母親、姐妹、女兒。 3.十想 4.不淨想	《雜》卷 45
厭離	*attanāva attano vippatisāraṁ uppādetvā*⋯⋯：懺悔	輕視其他比丘的傲慢心	發露懺悔	《雜》卷 45

上述經文皆在敘述煩惱生起之時，必須運用所學之法門，或是正見來對治，使其迅速地消失，此心理操作重於「想蘊」之「專注」功能，以覺知煩惱，而「專注」本身也是一種平息煩惱的法門，此與「四正斷」中「斷斷」之精神相應，「斷斷」的意思是說：對於已生起之惡不善法，生起斷除之欲望，並且精勤操作斷除之法門、給予斷除之法門諸多方便以圖盡速斷除之，心中並專心收攝。〔註 72〕

像這樣透過佛法的善惡觀念知見建立的認知，並以此爲準繩守護身心的態度與作法，與《清淨道論》中之「過患隨觀智」（巴 *ādīnavānupassane ñāṇaṁ*）與「厭離智」（巴 *nibbidāñāṇaṁ*）相似，雖然《清淨道論》中認爲「厭離智」

〔註 72〕如《雜阿含經》卷 31：「有四正斷。何等爲四？一者斷斷，二者律儀斷，三者隨護斷，四者修斷。云何爲斷斷？謂比丘已起惡不善法斷，生欲、方便、精勤、心攝受，是爲斷斷。」見 CBETA, T02, no. 99, p. 221, b4-7。

是以「毘婆舍那」修行，在涅槃之前所得到的一種智慧，但審視其說明：

觀一切諸行的過患，則厭離背棄不喜於一切有、生、趣、識住、有情居中可破壞的諸行。〔註 73〕

可知此乃因爲觀察諸行，認爲此行爲或想法是爲過患，因而厭棄之，故較近似於以意識分別爲主導，來確立諸行過患而不可樂，所以《清淨道論》此處所說的「厭離智」，較接近於本章所討論之「厭離」。而關於以內觀修行，在得到涅槃之前所得到的一種智慧，以及由此所生起的「厭離」，請見本文第四章之討論。

除此之外，《阿含經》亦述說，斷除有漏煩惱可從七個方面進行〔註 74〕，可說是對於對治煩惱諸法門一個提綱挈領的歸納，這七類分別是：

1.「從見斷」：如實知「四聖諦」，則「邪見」、「無明」斷，由於「邪見」、「無明」已斷，隨之而起的煩惱也自然被消滅，此是爲「從見斷」。

2.「從護斷」：奉行「六根律儀」，守護六根根門，若升起合意之感受則厭之，若升起不合意之感受則喜之，對於不苦不樂之感受則捨之，如此則貪愛、瞋恨不擾其心，是爲「從護斷」；

3.「從離斷」：遠離行爲不善或思想邪惡者，遠離容易產生惡業之人際及環境，以避免不善的因緣和合，是爲「從離斷」；

4.「從用斷」：自己生活所使用之器具、飲食等等均只視爲維生之用，禁絕貪圖享受或貪圖名聲之心，是爲「從用斷」；

5.「從忍斷」：面對生活物質缺乏時，或受疾病、蚊蟲叮咬的折磨，或受人誤會、辱罵……等等，能夠堅忍，不改其斷煩惱、向解脫之志向，是謂「從忍斷」；

6.「從除斷」：生起不善之念頭時，則生起違逆想，盡可能給予方便以除去這些想法，是謂「從除斷」；

7.「從思維斷」：思維法益，並思維如法修行所帶來的法樂，思維不如法修行之業報、後果，是爲「從思維斷」。

其中有關對治現實生活之物質所需而產生的煩惱，爲「從離斷」、「從用斷」、「從忍斷」；有關對治其他宗教的知見或是自身對境所起帶來之異想者，

〔註 73〕覺音著，葉均譯，《清淨道論》（高雄：正覺佛教會，2002），頁 671。

〔註 74〕CBETA, T01, no. 26, p. 431, c14-p. 432, c27。

則爲「從護斷」、「從見斷」、「從除斷」、「從思維斷」。

此外，從本章的討論可知，《阿含經》主張人們必須斷除的是心中生起的煩惱，而非生命，若要以斷除生命這種方式企圖斷除煩惱，則仍然無法於未來世得到平靜，可見佛教非常尊重生命與生活品質，並非討厭生命也非自我放棄。

由本章可知，《阿含經》中對於對治煩惱，雖然採取嚴格的態度，並提出了許多對治的法門，然而在實際的修行方面，佛陀仍主張中道的精神，不極度實行苦行，也不採取放逸之樂行，只要清楚煩惱，面對煩惱，專注於方法的實踐，以求身、心復歸於平靜，如同琴師的琴弦必須調整得鬆緊適中，彈奏的樂音則正確而悅耳一樣。〔註 75〕

〔註 75〕《雜阿含經》卷 9：「佛告二十億耳：『我今問汝，隨意答我。二十億耳，汝在俗時，善彈琴不？』答言：『如是，世尊！』復問：『於意云何？汝彈琴時，若急其絃，得作微妙和雅音不？』答言：『不也，世尊！』復問：『云何？若緩其絃，寧發微妙和雅音不？』答言：『不也，世尊！』復問：『云何善調琴絃，不緩不急，然後發妙和雅音不？』答言：『如是，世尊！』告二十億耳：『精進太急，增其掉悔，精進太緩，令人懈怠，是故汝當平等修習攝受，莫著莫放逸、莫取相。』」見 CBETA, T02, no. 99, p. 62, c9-18。

第四章　「厭離」作爲「中立的情緒」之用法

本章討論《阿含經》第三類「厭離」（巴 *nibbidā*）〔註 1〕，此類「厭離」與慧學中之「觀」、「如實知見」與「正念」有密切關係，「觀」是觀察色、受、想、行、識，和六根生起的心理作用，可知它顯然不是透過眼睛，因爲我們無法以眼睛觀察吾人內在的精神狀態，但是敘述「觀」的經文沒有說明是以什麼去觀察；與此相同的，經文中敘述到另一種生起「厭離」的「如實知見」也有類似的問題，如實知見的對象，同樣也是五蘊、六根作用等精神面，可見也不是以眼睛去如實觀察，不過《阿含經》經文中也沒有說是以什麼去如實知見，那麼這「觀」與「如實知見」生起「厭離」的操作就不甚清楚。

在講授「正念」的經文中，對上述疑團做出明白解釋：以「正念」觀察所緣之生、住、異、滅，透過「正念」觀察，如實地體證身、心變化的生滅過程，此即三法印之「諸行無常」，由於體證了無常的實相，確知身心之「諸法無我」，在情感方面，對這些表面千差萬別的刺激，認識到本質原理毫無差異，無從生起「愛好」或「厭惡」，不激動也不憂鬱，不高揚也不低落，此即爲本章欲論證及討論之「厭離」，可說是「涅槃寂靜」前的狀態。

在陳述順序上，首先討論這種「厭離」所對應之巴利語；第二節，討論

〔註 1〕本章討論之「厭離」均爲對應於巴利語 *nir-√vid* 衍生出的「厭離」，*nibbidā* 爲其名詞之形式，動詞現在式第三人稱單數爲 *nibbindati*。除非有必要，以下不再重覆。

「觀」之所緣：「一切諸行」、「五蘊」及「六入處」與「厭離」；第三節討論「如實知見」之意義及內涵、如實知見四聖諦的重要性以及其與禪定的關係，並說明「觀」與「如實知見」之一致性；第四節說明「觀」與「如實知見」是依於「正念」操作，第五節以「如實知見」檢視「厭離」為中立的情緒；第六節說明體證此「厭離」在修證上的意義。

第一節　「厭離」對應之巴利語 *nibbidā*

《阿含經》「厭離」之用例以「觀」生起的「厭離」佔大多數，南傳經典中這類「厭離」與 *nir-√vid* 衍生出的語詞對應，其名詞型為 *nibbidā*，〔註 2〕它在《阿含經》中除了與「厭離」對應，有時也對應於「厭患」〔註 3〕。下表是佛學辭典中的解釋。

〔註 2〕此種與巴利語字根 *nir-√vid* 衍生詞所相對應之「厭離」於《雜阿含經》共有 18 經出現，其中 7 個與 *nir-* 加上 *√vid* 相應，6 個與其它語詞相應，5 個沒有對應的經文；與「厭」相應者則出現於 24 個經中，其中 18 個與 *nir-* 加上 *√vid* 相應，6 經沒有對應的經文，見本文之附錄一及附錄二。以 *nibbidā* 為例，是前綴 *nir-*（其義為「否」、「無」、「外」，見水野弘元著，許洋主譯，《巴利文法》，世界佛學名著譯叢 5（台北：華宇出版社，1986），頁 219。）加上字根 *√vid*（「知」，同前引書，頁 205），經連音變化而成；梵語中該語詞結構相同，但由於要求正式的型式而保持子音的原貌，成為「*nirvedā*」以及 *nirvidā*。
在對應於 *nir-√vid* 的狀況下，「厭」與「厭離」可說是同義詞，例如《雜阿含經》第 47 及 48 經，它們的經文結構非常相近，述說的道理也相同，在這兩經中，分別用了「厭」與「厭離」，如：《雜阿含經》卷 2，第 47 經：「爾時，世尊告諸比丘：『信心善男子應作是念：「我應隨順法，我當於色多修厭離住，於受、想、行、識多修厭離住。」信心善男子即於色多修厭離住。於受、想、行、識多修厭離住，故於色得厭，於受、想、行、識得厭。厭已，離欲、解脱，解脱知見』」見 CBETA, T02, no. 99, p. 12, a10-15，及《雜阿含經》卷 2，第 48 經：「爾時，世尊告諸比丘：『信心善男子正信非家出家，自念：「我應隨順法，於色當多修厭住，於受、想、行、識多修厭住。」信心善男子正信非家出家，於色多修厭住，於受、想、行、識多修厭住已，於色得離，於受、想、行、識得離。我說是等，悉離一切生、老、病、死、憂、悲、惱、苦。』」見 CBETA, T02, no. 99, p. 12, a19-25。又由於它們皆對應於衍生自 *nir-√vid* 的巴利語，可推知在這類的用法中，「厭」與「厭離」可互相取代，因此文中將視二者為同義詞，引用並討論之。

〔註 3〕見 CBETA, T02, no. 99, p. 81, b18-25。此與 CBETA, T02, no. 99, p. 89, c8-13，以及 CBETA, T02, no. 99, p. 207, b24-c18 所說之「厭患」又不同，《阿含經》中的「厭患」，多與對治色身、欲望的執著有關，屬於強烈之厭惡情緒，有時又近於「討厭」，如 CBETA, T01, no. 26, p. 752, c12-26。

表十二　各大佛學辭典對 *nibbidā* 的解釋

	工具書名稱	詞彙	解　　釋
梵語及佛教混合梵語	*Sanskrit-English Dictionary,* p. 557c	*nirvedā*	Complete indifference, disregard of worldly objects; loathing, disregard for （完全不感興趣，漠視世俗事物；強烈的反感，厭煩）
		nir-vid	Despondency, despair（沮喪；絕望）
	梵和大辭典	*nir-vid* 〔註 4〕	絕望，失望，臆病（膽怯〔註 5〕）。 漢譯：厭，厭離，厭捨，修厭，遠離；解脫
		nir-vedā 〔註 6〕	に関しての嫌悪（對某事嫌惡）； 現世からの超脱（從現世的超脫）； 絕望，臆病（膽怯）。 漢譯：厭，厭離，厭患，厭想，厭離想
	Buddhist Hybrid Sanskrit Grammar and Dictionary, p. 304b	*nirvidā*	Worldly disgust, aversion from worldly things （厭世，背離世間的事務）
巴利語	*The Pali Text Society's Pali-English Dictionary,* p. 365b	*nibbidā*	Weariness, disgust with worldlylife, tedium, aversion, indifference, disenchantment （厭倦；厭倦世俗生活；冗長而討厭；厭煩；無興趣；使醒悟）
	パーリ語辞典，頁 144a	*nibbidā*	厭，厭離，厭惡，厭逆
	Concise Pali-English Dictionary, p. 113a	*nibbidā*	Aversion; disgust; weariness （厭煩；厭倦；厭倦）
	Dictionary of the Pali Language, p. 276a	*nibbidā*	Disgust or weariness of the vanities of the world （厭倦了世界的種種虛幻）

經由上表整理發現該語詞從梵、巴等語言翻譯成英、日文，若國人再依英、日文譯成中文，就又回到「厭」、「厭倦」、「厭離」等語詞，出現了以自己解釋自己的現象，故不取之做爲解釋；在諸多解釋中，*Sanskrit-English Dictionary* 有“Complete indifference, disregard of worldly objects”（完全不感興趣，漠視世俗事物），及 *The Pali Text Society's Pali-English Dictionary* 中“indifference”的說法，以下遂查尋其意義：

〔註 4〕荻原雲來、辻直四郎，《梵和大辭典》（上）（台北：新文豐），頁 694a。
〔註 5〕見陳伯陶，《新時代日漢辭典》（台北：大新書局，2006），頁 199b。
〔註 6〕荻原雲來、辻直四郎，《梵和大辭典》（上）（台北：新文豐），頁 965a。

表十三　indifferent 之解釋

	indifferent 之解釋
Oxford American dictionary& Tresaurus〔註 7〕	1.Lack of interest or attention（缺乏興趣或注意力） 2.Unimportance（a matter of infifference）（不重要） 3.Neutrality（中性）
Collins English Dictionary〔註 8〕	1. Showing no care or concern（表現出不在乎或不關心） 2. Unimportant（不重要） 3. Of only average or moderate size, extant, quality, etc.（尺寸、現存的貨物或品質只有平庸的或中等的） 4. Not at all good; poor（沒那麼好；差的） 5. Showing or having no preference; impartial（表現出沒有偏好或本身沒有偏好）
New webster's Dictionary and thesaurus of the English Language〔註 9〕	1. Not interested（不感興趣） 2. Having no preference, impartial（沒有偏好，公正的） 3. Rather poor, mediocre（很差的，平庸） 4. Showing no response, neutral（沒有反應，中性）

由於本章討論之「厭離」爲一種對境而生起的心理狀態，故刪除上表關於「尺寸」、「平庸」、「沒那麼好；可憐的」，可知本章所討論之「厭離」若依英文 indifferent 可爲「沒有偏好」、「缺乏興趣」、「不在乎」、「認爲不重要」、「中性」、「沒有反應」之意，與許慎將「厭」比喻成「吃飽後沒有興趣」的意味相近。另外，*The Pali Text Society's Pali-English Dictionary* 的 disenchantment（使醒悟），是較特別的說法，若將該詞分爲前綴 dis-和 enchantment 來理解，enchantment 有「受到咒語、魔法控制」之意，前綴 dis-爲解除控制，〔註 10〕從迷惑中醒悟。經由這樣的討論，可知該詞詞義之傾向。

〔註 7〕*Oxford American dictionary & Tresaurus*, New York：Oxford University Press, 2003. p.759.

〔註 8〕*Collins English Dictionary, Great Britian*:Harper Collins,2006 Publishers, p.827.

〔註 9〕*New webster's Dictionary and thesaurus of the English Language*, United States of America:Lexicon Publications, INC, p.453.

〔註 10〕這個解釋與經中將五蘊視爲「魔」的譬喻似乎有相關，《雜阿含經》中「魔」可說是障礙行者朝涅槃前進的象徵，如 CBETA, T02, 99, p.40b20-b25 以及 CBETA, T02, no. 99, p. 284, b21-27。也許是將煩惱擬「魔」化的一種方式；又如本身若不精進修行，就如同會被惡魔趁虛而入，如 CBETA, T02, no. 99, p. 344, b19-22。可知對五蘊著迷，就如同被魔王施了魔法、咒語一樣，反之，就如同解除了那魔、咒的控制。

第二節　以「觀」生起「厭離」之三類所緣

印度宗教與哲學家多認爲現象世界虛僞不實，在此背後有個未知的眞實世界，他們認爲那才是眞正值得去追求、認識的。佛教主張「觀」的目的也近於此，力求觀察所緣之本質，使人忽視表面造成喜、憂的差異。

吾人隨時都依據偏好做出抉擇，出生之後母親便能察覺孩子偏好用哪種奶粉，偏好哪樣的睡姿，喜歡聽如何的音樂；長大後出現挑食的習慣，交友也有自己的原則，愛聽某種型式的音樂，打扮成某種風格，挑選愛侶組織家庭等等，可知吾人無時無刻都以偏好在選擇，這些是再自然不過之事，既然一切是如此自然，那麼爲何佛陀要「厭離」這些？「厭離」究竟爲何？生起「厭離」有何好處？又，如何導致「厭離」？生起「厭離」又代表了什麼？本節先以「觀」之所緣：「觀一切諸行無常」、「觀五蘊無常」及「觀六入處無常」三種開始說明。

一、一切諸行

「一切諸行」指所有因緣和合，流動轉變的事物，下列引文中，佛陀回憶某世曾爲灌頂王，統領大軍並擁有眾多的龍象、寶馬、寶車，〔註 11〕但這些以及它們的名字都終將盡數磨滅消失，佛陀以此說明擁有再強的兵馬、再多的財富和再大的權勢，也終將失去，並對弟子道出以下的訓勉，如《雜阿含經》卷 10：

> 比丘！一切諸行，過去盡滅、過去變易，彼自然眾具及以名稱，皆悉磨滅，是故，比丘！永息諸行，厭離、斷欲、解脱……〔註 12〕

這段經文說明外在物質、資財工具等是聚合無常的，各種存在的狀態及名稱都會隨著時間流逝而變化滅盡，因此應該時時對現象界仔細觀察，息滅無明煩惱，得到解脫。

如同上述舉例，人們依個人偏好抉擇是理所當然的事，佛陀認爲此即爲人們感到悲苦的原因，「愛別離苦」是人們無法與所愛之物長久相伴所招致的苦；「怨憎會苦」則是人們無法阻止與所恨之人事物碰頭所產生的苦，此即爲心中的偏好所造成的痛苦。

事實上，無論選擇與不選擇，此時所有的一切都會隨時間而消失，面對

〔註 11〕CBETA, T02, no. 99, p. 68, a18-b2。

〔註 12〕同上註，b2-4。

所愛消失，將一次一次感受到苦，故佛陀認爲應珍惜有生之年，修習解脫之道。如《雜阿含經》卷 34：

> 爾時，世尊告諸比丘：「一切行無常，一切行不恒、不安，變易之法，諸比丘！於一切行當生厭離、求樂、解脫。……」〔註 13〕

在這段經文之後，敘述過去人享有萬年的壽命，當時有佛出世，利於聞法修行，後來全都消滅，而今同樣有佛出世，但人壽不到百歲，尋求「厭離」、「解脫」更是當務之急。

一切諸行雖然包括所有的有爲法，但這兩段經文，前者說明外在世間財富、權勢等擁有物無法常保；後者說明人壽短暫，但人在意於常保財、官、名、利、健康、子女，對於佛陀來說，這些反而是使自己心生不快的來源，應該早求「厭離」、「離欲」、「解脫」。

二、五　蘊

「貪愛」是無法解脫輪迴的關鍵，源於認爲五蘊是長久存在的這種「無明」，如《雜阿含經》卷 2：

> 云何若生則繫著？愚癡無聞凡夫於色集、色滅、色味、色患、色離不如實知故，於色愛喜、讚歎、取著，於色是我、我所而取；取已，彼色若變、若異，心隨變異；心隨變異故，則攝受心住，攝受心住故，則生恐怖、障礙、顧念，以生繫著故。受、想、行、識亦復如是。是名生繫著。〔註 14〕

此經文是說：生繫著是由於沒有如實知見色爲因緣聚集、消逝、也沒有如實知見色的滋味、過患與遠離色之過患的方法，因此被容貌、形體所迷惑，並稱讚、取著，認爲那是不會變化的，或那屬於不會變化的，想要長久擁有；一旦那色法變了，心生起恐怖、掛念，其他的四種蘊也是一樣。

上文提到的「我」，是印度哲學的傳統觀念，如本文第一章第三節所述，

〔註 13〕CBETA, T02, no. 99, p. 68, b14-16。據原出處註，「求樂」，聖本做「不樂」。此外，《長阿含經》卷 21〈9 三災品〉有類似之經文，不過此處用語爲「厭患」：佛告比丘：「以是當知，一切行無常，變易朽壞，不可恃怙，有爲諸法，甚可厭患，當求度世解脫之道。其後久久，有大黑風暴起，吹大海水，海水深八萬四千由旬，吹使兩披，取日宮殿，置於須彌山半，去地四萬二千由旬，安日道中，緣此世間有二日出。二日出已，令此世間所有小河、汱澮、渠流皆悉乾竭。」見 CBETA, T01, no. 1, p. 137, c12-18。

〔註 14〕CBETA, T02, no. 99, p.11, a15-21。

從《吠陀》時代一直到《奧義書》盛行時期都以與梵合一爲最終目標，認爲小我透過修練可以回歸梵我，長存不滅，〔註 15〕佛陀認爲人是五蘊和合，色等五蘊非長存不變，對五蘊愛著，一旦變異，煩惱痛苦生起。故須藉由觀察身心以體證身心是無常生滅，如《雜阿含經》卷 1 所述：

> 爾時，世尊告諸比丘：「色無常，無常即苦，苦即非我，非我者亦非我所，如是觀者，名真實正觀。（受想行識內容相同）……聖弟子！如是觀者，厭於色，厭受、想、行、識、厭故不樂，不樂故得解脫。」〔註 16〕

從上述引文可知，不實際了解五蘊無常，五蘊改變時則將產生憂惱，這即是應對於五蘊保持厭離的原因。由於於當下保持對五蘊厭離是重要的，所以以理性思考過去、未來五蘊的無常，亦可確知現在五蘊亦爲無常，如下例舉二經：

《雜阿含經》卷 1：

> 如過去、未來色無常，況現在色？聖弟子！如是觀者，不顧過去色，不欲未來色，於現在色厭、離欲、正向滅盡。〔註 17〕

《雜阿含經》卷 3：

> 過去、未來色尚無常，況復現在色？多聞聖弟子如是觀察已，不顧過去色，不欣未來色，於現在色厭、離欲、滅、寂靜。〔註 18〕

上述二經以過去、未來五蘊的無常來思維現在五蘊亦爲無常，若理性觀察，認知各形各色的存在都是生滅法，平等而沒有差別，對於五蘊則可滅除欣慕期待的妄想，處於「厭離」這種中立的心理狀態。

《雜阿含經》記載有一外道闡陀，雖知道五蘊無常，但是不歡聽聞五蘊無常，阿難仍告之以五蘊無常無我，〔註 19〕因爲事實就是事實，不能夠不承

〔註 15〕見高楠順次郎、木村泰賢著，高觀廬譯，《印度哲學宗教史》（台北：臺灣商務，1974），頁 247，而梵的性質，同書頁 259 指出是「『智（*vijñāna*）』也，妙樂也（*ananda*）」,「『實有（*satyam*）』、『無終（*anantam*）』」等等，可知對於「我」也有這樣的認識；關則富引述 K.R.Norman 所說：「按定義而言『我』（*attā*）是恆常的（*nicca*）、快樂的（*sukha*）……」參見關則富，〈主宰或被主宰——澄清「我」的意義〉《第二屆巴利學與佛教學術研討會會議手冊》（嘉義：南華大學，2008）。

〔註 16〕CBETA, T02, no. 99, p. 2, a3-8。

〔註 17〕同上註，頁 1, c23-29。

〔註 18〕CBETA, T02, no. 99, p.20, a11-14。

〔註 19〕《雜阿含經》卷 10：「時，諸比丘語闡陀言：『色無常，受、想、行、識無常，一切行無常，一切法無我，涅槃寂滅。』闡陀語諸比丘言：『我已知色無常，

認。知道但無法生起斷煩惱之力在於只停留在知識或思維邏輯認為正確，實際上未實修。

三、六入處

除上述以五蘊為所緣的觀察外，觀察「六入處」的無常因緣生滅亦為生起「厭離」的所緣，如《雜阿含經》卷 12：

> 多聞聖弟子於諸緣起善思惟觀察，所謂樂觸緣生樂受，樂受覺時，如實知樂受覺，彼樂觸滅，樂觸因緣生受亦滅止、清涼、息沒。如樂受，苦觸、喜觸、憂觸、捨觸因緣生捨受，捨受覺時，如實知捨受覺，彼捨觸滅，彼捨觸因緣生捨受亦滅止、清涼、息沒。彼如是思惟，此受觸生、觸樂、觸縛，彼彼觸樂故，彼彼受樂，彼彼觸樂滅，彼彼受樂亦滅止、清涼、息沒。如是，多聞聖弟子於色生厭，於受、想、行、識生厭，厭故不樂，不樂故解脫。〔註 20〕

經文分析六根與外境因緣和合生起感受的諸多可能性及必要條件，感受生起是六根與各自境界接觸所產生，感受消失則是有某此因素不具足，對此因緣生滅法須如實觀察生滅，若是愛著，當它變化、消失，將會無法接受事實而傷心難過。要避免情緒的騷擾須洞察因緣生滅的事實，於六入處保持，由於厭離而不貪愛喜樂，由於不覺得喜樂而解脫。

經由此三小節的討論可知，「厭離」生起自觀察外在一切諸行及身心五蘊、六入處的無常所產生的沒有興趣的心理狀態，無著比丘在討論南傳觀智時，依十種觀智的推衍對於厭離智有以下的陳述：

> 當整個禪修體驗充滿著持續的壞滅和分解時，「怖畏」生起，*bhaya-ñāṇa*（怖畏智）。此時「我」和「我所」的那個基礎，不論是明顯如合理化的我概念，或者只是隱晦地潛藏在經驗背後對本身的潛意識感受，都被看成是不穩定的，每個剎那都在敗壞和分解中，就這樣，一切現象固有的「過患」變得明顯 *ādīnava-ñāṇa*（過患智），**整個經驗的世界失去了吸引力，一種全面的「厭離」感生起，**

受、想、行、識無常，一切行無常，一切法無我，涅槃寂滅。』闡陀復言：『然我不喜聞：「一切諸行空寂、不可得、愛盡、離欲、涅槃。」此中云何有我而言：「如是知、如是見，是名見法。」？』第二、第三亦如是說。」（CBETA, T02, no. 99, p. 66, b12-19）

〔註 20〕CBETA, T02, no. 99, p. 81, c17-27。

nibbidā-ñāṇa（厭離智）。這種厭離接著帶來對解脫的欲求，*muñcitukamayatā-ñāṇa*（欲解脫智）……〔註21〕

可知「厭離」是源自於對一切諸行、五蘊、六入處的本質認識之後，「整個經驗世界失去了吸引力」，即對所緣的「無趣感」。

回顧本節中說明以「觀」生起「厭離」的經文，並沒有說明吾人是以什麼來「觀」；然而以上的經文不時出現「如實知、如實見」，或「如實正慧」等語詞，則透露出一個線索，根據道次第可知「如實知見」能生起「厭離」，那麼是否有關「如實知見」的經文會說明以何實行「觀」？為何經中記載二者均生起厭離？以下就對「如實知見」進行討論。

第三節　「如實知見」的詮釋

「如實知見」之巴利語為 *yathābhūtañāṇadassana*，若拆解之來解釋的話，*yathā* 有「像是」（as, like）、「根據」（according to）之意；〔註22〕*bhūta* 是「已生長的、演變的」（grown、become）、「由變化而產生結果的自然定律」（nature as the result of becoming）；〔註23〕*ñāṇa* 是「知識」（knowledge），可指從認知過程中經由感官所得到的知識；〔註24〕*dassana* 是「見到」（seeing）。其中 *ñāṇa* 與 *dassana* 當作複合詞用時，字義上為「知道與看到」（knowing and seeing），它更傾向於說明「從知識而生起的內在洞見」（the insight arising from knowledge）、「完美的知識」（perfect knowledge）、「了解眞理」（realization of the truth）等等。〔註25〕於《阿含經》中之其他名稱，如「如實知」、「如實知、如實見」、「見如實，知如眞」、「如實顯現」。經中對彼之解釋，如《雜阿含經》卷1：

輸屢那！當知色，若過去、若未來、若現在，若內、若外，若麁、若細，若好、若醜，若遠、若近，彼一切色不是我、不異我、不相在，是名如實知。〔註26〕（受想行識經文與此相同）

〔註21〕無著比丘，〈上座部禪觀的原動力〉，《法鼓佛學學報》第7期（台北：法鼓佛教學院，2010），頁7。

〔註22〕T.W.Rhys Davids & William Stede, 1986, *Pali-English Dictionary*, London, The Pali Text Society, reprinted, p. 548b.

〔註23〕同上註，頁507b。

〔註24〕T.W.Rhys Davids & William Stede, 1986, *Pali-English Dictionary*, London, The Pali Text Society, reprinted, p. 287a.

〔註25〕同上註，頁317a。

〔註26〕CBETA, T02, no. 99, p. 6, b16-19。

此經文說：若能洞悉所有物質，無論處於任何時空，無論外形如何，無論如何存在，其共通特性皆爲：非固定不變，世上也沒有其他固定不變者，也沒有某部份是固定不變的，即爲「如實知見」。

南傳巴利律藏註釋《心義燈釋》（巴 *Sāratthadīpanī-ṭīkā*）對「如實知見」（巴 *yathābhūta- ñāṇadassana*）說明如下：

> 「如實知見」是完整掌握俱緣的名色。〔註 27〕

前述節錄《雜阿含經》之經文認爲「如實知見」是以身心當作觀察對象，觀察其爲「無常」、「苦」、「無我」，沒有固定不變的存在，是親見「諸行無常」，親證「諸法無我」之二者；此律藏註釋引文中之「名色」是「六入處」及「五蘊」的集合名相，指個人身心狀態，而「俱緣的名色」，是「因」隨著不同的「緣」而改變的身心狀態，可知「如實知見」是完整綿密地掌握隨著因緣變化的身心。另外，《中部》註釋書對於「如實」（巴 *yathā*）則說明如下：

> 「如實」者是如同自性，由於它們自性無常，因此無常是「苦」，是「無我」。〔註 28〕

自性是「無常」、因「無常」而「苦」、「無我」，「如實知見」則是知見此無常自性，現代學者對「如實知見」的詮釋又是如何？和辻哲郎認爲：

> 那就是完完全全的，按照現實，沒有設立任何獨斷性的預想，而去認識一切存在者的存在是無常、苦、無我，以及一切存在者的法是色受想行識或眼耳鼻舌身意。〔註 29〕

可知「如實」是去除個人主觀的好惡立場，觀察所緣變化所呈現的狀況，而被觀察者（所緣）則是自己的「五蘊」（色受想行識）以及「六入處」（眼耳鼻舌身意）。另外，田村芳朗對「如實」解釋到：

> 「如實」是副詞，是「有什麼就如那樣」之意。這是佛首先發現的眞理，或是達到覺悟的根本態度，……所謂的佛，是離開束縛而見到事物怎樣就是怎樣。〔註 30〕

〔註 27〕 *Sāratthadīpanī-ṭīkā* I, 194：
Yathābhūtañāṇadassananti sappaccayanāmarūpapariggaho.

〔註 28〕 本段文句出自於《中部》註釋書（MA.II 224.）：*"Yathābhūtanti yathāsabhāvam, tābhi aniccadisabhāvam, tasmā aniccaṃ dukkhamanattati……."*

〔註 29〕 和辻哲郎著，藍吉富主編，《原始佛教的實踐哲學》，世界佛學名著譯叢 80（台北：華宇，1988），頁 176。

〔註 30〕 奈良康明編，《仏教名言辞典》（東京：東京書籍印刷株式会社，1989），頁 295

開始就說到「如實是副詞」，說明了知見是以如實的方式進行著，「束縛」應該是和辻哲郎所言「獨斷性的預想」，因爲有「獨斷性的預想」則會曲解事物的現象；另外，平川彰亦解釋「如實知見」也與此近似：

> 原始佛教的立場，是以不被束縛的心，有什麼就如那樣地見到眞理。〔註 31〕

無著比丘（Analāyo Bikkhu）認爲「如實知見」可理解爲：

> 依據眞理而得到的知識與洞見。（knowledge and vision according to reality）〔註 32〕

綜合上述說法，從煩惱解脫的過程，是從「被束縛的心」，轉變爲「不被束縛的心」，經由戒、定、慧使沒有主觀立場的心理狀態得以實現，依此去觀察當下「五蘊」與「六入處」的生滅變化。可知「如實知見」即是終結煩惱的方法。如葛汀（Rupert Gethin）對修行所進行的解說如下：

> 佛教修行的目標是終結這些煩惱的活動，基本的方法是讓心回復到它原本的清明與平靜。心的這種清明提供了能夠洞見煩惱活動與心之眞實本質的機會，以及如實見法與完全覺悟的機會。〔註 33〕

修行的終極目標在於止息煩惱，這必須先使心達到平靜的狀態，如實見到這些煩惱的本質，並從此處覺悟。

一、如實知見四聖諦

以下繼續就《阿含經》整理關於「如實知見四聖諦」的經文，可知於五蘊、六入處操作此「如實知見」，可以體證四聖諦：

（一）如實知見四聖諦之意義

《雜阿含經》卷 15 認爲如實知見苦、集、滅、道則解脫：

> 若沙門、婆羅門於此苦聖諦如實知，此苦集聖諦如實知，此苦滅聖諦如實知，此苦滅道跡聖諦如實知，當知是沙門、婆羅門，沙門之沙門、婆羅門之婆羅門，於沙門義、婆羅門義，見法自知作證：「我

～296。

〔註 31〕平川彰，《インド仏教史》（上）（東京：春秋社，1974），頁 77。

〔註 32〕Anālayo, 2009. *From Craving to Liberation*, p.124. Malaysia：SBVMS Publication.

〔註 33〕許明銀譯，魯柏・葛汀（Rupert Gethin）著，《佛教基本通》（台北：橡實，1990），頁 213。

生已盡，梵行已立，所作已作，自知不受後有。」……〔註 34〕

此段經文說明「如實知見四聖諦」可見法並導致涅槃，修習禪定，得到如實知見的能力，則能夠隨觀生滅，不對所緣生起價值判斷，不產生不善情緒及情感。見到此法運行於萬物之定律，即是「見法」，隨之精進修行，可自證涅槃，因此佛陀對比丘們提出勉勵，希望比丘們能運用各種方法達成之。這也意味著可依據「如實知見」熟練程度漸次減少乃至完全熄滅無明，依煩惱被減少的程度分別四類聖者。同卷另一段經文陳述聖者證得不同果位皆是由於「如實知見四聖諦」，此外亦可自證「辟支佛果」或「無上等正覺」，《雜阿含經》卷 15：

爾時，世尊告諸比丘：「若善男子正信非家，出家學道，彼一切所應當知四聖諦法。何等爲四？謂知苦聖諦、知苦集聖諦、知苦滅聖諦、知苦滅道跡聖諦。……又三結盡，得須陀洹，一切當知四聖諦……若三結盡，貪、恚、癡薄，得斯陀含，彼一切皆於四聖諦如實知故。……五下分結盡，生般涅槃阿那含，不還此世，彼一切知四聖諦。……若一切漏盡，無漏心解脱、慧解脱，見法自知作證：『我生已盡，梵行已立，所作已作，自知不受後有。』彼一切悉知四聖諦……若得辟支佛道證，彼一切知四聖諦故……若得無上等正覺，彼一切知四聖諦故……」〔註 35〕

此段經文說明斷除煩惱的程度，隨如實知見四聖諦的深淺而有所分別，以此列出四種不同位階的聖者，以及辟支佛及無上等正覺，無著比丘（Analāyo Bikkhu）這樣認爲：

一個經由眞理而知道五蘊優劣、生滅的人，可以是一個入流者，當相同類型的根據眞理而得的知識進一步發展到完全以及全部的經驗，完整的解脫將被達成。也就是説，當內觀的範圍以及對眞理的眞實性保持相同，經由不斷的練習，將會導致較低到較高階的解脫。〔註 36〕

《阿含經》另有述說「如實知見四聖諦」與「智慧」關係的經文，如認爲如實知見四聖諦是爲「慧根」，見《雜阿含經》卷 26：

〔註 34〕CBETA, T02, no. 99, p. 105, b28-c7。

〔註 35〕CBETA, T02, no. 99, p. 106, a17-b22。

〔註 36〕Anālayo, 2009. *From Craving to Liberation*, pp.131-132, Malaysia：SBVMS Publication.

> 何等爲慧根？若比丘苦聖諦如實知，苦集聖諦、苦滅聖諦、苦滅道跡聖諦如實知，是名慧根。〔註37〕

「如實知見四聖諦」即爲體證並親自經驗四聖諦，如此智慧才堅固；另外，「如實知見四聖諦」是爲「黠慧」，如《雜阿含經》卷16：

> 佛告比丘：「善哉！善哉！於苦聖諦、苦集聖諦、苦滅聖諦、苦滅道跡聖諦如實知者，是則黠慧。」〔註38〕

是「慧具足」，如《雜阿含經》卷4：

> 云何爲慧具足？謂善男子苦聖諦如實知，習、滅、道聖諦如實知，是名善男子慧具足。〔註39〕

是「智慧具足」，如《雜阿含經》卷33：

> 佛告摩訶男：「優婆塞智慧具足者，謂此苦如實知，此苦集如實知，此苦滅如實知，此苦滅道跡如實知。摩訶男！是名優婆塞慧具足。」〔註40〕

由此可見「如實知見四聖諦」即爲《阿含經》宣說「慧」的要點。北傳《阿毘達磨集異門足論》卷5，〈4 三法品〉亦以「如實知見四聖諦」爲「慧」的中心：

> 慧仗云何？答：如實了知此是苦聖諦 、此是苦集聖諦、此是苦滅聖諦、此是趣苦滅道聖諦，是名爲慧。因此慧、依此慧、由此慧建立故，能斷不善法，能修諸善法，此名爲慧，亦名爲仗，亦名慧仗。故名慧仗。〔註41〕

可見「如實知見四聖諦」是爲「見法」，是爲「智慧」，可依熟練的程度而區別出四種聖者，然而此四聖諦在何處展現？或是說可在何所緣依如實知見親證四聖諦？根據《阿含經》所列，共有五蘊、六入處等。

（二）於五蘊如實知見四聖諦

此處舉出以「五蘊」爲所緣，實行「如實知見」體證四聖諦的經文。此段經文之前半部份雖於上文中節錄過，但爲求完整解讀，仍將之節錄。如《雜阿含經》卷3：

〔註37〕CBETA, T02, no. 99, p. 182, c9-12。
〔註38〕同上註，頁112，c15-17。
〔註39〕CBETA, T02, no. 99, p. 23, c4-6。
〔註40〕同上註，頁236，c6-9。
〔註41〕CBETA, T26, no. 1536, p. 388, b9-14。

> 爾時，世尊告諸比丘：「常當修習方便禪思，內寂其心。所以者何？修習方便禪思，內寂其心已，如實觀察。云何如實觀察？如實觀察此色、此色集、此色滅，此受、想、行、識，此識集、此識滅。
>
> 云何色集？云何受、想、行、識集？比丘！愚癡無聞凡夫不如實觀察色集、色味、色患、色離故，樂彼色，讚歎愛著，於未來世色復生；受、想、行、識……」亦如是廣說。「彼色生，受、想、行、識生已，不解脫於色，不解脫於受、想、行、識。我說彼不解脫生、老、病、死、憂、悲、惱、苦，純大苦聚，是名色集，受、想、行、識集。
>
> 云何色滅，受、想、行、識滅？多聞聖弟子如實觀察色集、色滅、色味、色患、色離，如實知。如實知故，不樂於色，不讚歎色，不樂著色，亦不生未來色。受、想、行、識……」亦如是廣說。「色不生，受、想、行、識不生故，於色得解脫，於受、想、行、識得解脫。我說彼解脫生、老、病、死、憂、悲、惱、苦聚，是名色滅，受、想、行、識滅。」〔註 42〕

本引文說明於五蘊無法如實觀察四諦，也無法如實觀察五蘊的「味」、「患」者，〔註 43〕將產生對五蘊的愛著、讚嘆，亦爲前文所述「生起獨斷性的預想」、「束縛」，是「集諦」的作用，繼之引動十二支緣起，產生未來存在的因；相反地，如實觀察五蘊，以及五蘊的「味」、「患」，對五蘊不生愛著，是於五蘊如實知見四聖諦中的「滅諦」，這樣將不會引動未來存在的十二支緣起，即是滅除輪迴之苦的方法。

滅除輪迴之苦的「道諦」，須方便「修習禪思」以「如實觀察」。引文中「禪定」與「如實知見」，可說是「道諦」的代表。因爲「道諦」即是「滅苦之道」，是爲「八正道」，而「苦」之興起，是由無法「如實知見」而產生愛著，「道諦」的要旨即在於產生「如實知見」以「滅愛著」，此道即爲「八正道」，如《雜阿含經》卷 28：

> 迦摩比丘白佛言：「世尊！寧有道有跡，斷此愛欲不？」佛告比丘：

〔註 42〕 CBETA, T02, no. 99, p. 17, b17-c5。

〔註 43〕 其說明請見下頁圖表。原文爲集滅味患離，不過由於如實知見四聖諦的內容中已包括了「集」與「滅」，外加實踐八正道修習成如實知見是爲「離」，故此處只列出「味」、「患」二者。

「有八正道，能斷愛欲，謂正見、正志、正語、正業、正命、正方便、正念、正定。」〔註 44〕

其中「正見」導引正確努力修行方向，目標爲到達「正當的專注」以及「正當的禪定」，他們皆有助於開展「如實知見」。

上述經文說到，於五蘊如實知見的項目爲對於五蘊的「集」、「滅」、「味」、「患」、「離」如實知見，此處以《雜阿含經》卷 2 的經文〔註 45〕，陳述關於如實知見五蘊的七種面向，列表如下：〔註 46〕

表十四　如實知見五蘊之七處一覽表

	各　　蘊	集	滅	道	味	患	離
色	四大及四大所造	愛喜	愛喜滅	八聖道	因緣生喜樂	無常、苦、變易法	調伏欲貪、斷欲貪、越欲貪
受	六受，眼、耳、鼻、舌、身、意觸生受	觸集	觸滅				
想	六想，眼、耳、鼻、舌、身、意觸生想	觸集	觸滅				
行	六思，眼、耳、鼻、舌、身、意觸生思	觸集	觸滅				
識	六識，眼識，耳、鼻、舌、身、意識身	名色集	名色滅				

此段經文說明以「如實知見」的角度體證五蘊：「色」是「四大」及「四大所造」，它們由於「愛喜」而生，由於「愛喜滅」而滅；「受」、「想」、「行」、「識」等四蘊的生起是因爲「六入處」與「六塵」「接觸」所致，其消失則是因「不再接觸」，因此可如實知見五蘊完全受因緣和合或因緣離散支配。

（三）如實知見六入處緣生五蘊

「六入處」指眼、耳、鼻、舌、身、意等六根，〔註 47〕他們經由接觸各

〔註 44〕CBETA, T02, no. 99, p. 199, a9-11。

〔註 45〕同上註，頁 10, a12-c11。關於此七處如何如實知的細節，見 CBETA, T02, no. 99, p. 10, a5-p. 10, c11。

〔註 46〕由於經文過長，僅將經文敘述「如實知見」五蘊之經過整理列表。

〔註 47〕學界對於佛陀所指的六入處爲何有兩派說法：其一爲將前五入處視爲生理機能，乃身體的一部分，而「意根」代表精神的機能，是生理與心理的交感中樞，印順法師即持此種主張：「先說意：意的梵語，即『末那』（不必作第七識解），是『思量』義。意的特殊含義，有二：一、意爲身心交感的中樞：有情的身心自體，爲六根的總和，除前五色根外，還有意根。意根與五根的關

自相應之境物產生「受」、「想」、「行」、「識」等四蘊〔註 48〕。

五蘊之色蘊構成有形的眼耳等五種對外接受訊息刺激的器官以及從器官、神經系統，一直到精密的大腦組織等物質性的存在，而六入處所生之刺激訊號供給五蘊中之後四者作爲內在心理歷程的資訊，可見五蘊與六入處息息相關，相互依存，當六入處與外境接觸，無法保持「正念」、「正知」〔註 49〕，即在剎那間形成雜染的受、想、行、識，亦即「受陰」或是「取蘊」（巴 *upādāna-kkhandhā*）〔註 50〕，因此專注觀察「六入處」可謂是當下清淨身心的

係，如『中含』『大拘絺羅經』說：『意爲彼（五根）依』。五根是由四大所造成的清淨色，是物質的，屬於生理的。意根爲精神的，屬於心理的。意爲五根所依止，即是說：物質的生理機構，必依心理而存在，而起作用；如心理一旦停止活動，生理的五根也即時變壞。所以五根與意根，爲相依而共存的，實爲有情自體的兩面觀。……二、意爲認識作用的源泉：……六根能發識，所以稱根。平常說：依眼根生眼識，……依意根生意識，這還是大概的解說。精密的說：意根不但生意識，而且還能生前五識。所以凡能生認識的心理根源，都稱爲意根；而從此所生的一切識，也可總名之爲意識。」參見釋印順，《佛法概論》（新竹：正聞，1992），頁 106～107。

惠敏法師認爲六入處的前五者爲色法，不過他們是一種不可見的清淨色：「是物質中極精妙微細而不可以肉眼見的『清淨』（細）色，近於現代生理學所說的視神經等。」參見釋惠敏，〈佛教之身心關係及其現代意義〉，《法鼓人文學報》第 1 期（台北：中華佛學研究所，2004）頁 121。

另一派則如日本學者和辻哲郎：「『眼是無我，是無我的不能說是我的，或說我是它或說我是我』以及『不能認爲眼是我，亦即不能認爲我見色，眼是我所有』已經排除了以眼爲『被見的物』的立場。」由於不可能以單單的兩隻眼睛認爲是「我」，因此他認爲，上述的這兩條引述的經文所說的「眼」，並非指眼睛，而其他前四入處也不是指看得見的耳朵、鼻子、舌頭和身體而言，而是指整個物質與精神統覺的概念。參見和辻哲郎，《原始佛教的實踐哲學》，世界佛學名著譯叢第 80 冊（台北：華語，1988），頁 158～159。

〔註 48〕見上頁整理自五蘊如實知的表格，或 CBETA, T02, no. 99, p. 10, a12-c11。

〔註 49〕《雜阿含經》卷 24：「云何名比丘正智？若比丘去來威儀常隨正智，迴顧視瞻，屈伸俯仰，執持衣鉢，行住坐臥，眠覺語默，皆隨正智住，是正智。云何正念？若比丘內身身觀念住，精勤方便，正智正念，調伏世間貪憂。如是受、心、法法觀念住，精勤方便，正智正念，調伏世間貪憂，是名比丘正念。」見 CBETA, T02, no. 99, p. 174, a14-20。其中「正念」所謂之觀內五蘊即爲本文所陳述之如實觀察五蘊之無常。

〔註 50〕「陰」與「受陰」的差別，如《雜阿含經》卷 2：「爾時，世尊告諸比丘『我今當說陰及受陰。云何爲陰？若所有諸色，若過去、若未來、若現在，若內，若外，若麤、若細，若好、若醜，若遠、若近，彼一切總說色陰。隨諸所有受、想、行、識亦復如是。彼一切總說受、想、行、識陰，是名爲陰。云何爲受陰？若色是有漏、是取，若彼色過去、未來、現在，生貪欲、瞋恚、愚

要務，如《雜阿含經》卷3：

> 云何如實觀察？如實知此色、此色集、此色滅；此受、想、行、識，此識集、此識滅。
>
> 云何色集，受、想、行、識集？緣眼及色眼識生，三事和合生觸，緣觸生受，緣受生愛，乃至純大苦聚生，是名色集。(耳、鼻、舌、身、意內容相同)。
>
> 云何色滅，受、想、行、識滅？緣眼乃至色眼識生，三事和合生觸，觸滅則受滅，乃至純大苦聚滅〔註51〕。(耳、鼻、舌、身、意內容相同)〔註52〕

引文說明所謂的「如實觀察」，是如實觀察五蘊，然而在五蘊顯現的四聖諦是由六入處與外境接觸而生起的，例如五蘊之受蘊的生起是依六入處、外境與識接觸而生，受蘊的消逝是由於上述三者不俱足，可知五蘊的雜染與「於六入處如實知見四諦」有直接關聯，六入處因緣和合而生五蘊之時，洞察「六入處」與「外境」和「識」的因緣和合作用，當因緣和合作用生起時，正念確實覺知它的生起經過；當因緣和合作用離散時，正念也確實覺知它的離散經過，此爲「於六入處如實知見四聖諦」。

能如上述所說這般如實知見六入處生滅的話，則能超越感官作用的表相，體察身心的緣生緣滅過程，見法解脫，如《雜阿含經》卷14：

> 若諸沙門、婆羅門於六入處不如實知，而欲超度觸者，無有是處，觸集、觸滅、觸滅道跡超度者，無有是處。如是超度受、愛、取、有、生、老、死者，無有是處，超度老死集、老死滅、老死滅道跡者，無有是處。若沙門、婆羅門於六入處如實知，六入處集、六入處滅、六入處滅道跡如實知，而超度觸者，斯有是處。如是超度受、愛、取、有、生、老、死者，斯有是處，乃至超度老死滅道跡者，斯有是處。〔註53〕

癡及餘種種上煩惱心法；受、想、行、識亦復如是，是名受陰。』」見CBETA, T02, no. 99, p. 13, b14-22。巴利三藏中相對應之經文則做「取蘊」(巴 *upādānakkhandhā*) 意思是對蘊的執取。

〔註51〕參考上一段色集之部份的話，原文應漏掉了「是名色滅」四個字。

〔註52〕CBETA, T02, no. 99, p. 18, a8-20。

〔註53〕CBETA, T02, no. 99, p. 99, b21-29。

「六入處」為十二支緣起之一，十二支緣起雖然始於「無明」，但輪迴的成立立基於「此有故彼有，此無故彼無」的緣起法則，若「如實知見」則當下生起「明」，止息了「貪愛」，十二支緣起遂轉為「明」的緣起。如本文第三章第二節「對治煩惱」的「厭離」所說：「明生起，無明將被斷捨」。因此當下如實知見五蘊、六入處實為轉迷為悟，轉染成淨的要點。

經由上述「觀」與「如實知見」的討論可知，「觀」必須「如實」，依「如實觀」則可得「如實知」，即如《中阿含經》卷 21：

> 見如實、知如眞。〔註 54〕

如此始能實踐經文所述於五蘊、六入處體證四聖諦，並依此生起厭離。

二、「如實知見」與兩種禪定

根據聲聞修行道次，「如實知見」依於禪定生起，《阿含經》中的禪定又可分為「止禪」與「觀禪」兩種，葛汀（Rupert Gethin）說道：

> 優婆提舍、覺音與世親的古典文獻所記載之解脫道的理論模式，有兩種基本的作法：一個是在轉向修觀之前，禪修者充分修習禪那；另一個是禪修者只在最小的安止基礎上嘗試修觀。〔註 55〕

可見必要程序是先修「止禪」再修「觀禪」，其中又可分為兩種模式：一者是止、觀皆重視，依循此道而成就者是為「俱解脫者」，一為依少量的「止禪」而偏重於「觀禪」，成就者為「慧解脫者」。

（一）俱解脫者之如實知見

俱解脫者專修禪定，於「滅受想定」後成就智慧，如《中阿含經》卷 24〈4 因品〉：

> 復次，阿難！有八解脫。云何為八？色觀色，是謂第一解脫。復次，內無色想外觀色，是謂第二解脫。復次，淨解脫身作證成就遊，是謂第三解脫。復次，度一切色想，滅有對想，不念若干想，無量空處，是無量空處成就遊，是謂第四解脫。復次，度一切無量空處，無量識處，是無量識處成就遊，是謂第五解脫。復次，度一切無量識處，無所有處，是無所有處成就遊，是謂第六解脫。復次，度一

〔註 54〕 CBETA, T01, no. 26, p. 564, a3-4。

〔註 55〕 許明銀譯，魯柏・葛汀（Rupert Gethin）著，《佛教基本通》（台北：橡實，1990），頁 224。

切無所有處，非有想非無想處，是非有想非無想處成就遊，是謂第七解脫。復次，度一切非有想非無想處，想知滅解脱身作證成就遊，及**慧觀諸漏盡知**，是謂第八解脫。阿難！若有比丘彼七識住及二處**知如眞**，心不染著，得解脫，及此八解脫，順逆身作證成就遊，亦**慧觀諸漏盡**者，是謂比丘阿羅訶，名俱解脫。〔註 56〕

上述「八解脫」是修四禪八定，以此得「知如眞」、「慧觀諸漏盡知」，因此依此次第修行而言，修定是如實知見的基礎，如《漢譯・相應》IV, 192：

諸比丘！當增修於定。諸比丘！心具定之比丘，可如實知事物。〔註 57〕

無著比丘（Analāyo Bikkhu）也說：

事實上，定的發展，對於如實知見來說，爲了增長其全部的潛能，是重要的必須物。〔註 58〕

（二）觀禪生起之如實知見

直接修習觀禪的方式，雖然不需修習深遠的止禪，由於安穩的精神狀態確實有助煩惱障礙的消失以及「如實知見」的生起，因此在修觀前亦需修習專注，覺音論師在《清淨道論》說：

有學、凡夫……因爲修習近行定而於（煩惱）障碍中有得利的機會，故得毗婆舍那的功德。〔註 59〕

引文中修習「近行定」與修定的方式相同，只是未到達安止的程度，這程度很難說明，也許可以以未生起初禪的五禪支爲界線，而修習專注均對於五蓋的抑制有成功的可能，故可趁刹那的安穩心實現內觀。引文之「毗婆舍那」（巴 *vipassanā*）即「內觀」，這個語詞並無出現於漢譯《阿含經》中，多出現於論或注釋書，是佛教流傳過程中意指此法的異名，〔註 60〕同樣源於《阿含經》

〔註 56〕CBETA, T01, no. 26, p. 582, a17-b4。

〔註 57〕巴利本之原文爲：*Samādhiṃ, bhikkhave, bhāvetha. Samāhito, bhikkhave, bhikkhu yathābhūtaṃ pajānāti..*（SN.35.159）試譯如下：修習定吧！諸比丘啊！入定的比丘如實地了知。……

〔註 58〕Anālayo, 2009. *From Craving to Liberation*, p.133, Malaysia ∶ SBVMS Publication.

〔註 59〕覺音著，葉均譯，《清淨道論》（高雄：正覺佛教會，2002），頁 374。

〔註 60〕毘婆舍那一詞於《阿含經》中不曾出現，在漢譯的阿毘曇文獻中出現的次數也不多，僅於《善見律毘婆沙》中可見到其身影，然在中國後出的論述中，則多有出現。南傳修行中，內觀修行的方式是以覺音（Buddhaghosa）的《清

與南傳巴利三藏中以五蘊、六入處為所緣，觀察其為「無常」、「無我」的方法，因為以身心為主要觀察對象，此法又被稱為「內觀」。另外，南傳之《心義燈釋》（巴 *Sāratthadīpanī-ṭīkā*）說：

> 因為「一心」是幼小毘婆舍那的親近所依緣。〔註61〕

「一心」（巴 *citta-eka-gatā*），意為「心集中於一」，注意力專注於一點之上，這可以指安止定，也可以指近行定。另外，如《善見律毘婆沙》卷10〈舍利弗品〉：

> 因第一禪故，調心柔忍，而起毘婆〔註62〕毘婆舍那（漢言觀苦、空、無我）。因此觀故，斷諸煩惱得阿羅漢果。〔註63〕

引文是說由於進入初禪，心被調伏得很柔軟，能忍，以此生起毘婆舍那，也就是觀苦、空、無我，根據這種觀察，能夠斷除所有煩惱而成就阿羅漢。

上述引文對觀禪中生起毗婆舍那的定，分別有近行定，也有一禪，主張並不一致，《雜阿含經》之《須深經》〔註64〕則記載此觀禪完全不需修習禪定，

淨道論》的模式被實施，如 Lance Cousins 認為：「相對而言，內觀修行，作為一種修法，可能是在某種程度上以典籍為依據的一種復興運動。（當然，它向來是『止的修行』的附屬物，為進階修行者所修習。）事實上，我們可以說得更明確，它主要的出處是覺音（Buddhaghosa）的註釋書，尤其是《清淨道論》（*Visuddhimagga*）。」見 Lance Cousins 著，溫宗堃譯，〈內觀修行的起源〉，《正觀》（南投：正觀，2004），頁181。雖說如此，但是也正如作者在同文結尾所說：「最近 Johannes Bronkhorst 和 Tilman Vette 因不同理由而認為禪那（*jhānas*）可能是佛教修行的原始核心。有趣的是，這觀點與許多當代佛教詮釋者的觀點是相反的。就那些詮釋者而言，內觀的方法才是佛教獨有的發明——是佛陀對前人所知的補充。……如果我們並未精確地知道佛陀之前已有的情形，如果在佛陀在世時與般涅槃之後，不同的教學發展必然發生，那麼，我們很難說佛陀本人到底教了什麼。無疑地，像許多教師一樣，他會希望他的弟子以創造性的、且有效的方式去發展他原本的教學。佛教後來的歷史正足以證明這種情況。無論如何，我們可以說的是：在印度和其他地方，就大多後來的佛教傳統而言，典型的佛教進路是綜合的，它試圖將不同的進路結合在較高遠的理想中。」（同本註引書出處，頁208～209）此種狀況可能必須使用證實是否為佛法的「三法印」來對之加以檢視，據此來講這「內觀」無疑是一種佛法的修行。註中所說 Johannes Bronkhorst 的作品為 *The two traditions of meditation in India,* stuttfart, 1986；而 Tilman Vette 的作品為 *The ideas and medative practices of early Buddhism,* Leiden：E.J.Brill, 1988。

〔註61〕*Sāratthadīpanī-ṭīkā* Vol.1, p.194: "*Cittekaggatā hi taruṇavipassanāya upanissayapaccayo hoti.*"

〔註62〕此「毘婆」二字疑為誤抄。

〔註63〕CBETA, T24, no. 1462, p. 744, a14-17。

〔註64〕CBETA, T02, no. 99, p. 96, b25-p. 98, a12。

藉由直接觀察五蘊、六入處之「無常」、「苦」、「無我」，可成爲慧解脫阿羅漢，然而《雜阿含經》爲說一切有部所傳，除此經之外，並無任何經文支持全然不用修習禪定之說法，因此這「完全無禪定而成就慧解脫阿羅漢」的理論可能是說一切有部自家的觀念，可供比對的是在上座部的觀念中，「直接修觀禪者」是說仍未證色界禪定，就轉而修習觀禪者〔註 65〕。這兩個不同部派的論師雖對於修觀所需修證之禪定層次各有所宗，但都不否認觀禪的存在，可知「慧解脫阿羅漢」可被視爲是不同部派之間的共識，可能代表著此乃源自於部派未分裂前的通教，後來各派認爲觀禪需要不同程度的止禪爲基礎，則可視爲分裂後各派的說法，〔註 66〕像這樣的觀念與修行方式上之分歧一直存在。〔註 67〕

綜合上述討論可知，無論採取二者中哪種法門，無論慧解脫者是否修習禪定，「如實知見」的生起條件都被認爲需要先達到精神狀態的專注與平靜，才能使精神狀態清明，以透澈掌握心的狀況。關於觀禪是否達到安止的狀態，葛汀也認爲：

> 觀禪的頂點也同樣是安止與舒適的狀態，是禪那之一或是近行定。〔註 68〕

這是針對直接修習觀禪的觀點，顯示在直接修習觀禪的過程中，心必須處於安止與舒適的狀態，只是沒有修止禪者來得深入，而在觀禪的頂點，也

〔註 65〕「依上座部傳統解釋，我們只能說乾觀者『沒有證得色界禪那』」；「事實上，除了《須深經》之外，說一切有部所傳的漢譯《阿含經》中尚有不少經文明確指出：禪那不是證得阿羅漢的先決條件。」見溫宗堃，〈須深經的傳本及南傳上座部對須深經慧解脫阿羅漢的理解〉，《中華佛學研究》第 8 期（台北：中華佛學研究所，2004），頁 16。

〔註 66〕「不同部派對某教理的理解若有一致性，則該教理屬於印度早期佛弟子共同承認的佛法，因而很有可能是傳承自佛陀親說。……若說一切有部、上座部、大眾部等部派皆承認『無禪那慧解脫』的可能性，則此『無禪那慧解脫』的思想可能是共同紹承自部派未分裂前的傳承，因而可能是佛陀親說。」同上註，頁 22。

〔註 67〕以目前盛行於東南亞的上座部的三個禪修系統爲例，即可看出此分歧點至今仍然存在：馬哈希禪師（Mahāsi Sayādaw）、葛印卡（S. N. Goenka）、帕奧禪師（Pa Au Sayādaw），對修止的要求仍各執一詞，其中馬哈希禪師的內觀訓練不進行正規的止禪修練，葛印卡系統的十日禪則以前三天修止禪，帕奧禪師的系統則是最強調止禪的修習，認爲應依《清淨道論》的每個業處修習四種禪那。見無著比丘，〈上座部禪觀的原動力〉，《法鼓佛學學報》第 7 期（台北：法鼓佛教學院，2010），頁 3～5。

〔註 68〕許明銀譯，魯柏・葛汀（Rupert Gethin）著，《佛教基本通》（台北：橡實，1990），頁 224。

將會是處於一個安止而舒適的狀態。

（三）止禪與觀禪生起如實知見之原因

為何必須要以專注的精神狀態為基礎，「如實知見」才得以顯現？原因有三：

1. 專注有助於覺察

由於沒有處於精神專注狀態下，不足以覺知種種心理狀態的改變。如《增壹阿含經》卷4〈9 一子品〉：

> 爾時，世尊告諸比丘：「我不見一法疾於心者，無譬可喻，猶如獼猴捨一取一，心不專定。心亦如是，前想、後想所不同者，以方便法不可摸則，心迴轉疾。是故，諸比丘！凡夫之人不能觀察心意……」〔註69〕

本經文說明心的運作是最為快速的，除了快速之外，其變化還是多樣不一的，如同在枝頭攀跳的獼猴，一下子跳到這棵樹上，一下子又攀到另一棵樹去，所以一般人無法觀察心的變化，因此要確實覺察心的生滅則必須先集中精神。

2. 禪定有助消除五蓋

心的作用無法被觀察，除了變化多端又快速之外，則是由於「五蓋」的影響。如《雜阿含經》卷26：

> 爾時，世尊告諸比丘：「有五障、五蓋，煩惱於心，能羸智慧，障閡之分，非明、非正覺，不轉趣涅槃。何等為五？謂貪欲蓋、瞋恚蓋、睡眠蓋、掉悔蓋、疑蓋。」〔註70〕

南傳《相應部》的一則經文中以水為喻，說明一般狀態下的「心」無法清明、平穩，如同一缽水被「放入不同顏色的染料」，或是「以火煮沸」，或是「被苔草所覆蓋」，或是「被風吹動而起波紋」，或「被混入泥沙並攪拌且置入陰暗處中」，這樣的水無法清澈透明，心若處於五蓋的狀態則如同此水，無法清明與平靜。因此，要讓心達到安穩，必須要去除此五蓋。覺音論師引述《分別論》，認為進入初禪條件之一的「離不善法」，此「不善法」所指即為五蓋。〔註71〕

〔註69〕CBETA, T02, no. 125, p. 562, c3-7。

〔註70〕CBETA, T02, no. 99, p. 189, c15-18。

〔註71〕水喻者，見SN. 46,55. Sāṅgarava。另外，「依照《分別論》中，『什麼是不善？即欲欲（瞋恚、惛沉睡眠、掉舉惡作、疑）』等的說法，乃表示以五蓋為禪支所對治的，故說五蓋為不善。因為五蓋是禪支的反對者，所以說只有禪支是

3. 禪定可鎮伏欲望

道次第中說明「如實知見」以禪定爲基礎，然而爲何禪定的修習會生起「如實知見」？如《雜阿含經》卷 17：

> 然，優陀夷！有二受，欲受、離欲受。云何欲受，五欲功德因緣生受，是名欲受。云何離欲受？謂比丘離欲、惡不善法，有覺有觀，離生喜樂，初禪具足住，是名離欲受。〔註 72〕

引文是說有兩種感受：「欲受」與「離欲受」。「欲受」是五根與其對應之五種外境接觸後生起合意感受，繼而生起欲望的心受，這是「欲受」；「離欲受」是遠離欲望，遠離邪惡，去除五蓋，能夠專注所緣，因此離開欲望及五蓋，身心生起喜樂，具足初禪的條件，並住於初禪，這是爲「離欲受」，可知禪定的修習能夠達到「離欲」的狀態。

依此可知「欲受」是六根與外境接觸時，生起合意的感受，在心中繼之生起欲望，此處的欲受，若接觸的外境不同，則可能另外生起「恚受」、或是「懼怕受」、「悲哀受」等等；「離欲受」則爲進入初禪後的感受，是遠離了欲望、五蓋而來。印順法師認爲：

> 依戒生定，是在三業清淨的基礎，修得清淨的禪定（三昧、瑜伽等大同小異），爲內心體驗必要的修養法。……習定的方法，儘可不同，但大抵調身、調息、調心，使精神集中而歸於平靜。這有一重要事實，即修習禪定，必以離欲爲先。如貪戀一般的現實生活，那是不能得定的……〔註 73〕

從上述經文與論說可知，修定必須先遠離容易引起欲望的環境，〔註 74〕經由配合持戒使得精神狀況容易專一，進而能夠離欲。藉由修習至初禪，遠

他們（五蓋）的對治者、破壞者及滅殺者。」覺音（Buddhaghosa）著，葉均譯，《清淨道論》（高雄：正覺佛教會，2002），頁 141；又於同書 142 頁說：「『離諸不善法』一句是說五蓋的鎮伏離。」

〔註 72〕CBETA, T02, no. 99, p. 124, a27-b2。

〔註 73〕釋印順，《佛法概論》（臺北：正聞出版社，1992），頁 229。

〔註 74〕《中阿含經》卷 36〈2 梵志品〉：「彼已成就此聖戒聚，及極知足，守護諸根，復正知出入，善觀分別，屈伸低仰，儀容庠序，善著僧伽梨及諸衣鉢，行住坐臥，眠寤語默，皆正知之。彼已成就此聖戒聚，及極知足，守護諸根，正知出入，復獨住遠離，在無事處，或至樹下空安靖處、山巖石室、露地穰積，或至林中，或在塚間。彼已在無事處，或至樹下空安靜處，敷尼師檀，結加趺坐，正身正願，返念不向，斷除貪伺，心無有諍，見他財物諸生活具，不起貪伺，欲令我得，彼於貪伺淨除其心。」見 CBETA, T01, no. 26, p. 657, c9-19。

離欲樂或不善的心理狀態，按照修習禪定之法，注意力集中，達到離欲，則能覺知六入處與外境接觸所生之刺激但不生欲望，同時有能力持續保持著覺知，覺察內心的因緣生滅，如此對外境於內在五蘊與六入處生起的因緣變化，可以「如實知見」。

這樣的話，對於這些變化將覺察得既深刻又輕鬆，深刻是由於精神專一，故能深刻體驗身心變化無常的實相；輕鬆則是由於貪、瞋等因外界刺激而來的煩惱都被鎮伏住，一般心態之下的無明此時無法發揮，故對於此等變化的體驗並非好惡無明取向，而是純然覺察該狀態從發展到消失的過程，這可說是「禪定」生起「如實知見」之原理。

上述對於「如實知見」的生起以及作用做了許多的陳述，可知「如實知見」的重要性，不過，說明「如實知見」的經文也如同「觀」的經文，沒有明確說明是依據什麼而能夠「如實知見」。

第四節　「正念」的詮釋

上述雖然說明了「觀」與「如實知見」的作用與重要性，但是均沒有說明對所緣進行觀察者究竟為何，此處舉出「正念」、「正知」的經文，說明「觀」與「如實知見」對所緣所進行的觀察，是以「正念」來進行的。如《雜阿含經》卷 11 說：

> 善男子難陀勝念正知者，是善男子難陀觀察東方，一心正念，安住觀察；觀察南、西、北方，亦復如是，一心正念，安住觀察，如是觀者，世間貪、愛、惡不善法不漏其心，**彼善男子難陀覺諸受起，覺諸受住，覺諸受滅，正念而住，不令散亂，覺諸想起，覺諸想住，覺諸想滅，覺諸覺起，覺諸覺住，覺諸覺滅，正念心住，不令散亂，是名善男子難陀正念正智成就。**〔註 75〕

從上引經文可知，是以「正念」去察覺諸「受」之生起、停留與散滅；察覺諸「想」之生起、停住、散滅；察覺諸「覺」之生起、停留與散滅，可知本經說明對於五蘊及六入處的觀察須利用的是「正念」。「正知」往往與「正念」共同出現，如《相應部》：

> 比丘們！何謂比丘正念？比丘們！比丘於身隨觀身住，精進正知，

〔註 75〕CBETA, T02, no. 99, p. 73, b20-28。

具念調伏於世間貪憂；於受……於心……於法隨觀法住，精進正知，具念調伏於世間貪憂，比丘們！如此爲比丘正念。〔註 76〕

比丘們！何謂比丘正知？比丘們！當比丘進退時正知，當前視後視時正知。當屈伸時正知。僧伽梨衣、持缽、持法衣時正知。吃喝所吃所嘗時正知，大小便時正知，行立坐睡醒語默正知。比丘們！這樣是正知。〔註 77〕

上述專注觀察身受心法四種所緣之法門被稱爲「四念處」（巴 *satipaṭṭhāna*），此法將吾人身心運作以粗、細、內、外分爲身（體）、（感）受、心（的運作）、（諸）法四者，以此四者爲所緣以正念觀察，漸次將專注觀察能力訓練得敏銳而細微，即能於生活中如實知見生滅無常的五蘊及六入處。正念正知也就是說以正念時刻覺知身心狀態的改變。

擁有這樣的能力後，又由於基礎於精神專注所保持的無欲狀態，即可著眼於所有被觀察之精神面是爲一連串之因緣和合與生滅，轉變固有習於分別好惡的傾向，對於不同的外境所引起的心理運作歷程可以視爲一致，無有分別。止禪則先以業處爲修習對象，進入禪定，而在到達安止狀態後，自然如實知見身心變化之「無常」、「苦」、「無我」。〔註 78〕

「正念」的巴利語是爲 *sammā sati*，其中「念」（巴 sati）即是「專注」（mindfulness）〔註 79〕，是想蘊的功能之一，Kwan, Tse-fu 將「念」分爲四種，

〔註 76〕原文爲：*Kathañca bhikkhave bhikkhu sato hoti? Idha bhikkhave bhikkhu kāye kāyānupassī viharati. Ātāpī sampajāno satimāvineyya loke abhijjhādomanassaṃ. Vedanāsu…… Citte……. Dhammesu dhammānupassī viharati. Ātāpī sampajāno satimāvineyya loke abhijjhādomanassaṃ. Evaṃ kho bhikkhave bhikkhu sato hoti.*（SN V.142）

〔註 77〕原文爲：*Kathañca bhikkhave bhikkhu sampajāno hoti? Idha bhikkhave bhikkhu abhikkante paṭikkante sampajānakārī hoti ālokite vilokite sampajānakārī hoti. Sammiñjite pasārite sampajānakārī hoti. saṅghāṭi patta-cīvara-dhāraṇe sampajānakārī hoti. Asite pīte khāyite sāyite sampajānakārī hoti. Uccārapassāvakamme sampajānakārī hoti. Gateṭhite nisinne sutte jāgarite bhāsite tuṇhībhāve sampajānakārī hoti. Evaṃ kho bhikkhave bhikkhu sampajāno hoti.*（SN V.142）又如《雜阿含經》卷 24：「云何名比丘正智？若比丘去來威儀常隨正智，迴顧視瞻，屈伸俯仰，執持衣鉢，行住坐臥，眠覺語默，皆隨正智住，是正智。」（CBETA, T02, no. 99, p. 174, a14-16）

〔註 78〕見楊郁文，《阿含要略》（台北市：法鼓文化，2005），頁 206。或許明銀譯，魯柏・葛汀（Rupert Gethin）著，《佛教基本通》（台北：橡實，1990），頁 215。

〔註 79〕T.W.Rhys Davids & William Stede, 1986, *Pali-English Dictionary*, London, The Pali Text Society, reprinted, p.672b.

分別是：

1. 單純的知覺（simple awareness）
2. 守護的覺知（protective awareness）
3. 內省的覺知（introspective awareness）
4. 刻意形成的覺知（deliberately forming awareness）〔註 80〕

利用想蘊之專注力對五蘊及六入處進行觀察的這種「念」，接近此四者中「守護的覺知」（proctive awareness）與「內省的覺知」（introspective awareness），如《雜阿含經》卷 9：

多聞聖弟子眼見色已，於可念色不起緣著，不可念色不起瞋恚；常攝其心住身念處，無量心解脫、慧解脫如實知，於彼所起惡不善法寂滅無餘，於心解脫、慧解脫而得滿足；解脫滿足已，身觸惡行悉得休息，心得正念，是名初門善調伏守護修習，如眼及色。耳聲、鼻香、舌味、身觸、意法，亦復如是。〔註 81〕

「可念色」是會引起喜貪的容貌或物質，「不可念色」是引起瞋恚的容貌或物質，引文中「可念色」與「不可念色」之「念」與精神專注之「念」的用法不同，爲了不生起貪、瞋，因此以身體爲專注的所緣。「正念」近於「專注」，不隨著外境的「可念色」與「不可念色」而起貪瞋，又爲「守護的覺知」。又如《雜阿含經》卷 13 所說亦同於此：

見色不取相，其心隨正念，不染惡心愛，亦不生繫著。〔註 82〕

另一種精神狀態則是「失念」，是注意力不集中之意，「念」不完全或無法專注一段時間於所緣的話，當感受生起，無明機制隨之啓動，一旦享受於合意感，那麼當合意感消失則覺得空虛、悲哀；反之，則呈現爲厭惡，據此生起憂、悲、惱、苦等情緒反應。此爲一般心理狀態下的認織作用，不具內省覺知能力。總之，不能專注身心狀態的生起及消失，則容易因爲感受而引發情緒。如《雜阿含經》卷 13：

若耳聞諸聲，心失於正念，而取諸聲相，執持而不捨。鼻香舌甞味，身觸意念法，忘失於正念，取相亦復然。其心生愛樂，繫著堅固住，起種種諸愛，無量法集生。貪欲恚害覺，退減壞其心，長養眾苦聚，

〔註 80〕Kuan, Tse-fu. 2008. *Mindfulness in Early Buddhism*. New York: Routledge, pp. 41-56.

〔註 81〕CBETA, T02, no. 99, p. 64, a29-b7。

〔註 82〕CBETA, T01, no. 26, p.90, a26-28。

永離於涅槃。〔註83〕

本經說明「正念」是染淨的樞紐，具有防止不善情緒生起的功能。「正念」的培養，在於運用戒、定的訓練收攝散亂的精神狀況，使心維持於專注。

從上述討論可知「觀」、「如實知見」以及「正念」是以不同的層面講述這智慧法門，我們也可以將此三者合併起來：「以正念如實觀察」，即是以「正念」專注觀察身心各種變化，即能如實地認識身心運作皆爲因緣生滅。

第五節　以「如實知見」檢視「厭離」

上文說明「觀」、「如實知見」以及「正念」其實在敘述相同的內觀技巧，只是面向各有差異，本節以「如實知見」爲代表，說明這種內觀法門所生起的「厭離」屬性究竟爲何。

一、如實知見爲認識作用

由上述討論可知，「如實知見」並非等同於一般言語交談、感官接觸對訊息的記憶或見解，也不是研讀資料後累積知識，經思維而形成的觀點，它可說是除去「主觀立場」、「獨斷性的預想」對六根所接收的刺激，以及此刺激所引起的體驗，無著比丘認爲：

> 它（如實知見）始於一個決定性的內觀，憑藉著一個發展程序達到全部的實現。……可以清楚地得到一個結論：像這樣的根據眞理而來的知識與洞見，並非只是一種理智上的欣賞，或評價……全然地發展了根據眞理而來的知識與洞察力，遠遠超過於此。
>
> 事實上，在絕大多數的例子中，知識與洞察力是一個超越正常的型式，其已超越生理的眼睛所能理會的。〔註84〕

字面或理解上的認同五蘊、六入處是「因緣所生」、「無常」、「苦」、「無我」，只是思維邏輯上認爲合理，要能夠以般若智慧斷除煩惱，必須身體力行，實修戒、定，始可以此爲基礎見到生滅實相。以下遂將此「如實知見」與「一般認識作用」列表比較：

〔註83〕CBETA, T01, no. 26, p. 90, b3-10。

〔註84〕Anālayo, 2009. *From Craving to Liberation*, Malaysia：SBVMS Publication, p. 126.

表十五　如實知見與一般認識作用異同比較表

	如　實　知　見	一　般　認　識　作　用
基礎	五蘊、六入處	五蘊、六入處
認知	以「念」觀察、六根認識作用與五蘊的無常、無我自性	六根接觸六境的感官功能運作，生六受、六想、六思、六識
前見	不受前見影響	以前見爲基礎認識外界，並產生情緒
生起	厭離	喜、怒、哀、樂、憂、悲、惱、苦等情緒
分別與否	無分別	分別好惡
前路	入流向或入流者/聖者	白衣／六道輪迴

由此表可知「如實知見」與「一般認識作用」同樣爲認識作用，二者之心理運作過程同樣由六入處與外境接觸，不同之處在於「一般認識作用」因爲精神狀態不集中〔註 85〕而無法見到身心變化，因此引動無明，生起喜怒哀樂等情緒。「如實知見」則是離五蓋、鎮伏欲望後以「正念」觀察五蘊及六入處的生滅現象，此二者既然同是認識作用，二者所生起者應該同樣屬於情緒，

〔註 85〕此處引述關則富所說：「Robert J. Sternberg（2009：124）綜合許多學者的意見（De Weerd, 2003a；Duncan, 1999；Motter, 1999；Posner & Fernandez-Duque, 1999；Rao, 2003）把注意力定義爲：注意力（attention）是我們從大量訊息（information）當中，主動處理其中的有限訊息的方法，此大量訊息得自我們的感官、我們儲存的記憶以及其他的認知歷程（cognitive processes）。」此外，他還如此說明：「注意力是一種方法，藉此方法把心理資源導向某片刻最突出的訊息（informat ion）和認知歷程（cognitive processes）。」在佛典中有一個與心理學的「注意力」相當的概念，那就是「作意」（巴利語名詞 *manasikara*，動詞現在式第三人稱單數 *manasikaroti*）。……覺音論師在《清淨道論》（*Visuddhimagga* , p.466）與《法集論》（*Dhammasangani*）的註釋書《殊勝義》（*Atthasalini*, p.133）中對於「作意」有如下解說：此中，「調節對象者」被稱爲「作意」是因它造作對象於意中。其特點是使相關的心理要素趨向對象；其作用是使相關的心理要素與對象結合；其顯現是面向對象；以對象爲近因。它是行蘊所攝。因爲能調節對象，所以應被視爲相關的心理要素的駕御者。我們可以發現，佛教學者對「作意」的這番解釋與心理學家對「注意力」的定義相符合。覺音論師所說的相關的「心理要素」相當於 Sternberg 所說的「心理資源」。覺音所說的「趨向」、「結合」、「面向」即是 Sternberg 所說的「導向」。覺音所說的「對象」相當於 Sternberg 所說的「訊息」。覺音所說的「調節對象」不啻 Sternberg 所說的「主動處理大量訊息中的有限訊息」。對象可以有很多，但「作意」能調節對象，只特別處理某些對象，猶如在內心造作出某些特定對象，所以佛典稱之爲「作意」。參見關則富，〈注意力在認知歷程的作用——佛教與心理學的比較研究〉，《佛學與科學》（台北：圓覺文教基金會，2010），頁 39～40。

故可出步推知「厭離」可歸類於情緒之範圍。

二、「厭離」（巴 *nibbidā*）爲「中立的情緒」

上小節說明「厭離」可歸於情緒之類，而「厭離」是怎樣的情緒？若根據本章對於「如實知見」所做的討論，「如實知見」所生之「厭離」由於下列三點因素，可視爲中立的情緒。

（一）從如實知見為認識作用可知

根境識因緣生觸，由此觸而生起三種不同面向的心理作用，分別是「受」（感受）、「想」（認識作用）及「行」（意志作用），從上一小節可知，施行「如實知見」者與「一般認識作用」同樣地經由根、境、識因緣生觸，觸生起「身受」與「心受」，在路徑、程序上並無差別，一般人根據原本的身心結構設定，以自我爲中心去知見、去感受外界與六根的因緣和合，若不合己意者，則產生不善的情緒。

達到如實知見者的身心構造與常人無異，不過是由於禪定，正念正知而如實知見表面各異的現象，其本質爲因緣和合，故外在的美醜、粗細、遠近、大小等差別在其中認知中已消失，只著眼這些外境在自身內心的生滅之共相觀察，故這些經驗外表看似不同，但無論怎樣的外境接觸在內心起的變化總是因緣生滅。下表即以關則富所繪身心關係圖〔註 86〕爲基礎所增加繪製之如實知見身心狀態下之「受」、「想」及「行」相互關係圖。

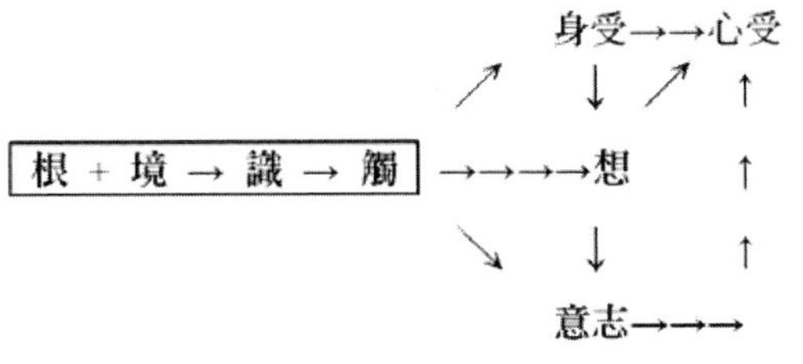

圖四　如實知見者的「感受」、「想」與「意志」生成過程圖

上圖說明「根」、「境」、「識」生「觸」，「觸」生「身受」，同時也生起「想」與「行」（意志），其中「想」由於「正念」而「如實知見」，專注因緣生滅，

〔註 86〕關則富，〈注意力在認知歷程的作用——佛教與心理學的比較研究〉，《佛學與科學》（台北：圓覺文教基金會，2010），頁 39。

故影響了「行蘊」確定身心的無常無我，它也連帶影響了「心受」，即為情緒，由於此時不存在任何個人的偏好，可知是一種「中立的情緒」，或可說此時的情緒沒有任何傾向，這即為「厭離」。

（二）由專注影響情緒可知

根據精神分析研究者 Easterbrook 和 Wachtel 的研究顯示，個體在焦慮不安的情況之下，注意廣度會變狹窄；Callawa 和 Thompson 的研究顯示個體在情緒高昂或焦慮不安的情況下，交感神經的活動增加，而輸入外界刺激的閥也因此升高，表示對外界刺激的知覺隨之減少；McGhie 的研究指出，個體在情緒高昂的狀況下，腦下部的網狀體過分激動，以致腦下部和腦皮質部失去均衡，造成抑制作用的喪失，而破壞選擇性的注意。〔註 87〕上述三個實驗皆說明「情緒」與「專注力」的反向關係：當情緒激動之時，專注力將會降低；反之，當專注力提升時，情緒趨於平穩。

由於訓練專注力的提升有降低不善情緒波動的效果，因此美國麻省大學醫學中心推行的「正念減壓療法」（Mindfulness-Based Stress Reduction）及「正念認知療法」（Mindfulness-Based Cognitive Therapy）為輔助療程，這是第一個以念處的要素形成這套輔助療法以降低不善情緒的機構；〔註 88〕此外，達賴喇嘛自西元 1987 年起陸續地與西方各領域之科學精英對談，其內容主要探討佛教與各科學領域之關連性，其中關於禪修與破壞性情緒的相關臨床實驗顯示，禪修對於降低破壞性情緒有很大的幫助。〔註 89〕西方也出現了將內觀的修行與情緒療癒結合的著作，〔註 90〕台灣也有將此方式實施於受刑人者，如綠島監獄舉辦過「內觀班」，〔註 91〕另有研究顯示，「正念」與幸福感有極大的關係，專注時其幸福感也增高，不善情緒會變低。〔註 92〕

〔註 87〕此三個研究成果引述自梅錦榮，《焦慮程度與認知的控制》，（台北：台灣大學碩士學位論文 1971），頁 13～14。

〔註 88〕溫宗堃，〈佛教禪定與身心醫學——正念修行的療癒力量〉，《普門》第 33 期，頁 9～49（高雄：普門學報，2006），頁 2～7。

〔註 89〕越建東，〈科學與佛教的對話：禪修與科學〉，《哲學與文化》第 35 卷，第 6 期（台北：哲學與文化月刊社，2008），頁 105～113。

〔註 90〕Chris Mace, 2008, *Mindfulness and Mental Health*, New York: Routledge; 另有 H.S.S.Nissanka, 1993, *Buddhist Psychotherapy*, Delhi : Pashupati.

〔註 91〕「在實施後受刑人之操行有改善：特別是違規律有明顯的差別，接受內觀療法受試者違規率為 4%，一般受刑人為 35%」，見周柔含，〈日本內觀的實踐〉，《臺灣宗教研究》第九卷第一期（新竹：臺灣宗教學會，2010），頁 132，註 9。

〔註 92〕楊淑貞、林邦傑、沈湘縈，〈禪坐之自我療癒力及其對壓力、憂鬱、焦慮與幸

可知「如實知見」即是以持續的專注力生起的「正念」，觀察身心諸法生滅，由於極爲專注，原本處於一般認識作用下應當會焦慮不安、憂、悲、惱、苦這類負面情緒不再生起，或可說情緒處於中立的狀態，此即爲「厭離」。

（三）如實知見以離欲之禪定為基礎

「如實知見」生起於禪定或未到定，它們是由於修習專注而得，由於以離欲的禪定爲基礎，所以在內觀之時不被五蘊或六根作用所左右，如此亦導致了情緒、意志上維持於不偏不倚的狀態。

第六節　「厭離」在修行上的意義

煩惱斷除程度是檢視聖者階位的標準，入流者須陀洹（巴 *sotāpanna*）的標準爲斷除身見（巴 *sakkāya-diṭṭhi*）〔註 93〕、戒禁取（巴 *sīlabbata-parāmasa*）及疑（巴 *vicikicchā*）；二果斯陀含（巴 *sakadāgāmī*）爲五下分結斷（巴 *pañcorambhāgiya-saṁyojanāni*），修行終極目標是完全斷除煩惱，成就此者爲阿羅漢（巴 *arahant*），而「厭離」者又歸於哪個位階？《阿含經》沒有說明，只有《大毗婆裟論》認爲厭離爲欲界最高心所，以下說明得「厭離」者必已達到聲聞四果之入流位階，另外，也有經文顯示修得「厭離」者，已經是達到解脫狀態的聖者，以下分三方面討論。

一、得厭離者已入流

若先以這種「厭離」之對等巴利語 *nibbidā* 來理解的話，在 *Pali-English Dictionary* 中對於 *nibbidā* 說明如下：

> 厭離是到達涅槃的預備且必要的狀態。〔註 94〕

福感影響之研究〉，《玄奘佛學研究》第 7 期（新竹：玄奘大學，2007），頁 69 中提到禪坐是自我療癒的有效途徑，其因素包括了七覺支及正念、內在覺察與慈悲，此中皆談到正念的作用。

〔註 93〕「三結」中的「身見」，即認爲抱持五蘊是常存「我」之想法者，如《雜阿含經》卷 21：「長者！愚癡無聞凡夫見色是我、色異我、色中我、我中色，受、想、行、識見是我、識異我、我中識、識中我，長者！是名身見。」見 CBETA, T02, no. 99, p. 151, a23-26。

〔註 94〕參見 T. W. Rhys Davids & Whilliam Stede. *The Pali Text Society's Pali-English Dictionary*. reprinted, London, The Pali Text Society, 1986, p.365。原文如下：*N.*（按：*nibbidā*）*is of the preliminary & conditional states for the attainment of*

須陀洹、斯陀含及阿那含等已入流的狀況，即是達到阿羅漢聖果之前預備且必要的狀態。這樣簡單的推論能夠作爲「得厭離者已等同於入流者」的一種暗喻。

（一）以經文暗喻得知

在此舉《雜阿含經》200經爲例，說明修得「厭離」者乃已證「入流果」之聖者：

> 爾時，尊者羅睺羅……白佛言：「善哉！世尊！爲我說法……」爾時，世尊觀察羅睺羅心，解脱慧未熟，未堪任受增上法。……佛告羅睺羅：「汝當爲人演說五受陰。」爾時，羅睺羅受佛教已，於異時爲人演說五受陰……爾時，世尊復觀察羅睺羅心，解脱智未熟，不堪任受增上法……佛告羅睺羅：「汝當爲人演說六入處。」爾時，羅睺羅於異時爲人演說六入處……爾時，世尊觀察羅睺羅心，解脱智未熟，不堪任受增上法……佛告羅睺羅：「汝當爲人演說尼陀那法〔註95〕。」爾時，羅睺羅於異時爲人廣說尼陀那法已……爾時，世尊復觀察羅睺羅心，解脱智未熟……廣說乃至告羅睺羅言：「汝當於上所說諸法，獨於一靜處，專精思惟，觀察其義。」爾時，羅睺羅受佛教勅，如上所聞法、所說法思惟稱量，觀察其義，作是念：「此諸法一切皆順趣涅槃、流注涅槃、後住涅槃。」爾時，世尊觀察羅睺羅心，解脱智熟，堪任受增上法。告羅睺羅言：「羅睺羅！一切無常。何等法無常？謂眼無常，若色、眼識、眼觸……」〔註96〕

佛陀對羅睺羅教示五蘊、六入處、尼陀那法門，而後羅睺羅知此三法門皆「順趨涅槃，流注涅槃，後住涅槃」，佛陀也知其解脱智已純熟，堪任受增上法，因而教示他「一切無常，何等法無常？謂眼無常，色、眼識、眼觸無常……」的道理，後來羅睺羅專精思維，不放逸，證得阿羅漢的境界。

據此可知內觀五蘊、六觸入處可「順趨涅槃，流注涅槃，後住涅槃」，暗示此法可入流，因爲「順趨涅槃」，即是「順流而下那樣地趨向涅槃」，而「流注涅槃」則爲「如同水向下流那樣地注入涅槃」，這樣的形容與說明修行入聲

Nibbāna……

〔註95〕此謂「緣起法門」，即闡述並親見十二支緣起。

〔註96〕CBETA, T02, no. 99, p. 51, a16-c2。

聞道聖者之流的「入流」（巴 *sotāpanna*）一詞相當類似，「入流」就是「入聖者之流」，其中亦有入此流者終將會循流而入涅槃之意。這樣的線索，說明著凡觀察五蘊、六入處而成就無常、無我觀者，即「順趨涅槃，流注涅槃」，據上節之討論可知，如實觀察五蘊、六入處爲無常、無我者則生起「厭離」。因此可知，生起「厭離」者即已「順趨涅槃，流注涅槃，後住涅槃」，經過如此比較推理，可以得到「厭離者已爲入流者」之推論。

（二）以得「如實知見」則「三結斷」而知

以如實知見來看，這種持續專注以「正念」內自觀察〔註 97〕，造成認知改變而淡化情感作用的實際操作，需要以「修定」爲前置工作，如《雜阿含經》卷 3：

> 爾時，世尊告諸比丘：「常當修習方便禪思，內寂其心，所以者何？修習方便禪思，內寂其心已，如實觀察；云何如實觀察？如實觀察此色、此色集、此色滅；此受、想、行、識，此識集、此識滅。」〔註 98〕

一般人只能粗略地覺知五蘊，無法持續專注以「正念」觀察，因此在如實地了解身心是無常變化的這一方面是有困難的，藉由修習禪定使精神方面得以集中、專注，則能產生「如實知見」，這代表了「三結盡斷」，如《雜阿含經》卷 3：

> 爾時，世尊告諸比丘：「有五受陰。何等爲五？謂色受陰，受、想、行、識受陰。……比丘！於此法**如實正慧等見，三結盡斷知**：謂身見、戒取、疑；比丘！是名須陀洹果……」〔註 99〕

上述經文是說能於五蘊及六根作用「如實正慧等見」，體證無常、無我，則可自知身見、戒取、疑三結已斷，此乃佛認可之「入流者」，證得「須陀洹果」。此外，經文中亦有如實知見四諦則爲三結斷，而成就須陀洹果位的說法，如《雜阿含經》卷 32：

> 有士夫於此苦如實知，**此苦集、此苦滅、此苦滅道跡如實知**，如是觀者**三結斷，身見、戒取、疑。此三結斷**得須陀洹，不墮惡趣法，決定正趣三菩提，七有天人往生，究竟苦邊，是名捷疾具足。

〔註 97〕即「俱念」（巴 *satimant*）。
〔註 98〕CBETA, T02, no. 99, p. 17, a24-28。
〔註 99〕同上註。

〔註 100〕

此段經文是說：若有人如實知苦集滅道者，則三結斷，得須陀洹。據此經文並綜合之前的論述，可說能如實知見「四聖諦」、「五蘊」及「六入處」無常無我者則爲須陀洹者。

另外，根據「定」生「如實知見」，繼之「如實知見」生「厭離」的道次第可知，得到厭離者是已成就如實知見者，而既然如實知見四聖諦爲三結斷，可知得「厭離」者是證得須陀洹果者。

二、得厭離者已具智慧

《阿含經》中雖然沒有直接說明「如實知見」即爲「智慧」，但仍可從經文中分析得知，如《雜阿含經》卷 11：

> 多聞聖弟子以**智慧利刀**斷截一切結、縛、使、煩惱、上煩惱、纏。……於**五受陰，當觀生滅；於六觸入處，當觀集滅；於四念處，當善繫心**；住七覺分，修七覺分已，於其欲漏，心不緣著，**心得解脫**。〔註 101〕

上文以「智慧利刀」比喻可截斷一切煩惱，隨後經文又說明此「智慧」即是「於五受陰，當觀生滅」、「於六觸入處，當觀集滅」、「於四念處，當善繫心」、「住七覺分」等等，可知如實觀察生滅即爲智慧；此外，經中亦有「平等慧如實觀」〔註 102〕的說法，亦說明此「如實知見」是觀察諸法平等的智慧。這樣的推論也受到其他經文的支持，如《雜阿含經》：

> 智慧之人常現審諦。〔註 103〕

是說擁有智慧者常常在當下思維審察四諦；此外，四諦之苦諦，經中總說爲五受陰苦，《雜阿含經》卷 14：

> 云何苦如實知？謂生苦、老苦、病苦、死苦、恩愛別苦、怨憎會苦、所欲不得苦。如是略說五受陰苦，是名爲苦，如是苦如實知。〔註 104〕

因此上一段引文中的「智慧之人」所觀察思維者，就是五陰無常之苦。又關

〔註 100〕CBETA, T02, no. 99, p. 232，c5-9。
〔註 101〕CBETA, T02, no. 99, p. 75, b12-20。
〔註 102〕CBETA, T02, no. 99, p.188, a18-26。
〔註 103〕同上註，頁 5，b14-15。
〔註 104〕CBETA, T02, no. 99, p.95, a1-4。

於此「如實知見」，木村泰賢有云〔註 105〕：

又佛陀常稱此基於事實，而爲明碻考察之態度，名爲「如是」（巴 *Yathātatha*），又曰「如實」（巴 *Yathābhutaṃ*），而如實一語尤爲常用，……即以事物之如實觀察，乃爲契於眞理之唯一方法，至若依此態度與方法所得之智慧，則多通稱爲般若（巴 *Paññā*），爲明（巴 *Vijña*），爲如實智見（巴 *Yathābhutaṃ*），於佛教爲最高之智慧。……

印順法師也曾明述如實知見的重要性：

說到慧，就是般若（巴 *pañña*）。般若是解脱道的先導，也是解脱道的主體；沒有般若，是不可能解脱生死的。……如實知見（巴 *yathā-bhūta-ñāna-dassana*）在解脱道中，是必要而又優先的。……〔註 106〕

可知《雜阿含經》所闡述「如實知見」四聖諦、五蘊、六根作用無常，就是「智慧」。如上一小節，以如實知見斷煩惱之程度常用來判定聖者的果位也可以推論，依此法運用之熟練程度也有智慧力強弱之分，四向四果者都須思維觀察此法，其中入流者的斷煩惱能力是較淺薄的，如《雜阿含經》卷 10：

時，摩訶拘絺羅問舍利弗言：「若比丘未得無間等法，欲求無間等法，云何方便求？思惟何等法？」舍利弗言：「……五受陰爲病、爲癰、爲刺、爲殺、無常、苦、空、非我。所以者何？是所應處故。若比丘於此五受陰精勤思惟，得須陀洹果證。」又問：「舍利弗！得須陀洹果證已，欲得斯陀含果證者……得斯陀含果證已，欲得阿那含果證者……欲得阿羅漢果證者……得阿羅漢果證已，復思惟何等法？」舍利弗言：「摩訶拘絺羅！阿羅漢亦復思惟：「此五受陰法爲病、爲癰、爲刺、爲殺、無常、苦、空、非我。」所以者何？爲得未得故，證未證故，見法樂住故。」〔註 107〕

上文顯示無論修行階位高低，都必須時時如實知見五受陰，事實上各向各果也都根據煩惱斷除的程度而分別有清楚的定義。根據楊郁文之《阿含要略》所歸納「聲聞道次第表」〔註 108〕列出《阿含經》提及修行道次第的經文，

〔註 105〕木村泰賢著，歐陽瀚存譯，《原始佛教思想論》（台北：臺灣商務印書館，1993），頁 61。

〔註 106〕釋印順，《空之探究》（台北：正聞，1985），頁 14。

〔註 107〕CBETA, T02, no. 99, p. 65, b11-c10。

〔註 108〕楊郁文，《阿含要略》（台北市：法鼓文化，2005），頁 0-33。

可知道次第中於「厭離」之前的「如實知見」〔註 109〕等同於「明」、「不著身見、戒取」、「慧身」，也可做爲「如實知見」就是修行道的「智慧」的佐證；而「厭離」除了等同於「不起貪、瞋、癡」，也等同於「解脫身」，又由於「厭離」是依如實觀察五蘊、六根作用無常而生起者，既然如實知見爲智慧，可知生起「厭離」即是已得智慧者。如下圖所示：

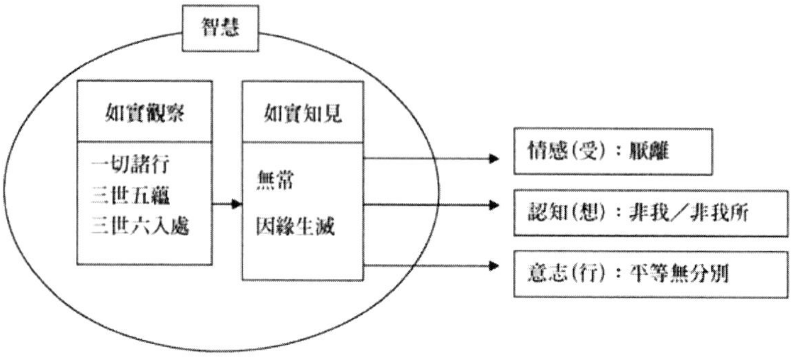

圖五　「如實知見」與「受」、「想」、「行」之關係圖

上圖所述，藉由「如實觀察」三世五蘊、六入處，體認五蘊、六入處皆爲無常、因緣生滅的「如實知見」，依此在認知方面，建立「非我」，「非我所」的「正見」，「邪見」即被破除了；在所見所聞中產生的情感作用，皆爲無欲無惱的中立情緒，或是不生起任何不善的情緒，而在意志方面也因此保持平穩中立而無有分別。

三、得厭離者已解脫

除此之外，以下所引的經文，可推論厭離者已是解脫者，如《雜阿含經》卷一：

> 爾時，世尊告諸比丘：於色當正思惟，色無常如實知，所以者何？比丘！於色正思惟，觀色無常如實知者，於色欲貪斷，欲貪斷者，說心解脫。（受、想、行、識之內容相同）……如是心解脫者，若欲自證，則能自證：我生已盡。梵行已立。所作已作。自知不受後有。〔註 110〕

〔註 109〕亦即「見如實、知如眞」，見該表《中》45 經及 54 經，本條註釋括號內所列經號皆請參照該表。

〔註 110〕CBETA, T02, no.99, p. 1, a17-25。

上述經文講述比丘應當於色等五蘊如實知無常，因爲思維並如實知色無常的比丘，對於色等五蘊則不起欲念及貪愛，此乃心解脫的狀態。這樣的話，由於厭離的狀況是如實知色等五蘊無常、苦、無我，因此可知修行成就「厭離」者已經是「心解脫」者。以下再引《雜阿含經》卷一，第九經，也如上相同的表述這樣的說法，：

> 世尊告諸比丘：色無常，無常即苦，苦即非我，非我者亦非我所，如是觀者，名眞實正觀。如是受、想、行、識無常，無常即苦，苦即非我，非我者亦非我所。如是觀者，名眞實觀。聖弟子！如是觀者，厭於色，厭受、想、行、識。厭故不樂，不樂故得解脫，解脫者眞實智生：「我生已盡，梵行已立，所作已作，自知不受後有。」〔註111〕

上述經文先講述色等五蘊是無常、苦、非我、非我所，說明根據佛教的體證來說印度傳統哲學概念中的「我」並不存在，並說這種觀察是眞實的觀察，這樣的觀察會產生對色等五蘊「厭離」的境界，「厭離」了就不以色等五蘊爲樂，不以之爲樂的話，就是解脫。與此類似說法的經文，尙有《雜阿含經》卷一，第10經：

> 爾時，世尊告諸比丘：色無常，無常即苦，苦即非我，非我者即非我所，如是觀者，名眞實觀。如是受、想、行、識無常，無常即苦，苦即非我，非我者即非我所。如是觀者，名眞實觀。聖弟子！如是觀者，於色解脫，於受、想、行、識解脫。我說是等解脫於生、老、病、死、憂、悲、苦、惱。〔註112〕

此處講述佛陀針對色等五蘊作出無常、苦、非我非我所等教示之後，直接說明這樣就是「於色等五蘊解脫」，並可解脫生老病死等五蘊帶來無常的問題。

其次，以達到厭離者的斷除煩惱能力來看，根據楊郁文在其所編之《阿含要略》中，以數個談論聲聞道次第的阿含經文，相互比較得到「厭離」者已經到達「不起貪」、「解脫身」的境地（見下頁圖表），〔註113〕滅除了對於物質的貪愛，這樣的範圍非常的廣，由前文討論可知，由於如實知見而視諸法平等無有分別，故處於中立情緒，而五蘊、六入處對於一個人來說，可說是

〔註111〕CBETA, T02, no.99, p. 2, a17-25。

〔註112〕同上註，a13-19。

〔註113〕見《阿含要略》頁0-33-34之「聲聞道次第表」。其中「不起貪」出自《雜阿含經》346經。而「解脫身」則出於《雜阿含經》第1242經以及《中阿含經》第49經，另外也見於AN. V 21。

身心世界的全部，因此，超越了五蘊、六入處也就等於超越了世界，也就是解脫了世界的束縛。

另外，在此舉出其他學者對於「解脫」的說法，參考日本學者山本啓量在其所著之《原始佛教の哲學》一書，對於「解脫」有如下的說明：

> 解脫的意思，是脫離了五蘊、六入處等人間存在性，進而離開了欲界，這是解脫最基本的意思，也是其必備的條件。〔註 114〕

亦即說明「解脫」是指對物質的慾望已經斷除，這樣的解釋可以與前述指出的「不起貪」一項相互呼應，因爲「貪」即是對於「能觸的六入」以及「所觸的外境」接觸之後所產生之樂受、苦受的執取，〔註 115〕所以在「見如實，知如眞」，也就是如實知見五蘊、六入處無常、苦、無我之後，對於五蘊、六入處等已處於中立的情緒狀態。

表十六　聲聞道次第表〔註 116〕

	（《中》52）			（《雜》1242）			
↓	丨	（《雜》346）	（《中》45）	（《中》49）		（《雜》810）	（長 10）
				（AN5.21）	（《中》54）	（《雜》281）	（DN34）
↓	↓	↓	↓	↓	↓	↓	↓
見淨勤支	明	不著身見戒取	見如實	慧	見如實	明	見淨勤支
↓	丨	↓	知如眞		知如眞	丨	↓
度疑淨勤支	丨	度疑惑	丨		丨	丨	度疑淨勤支
↓	丨	丨	丨		丨	丨	↓
分別淨勤支	丨	丨	丨		丨	丨	分別淨勤支
↓	丨	丨	丨		丨	丨	↓
道淨勤支	丨	丨	丨	身	丨	丨	道淨勤支
↓	丨	↓	↓	↓	↓	丨	↓
除淨勤支	丨	不	厭	解	厭	丨	除淨勤支
↓	丨	起	↓		↓	丨	↓
無欲淨勤支	丨	貪	無欲	脫	無欲	丨	無欲淨勤支
↓	↓		↓		↓	↓	↓
解脫淨勤支	解脫	瞋	解脫	身	解脫	解脫	解脫淨勤支
↓	↓		↓	↓	↓	↓	
解脫知見	明、解脫具成	癡	丨	解脫知見身	盡智	果報福利	
‖		↓	↓	‖			
涅槃		斷老病死	涅槃	涅槃			

〔註 114〕山本起量，《原始佛教の哲學》（東京：山喜房佛書林，1973），頁 241。

〔註 115〕同上註，頁 242。

〔註 116〕楊郁文，《阿含要略》之「聲聞道次第表」下半部，上半部並未節錄，請見《阿含要略》頁 0-33。

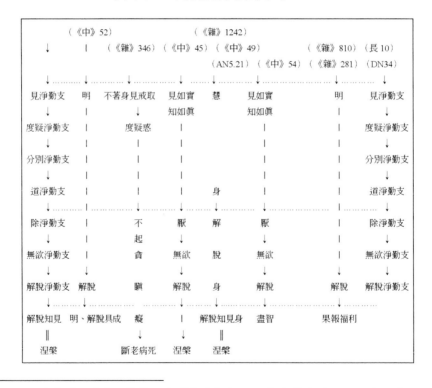

如上所述，經文沒有說明比丘需要再進行其他額外的修行方式，而是描述厭離者的狀態，如《雜阿含經》卷 1：

> 如是觀者，則爲正觀。正觀者，則生厭離；厭離者，喜貪盡；喜貪盡者，說心解脫。如是，比丘！心解脫者，若欲自證，則能自證：「我生已盡，梵行已立，所作已作，自知不受後有。」〔註 117〕

上段經文描述的內容，說明達到厭離狀況的特徵：喜、貪已盡，喜、貪盡者的心是解脫的，由於解脫，因此自己可以認證得到了生已盡，梵行已立，應該做的已經完成，自己知道已達到不受煩惱、雜染影響的涅槃的狀況，因此可以推測，厭離者其實可說已經是到達解脫的聖者。

須注意的是，經中的解脫有許多種，如戒解脫、心解脫、定解脫、慧解脫與俱解脫等等，因此此處解脫可能意味著對於某些煩惱執著的解脫，據本節之第一小節可知厭離者斷三結煩惱，可知對此三種煩惱已經解脫，但對於五下分結的煩惱可能仍未盡滅，故此解脫可能意味著廣義的解脫而言，而非指煩惱永盡無餘。

若從文法分析的角度，巴利三藏中與此經對應經文之格變化也可清楚地看出其中關係，試譯如下：

> 正處於厭離狀態的他離欲，由於離欲獲得解脫，正處於解脫狀態的他有解脫的智慧。〔註 118〕

此處之巴利經文爲：

> *Nibbindaṃ virajjati; virāgā vimuccati. Vimuttasmiṃ vimuttamiti ñāṇaṃ hoti.*

其中 *nibbindaṃ*（正厭離的）是現在分詞，根據文法來說現在分詞表示與主要動詞 *virajjati*（他離欲）同時進行的動作，可知厭離與離欲同時發生，而緊接著的 *vimuccati*（解脫）也是現在式的動詞，因此可說此處的「厭離」（巴 *nibbidā*）、「離欲」（巴 *virajjati*）、「解脫」（巴 *vimuccati*）三個動作同時發生。再說，此處的「解脫」用的是處格（巴 *vimuttasmiṃ*），可作爲「處格絕對」（Locative Absolute）用法，用以表示主要動作發生的同時形成了現在分詞「解脫智」（巴 *vimuttamiti ñāṇaṃhoti*）這個動作，同樣可以看到修行者觀察無常，於五蘊厭離，同時間離欲、解脫。以下再舉出二經持相同觀點者：

〔註 117〕CBETA, T02, no. 99, p. 1, a10-14。

〔註 118〕釋達和，《巴利語佛典精選》（台北：法鼓文化），頁 2。

若有比丘於老、病、死，厭、離欲、滅盡，不起諸漏，心善解脫，是名比丘得見法般涅槃。〔註119〕

試將其白話譯爲：若有比丘對於老、病、死厭離、離欲，滅盡煩惱，不起諸漏，心善解脫，這就叫做比丘得到了見法般涅槃。清楚地說明「得厭離者即得解脫」。又如《雜阿含經》卷3：

比丘亦於色厭、離欲、滅，名阿羅漢慧解脫；如是受、想、行、識，厭、離欲、滅，名阿羅漢慧解脫。〔註120〕

試將其白話譯爲：對於五蘊生厭、離欲、煩惱滅除，叫做「阿羅漢慧解脫」。由上述討論可知，得厭離者可謂得解脫者。

本章討論「厭離」之第三種用法，這種「厭離」對應之巴利語爲 *nir-√vid* 的衍生語，除「厭離」之外，也對應於「厭」、「厭患」。字典中它是「沒有興趣」、「認爲不重要」、「中立」、「沒有偏好」之意。

此種「厭離」與前二種不同，它不是對世事無常心生震悚而欲求出離，也非以法門對治身心不善之煩惱，而是窮究現象世界與內在身心後發現一切身心變化均爲因緣和合，其共同性爲生滅無常，故對彼等變得沒有興趣，沒有偏好，對現象世界的表象認爲不重要，將諸法視爲中性，因此情緒反應也保持於中立，無任何傾向。

「觀」與「如實知見」的經文並無說明是憑藉什麼來進行內觀的活動，「正念」的相關經文中說明是以「正念」來進行。「無常」、「無我」並非哲理之推論，實爲平靜、專注之精神狀態（近分定、剎那定或俱足定）下，鎮伏自我偏好（離欲）之無明，以「正念」如實觀察身心而得之親身體驗。反之，一般認識作用下爲不專注的精神狀態，原始本能無明的直覺受到外在刺激帶動，以致於理性受情感（好惡）影響而左右意志判斷，因此愛別離、怨憎會等煩惱隨之而起。故知生起「厭離」代表擺脫現象世界對內在身心的牽動與影響，處於中立而無所傾向的情緒狀態，是達到涅槃前的準備階段。

由於一般認識作用自然隨順產生好惡情緒，可知同爲認識作用之內觀同樣會產生情緒，初步說明了「厭離」同屬情緒範圍。由於「厭離」生起於禪

〔註119〕CBETA, T02, no. 99,.p. 101, a12。

〔註120〕同上註，頁19，b26-28。

定後的如實觀察，故「厭離」是一種中立的情緒，或可說是不生起情緒。

《阿含經》或《尼科耶》中種種法門都與觀察有關，如：安那般那念、身受心法之四念處操作，或比丘去放置屍體的樹林觀察屍體腐爛的種種變化等等，就像實驗進行中，實驗者只做狀態改變的觀察與記錄而不涉入，情感持平中立無任何傾向，如實觀察五蘊、六入處也必須從旁如實觀察不同狀況下的生滅變化現象。又如：聲調的高低，節奏的快慢；冷、熱、痛、癢；一個回憶的片段；起身去倒杯開水的決定等等，這些現象雖然彼此存在著差異，但聲調、冷熱、回憶片段等等本身並不具有任何意義，價值判斷是取決於個人主觀意識。一旦個人主觀意識不作用了，覺察到的種種就無從生起影響力，情緒自然保持著平穩的狀態。

在佛法修證上，證得「厭離」可被認爲是「入流者」、「智慧者」、「解脫者」。爲清楚說明並比較三種觀察對象（所緣）、生起「厭離」的方法以及得到「厭離」的修行成就，此處簡單列表如下：

表十七　厭離（巴 *nibbidā*）的所緣、法門及果德一覽表

思維或觀察之對象	法　門	果德	未來	經　號
一切諸行（金銀財寶、珍貴收藏、宮廷樓閣、交通用具、三軍兵馬、奴僕傭人、妻子、夫君、兒子、女兒……）	思維無常： 思惟諸行過去磨滅、現在磨滅、未來亦會磨滅。	厭離	離欲、解脫	《雜》264 經
	思維無常： 思維人壽再長也將死亡、山再高也將消失，名稱不復存在。	厭離	離欲、解脫	《雜》956 經
	思維無常： 思維大江、大河、大海、須彌山皆爲無常。	厭患	捨離、解脫	《中》第 8 經
五蘊（色、受、想、行、識）	如實觀察（觀察對象之共同特徵爲：無常、苦、空、無我）	厭離	離欲、解脫	《雜》9 經
六入處（眼、耳、鼻、舌、身、意）	如實觀察（觀察對象之共同特徵爲：無常、苦、空、無我）	厭離	離欲、解脫	《雜》188 經

從本章的論述可知佛教致力於經由觀察體認世界的運行軌則來改變原始的本能，以調整、訓練自我身心，將外在環境及五蘊身心必然性的毀滅過程

對個體的影響力降到最低，以平穩的、中立的情緒——厭離——去面對生老病死，而不是面對著內外環境的改變自怨自艾，被動消極，甚至被不善的情緒所驅使而傷害自己或他人，這可說是佛教的「厭離」與一般「厭世」思想的差別。

第五章　「厭離」、「捨」與道次第

本章先比較「厭離」（巴 *nibbidā*）與「捨」（巴 *upekkhā*），再討論道次第中「厭離」的地位。

上章討論過「止禪」（巴 *samādhi*）與「觀禪」（巴 *vipassanā*），這兩種禪定均能夠達於涅槃〔註1〕，「止禪」是佛教傳統的修行道，「觀禪」則可能為後來發展的新法門，〔註2〕分為不同偏重的兩個修行系統其來有自，佛弟子各自

〔註 1〕Rupert Gethin 舉出抱持此觀念的幾位學者，如瓦雷·蒲桑（La Vallée Poussin）、弗勞瓦爾那（Frauwallner）、舒密特豪森（Schmithausen）、威特（Vetter）、葛里菲斯（Griffiths）與貢布里奇、約翰尼斯·布隆寇斯特（Johannes Bronkhorst）等等。書中以布隆寇斯特為例說明：「布隆寇斯特發現早期經典中某些說法的不一致處，一方面，視禪那為導致阿羅漢果的禪修之路，另一方面又視抉擇四諦、緣起與三相的觀慧為導致阿羅漢果之道」。見魯柏·葛汀（Rupert Gethin）著，許明銀譯，《佛教基本通》（台北：橡實，1990），頁 234。

〔註 2〕佛陀所行的止禪與當時的禪定主流恐有出入，佛陀嘗試傳統苦行六年而無法解脫，反而使得身心俱疲俱苦，到了跌倒卻因身體虛弱而站不起來的地步，因此認為苦行並非趨於涅槃之道，於是想起兒時的不苦不樂的記憶，《增壹阿含經》卷 23〈31 增上品〉：「爾時，我復作是念：『我自憶昔日，在父王樹下無婬、無欲，除去惡不善法，遊於初禪；無覺、無觀，遊於二禪；念清淨無有眾想，遊於三禪；無復苦樂，意念清淨，遊於四禪。此或能是道，我今當求此道。』」見 CBETA, T02, no. 125, p. 671, b4-14。表示佛陀的體悟，有別於傳統的苦行禪定，可見佛陀所施行的禪定方式在當時是一種改革；此外，佛陀在接受乳糜供養之後，與他一起修行的五比丘認為佛陀已經偏離了修行的正道，這也說明苦行的禪修與節食，是當時被認可的修行觀念，故知佛陀所行中道飲食的修道生活也與印度傳統的修道生活模式不同。事實上佛陀的禪定之道是否等同於印度傳統的苦行禪定之道也備受現代學者所爭議。
觀禪方面，如《雜阿含經》卷 14 記載外道須深由於同道之間托缽供養短少，被推舉進入佛教僧團打探佛陀所教導之法為何，希望找出獲得供養的方法，

依據所長如法修行，這種根據本身專長而發展的情況頗爲普遍，可能是由於佛陀了解不同弟子的不同專長或偏好而給予各別的指導所呈現的多元發展。佛陀稱讚弟子們具有不同的長處：有些長於戒律，有些長於禪定，有些長於內觀，〔註3〕因人而異的修學現象非常明顯，部派的分裂可能也肇因於此，上座部與大眾部分裂，歸於對於持戒的認知無法統一；〔註4〕後續佛教發展中，出現「中觀派」與「瑜珈派」，此二派別，前者特別注重「觀」，後者則特別強調「止」，也可以看出這樣的狀況。

「觀禪」是佛教的修行特色，「觀禪」親證無我（巴 *anatta*），解脫因我執、我慢而生起的情緒干擾及煩惱，當下達到涅槃的心理狀態，涅槃的定義，則如《雜阿含經》卷 18：

> 閻浮車問舍利弗：「謂涅槃者，云何爲涅槃？」
>
> 舍利弗言：「涅槃者，貪欲永盡，瞋恚永盡，愚癡永盡，一切諸煩惱永盡，是名涅槃。」〔註5〕

涅槃是當下展現離開不善情緒與煩惱的狀況，觀禪受到重視與討論的重點即是只須修習較淺的止禪，或使心安止，或直接修觀，即可印證無我，達成涅槃，這除了是佛教特殊的理論與修持方式外，也受到廣大的採用。從上章討論可知，「觀禪」成就的首要階段「厭離」（巴 *nibbidā*）〔註6〕，是由於知見正確、精神專注所維持於中立的情緒，或是不生起情緒的心理狀態。此外，另有一個境界也與此類似，根據 Kuan 所說：

> 四禪的「捨」被認爲是一種高級的情緒，代表中立的、無喜樂也無憂悲的情緒〔註7〕

比對本文上章，「厭離」是修觀者成就如實知見後對所緣生起的情緒：「中

因此詢問佛弟子中自稱已解脫者是否修行止禪系統的初禪，到甚深的滅受想定，當該名已成就者回達他說自己不曾修習過這些止禪，因爲：「我是慧解脫也。」此文可見 CBETA, T02, no. 99, p. 97, a21。須深爲此深感迷惑，後經佛陀解釋，才知道慧解脫者的修行不需修禪定，觀禪完全不必修行止禪的說法只出現於此經，可見本文第四章之說明。從須深未曾聽過慧解脫法門得知，在當時以偏重於觀的觀禪達成慧解脫是一種新興的法門。

〔註 3〕見《增壹阿含經》卷 3〈4 弟子品〉，CBETA, T02, no. 125, p. 557, a17-p. 559, c3。

〔註 4〕主因起源於毘舍離諸跋耆比丘之十非法，詳見《五分律》卷 30，CBETA, T22, no. 1421, p.192a-p.194b。

〔註 5〕CBETA, T02, no. 99, p. 126, b2-4。

〔註 6〕本章之「厭離」均討論巴利語相對於 *nibbidā* 者，文中不再重覆註明。

〔註 7〕Kuan, Tse-fu. 2008. *Mindfulness in Early Buddhism*. New York: Routledge, p.34.

立、不喜不惡」，二者有相似之性質。學者亦有將厭離與止禪中的某些禪支相比者，如 Cousins 即認為：

厭離可被視為與初禪的喜相對應的東西。〔註 8〕

作者沒有說明這個說法的來由為何，不過至少說明注意到止禪與觀禪二者某些元素之相近現象的學者已不乏其人，然而「捨」與「厭離」有何異同？

佛經中的「捨」，多譯自梵語的 *upekṣā* 或是巴利語的 *upekkhā* 及 *upekhā*，它是四無量心之一，也在七覺支中出現，此外它也是四禪的禪支，本章的討論專就四禪之「捨」而言，以下先介紹現代學者關於「捨」的研究成果，再討論它與「厭離」之相似性，進而就經文中可見到的一些嫁接痕跡，討論道次第的問題。

第一節　「捨」（巴 *upekkhā*）的意義

一、各大辭典解釋

以下先檢視「捨」在各大現代佛學辭典的解釋，並將這些辭典中的語彙及解釋製成表格，以供比較。

表十八　「捨」（巴 *upekkhā*）於各大佛學辭典中的解釋

	工具書	詞彙	解釋
梵語	*Sanskrit-English Dictionary*, p. 215c	*upekṣā*	Overlooking, disregard, negligence, indifference, contempt, abandonment（忽略，漠視，疏忽，不感興趣，輕視，放棄）
	《梵和大辭典》（上），頁 279a	*upekṣā*	看過；無頓著；怠慢（忽視；不關心；怠慢）
	《梵漢大辭典》（下），頁 1349a	*upekṣā*	忽視；不關心；怠慢
	《基本梵英和辭典》，頁 80a	*upekṣā*	neglet, overlooking, disregard;（忽視、忽略、漠視）無頓著、無視、見過ごし、無関心（不關心、忽視、忽略、不感興趣）

〔註 8〕Lance Cousins 著，見溫宗堃譯，〈內觀修行的起源〉，《正觀》第 30 期（南投：正觀雜誌，2004），頁 41。

巴利語	*Pali-English Dictionary*, p. 150b	*upekkhā* & *upekhā*	hedonic neutrality or indifference, zero point between joy & sorrow; disinterestedness, neutral feeling, equanimity （快樂的中立或無興趣；在樂與苦之間的零點；漠不關心；中性感覺；平靜）
	《パーリ語辞典》，頁69b	*upekkhā*, *upekhā*	捨，無關心，捨心
	《巴和小辭典》，頁 52a	*upekkhā*, *upekhā*	捨てること，忽略に附すこと，無頓著，冷淡，苦でなく，樂でもなく，非苦非樂の狀態。 （拋棄，忽略，不關心，冷淡，不是苦也不是樂，非苦非樂的狀態）
	Dictionary of the Pali Language, p.534b	*upekkhā*	indifference to pain and pleasure, equanimity, resignation, stoicism （對痛苦與歡樂漠不關心，平靜，放棄，禁欲）

總結上表這些解釋，若要將該語詞以中文常用的話來取代，可能可以是「平靜」、「中立」、「非苦非樂」或相關於此之意的語詞，就上述辭典解說也可知，此「捨」並非是處於全然無知的狀態，應該是「覺知彼狀況的發生，但完全不受其影響，處在平靜、中立的情緒之中」的意思。

二、「捨」之詮釋與重要性

經由初階較爲散心的禪定，逐漸地專注，捨去某些較爲粗糙的禪友，四禪的禪支，是「捨」、「念」、「清淨」三者，蔡奇林認爲此三種禪支的關係可以解釋爲：

具捨與念，心極清淨〔註 9〕

由於四禪的專注已經到達成熟階段，能如實地覺知身心變化，故情緒穩定中立，心也能保持清淨。Kuan, Tse-fu 認爲四禪的「捨」是：

不同於平凡人的、極爲高等的情緒反應。〔註 10〕

在本文第二章關於心理學對情緒的研究中，說明情緒與外界的刺激息息相關，刺激經由生理及心理的感知（受蘊）及理智的認知（想蘊）以及意志的決定（行蘊）而揉合成爲一種對於此刺激的情感反應。Padmasiri 認爲「情

〔註 9〕蔡奇林，〈第四禪「捨念清淨」（*upekkha-sati-parisuddhi*）一語的重新解讀——兼談早期佛教研究的文獻運用問題〉，《臺大佛學研究》第 16 期（臺北：台大佛學中心，2008），頁 49。

〔註 10〕Kuan, Tse-fu. 2008. *Mindfulness in Early Buddhism*. New York: Routledge, p.24.

緒」是：

對於感覺的情感反應。〔註 11〕

達賴喇嘛與艾克曼等學者們的討論認為「情緒」是加入了價值評斷在內的，與本文第二章所說相同：

情緒是有著強烈感覺成分的心理狀態，……這個感覺必須帶有評斷的成分——亦即思想。〔註 12〕

除本文第二章提出心理學研究對於情緒的分類之外，另一種情緒的分類法，將之描述成三組相反的狀態：「悅意」（pleasantness）與「不悅」（unpleasantness）；「冷靜」（calm）與「激動」（excitement）；「放鬆」（relaxation）與「緊張」（tension）三組，以此來看，「捨」近於「冷靜」的這個向度。〔註 13〕此外另有將情緒分為十七種者，其中分類之一的「平靜」與「捨」相近。〔註 14〕

巴利本之《六根分別經》（*Saḷāyatanavibhaṅga Sutta*）中，敘述佛陀教導學生時對於學生的學習成效覺知但一視同仁，無有情緒上的差別，保持在「捨」的中立情緒。如下：

當佛陀所說之法被學生們拒絕、排斥之時，佛陀對此不會感到悲哀，他會住於「捨」中，並保持正念正知；而當他所說的法被學生接受之時，佛陀對此不會感到愉快，他會住於「捨」中，並保持正念正知；而當他所說的法有些弟子接受，有些弟子排斥之時，佛陀對此不會感到悲哀，也不會感到愉快，他會住於「捨」中，並保持正念正知。〔註 15〕

〔註 11〕Padmasiri de Silva. 2005. *An Introduction to Buddhist Phychology.* New York：Palgrave Macmillan.4th edt., p.42.

〔註 12〕丹尼爾・高曼（Daniel Goleman）著，張美惠譯，《破壞性情緒管理》（臺北：時報文化出版企業股份有限公司，2009），頁 65。

〔註 13〕Kuan 引述 Wundt 所說。見 Kuan, Tse-fu. 2008. *Mindfulness in Early Buddhism.* New York: Routledge, p.27.

〔註 14〕這十七種分為兩群，第一群為基本情緒：憤怒、恐懼、悲傷、嫌惡、輕視、驚訝、愉悅、尷尬、罪惡、羞慚、趣味；第二群為與快樂相關者：征服、解脫、興奮或新奇、驚嘆、感官的快樂、平靜。「征服」於原書中為 fiero（達成挑戰的快樂）。其中亦討論到平靜即意指「捨」（*upekkhā*）。丹尼爾・高曼（Daniel Goleman）著，張美惠譯，《破壞性情緒管理》（臺北：時報文化出版企業股份有限公司，2009），頁 43～46。

〔註 15〕*Puna caparaṃ, bhikkhave, satthā sāvakānaṃ dhammaṃ deseti anukampako hitesī anukampaṃ upādāya-'idaṃ vo hitāya, idaṃ vo sukhāyā ' ti. Tassa ekacce sāvakā na sussūsanti, na sotaṃ odahanti, na aññā cittaṃ upaṭṭhapenti,*

對於弟子們的各種接受狀態，佛陀能夠完全心平氣和地對待，並正念正知，住於捨中，說明「捨」是佛陀保持的情緒狀況，而且佛陀應該是隨時保持著正念正知，故能夠煩惱、無明永盡。

---

vokkamma ca satthusāsanā vattanti; ekacce sāvakā sussūsanti, sotaṃ odahanti, aññā cittaṃ upaṭṭhapenti, na ca vokkamma satthusāsanā vattanti. Tatra, bhikkhave, tathāgato na ceva anattamano hoti, na ca anattamanataṃ paṭisaṃ vedeti; na ca attamano hoti, na ca attamanataṃ paṭisaṃvedeti. Anattamanatā ca attamanatā ca-tadubhayaṃ abhinivajjetvā upekkhako viharati sato sampajāno. Idaṃ vuccati, bhikkhave, dutiyaṃ satipaṭṭhānaṃ yadariyo sevati, yadariyo sevamāno satthā gaṇamanusāsitumarahati. Puna caparaṃ, bhikkhave, satthā sāvakānaṃ dhammaṃ deseti anukampako hitesī anukampaṃ upādāya-'idaṃ vo hitāya, idaṃ vo sukhāyā ' ti. Tassa sāvakā sussūsanti, sotaṃ odahanti, aññācittaṃ upaṭṭhapenti, na ca vokkamma satthusāsanā vattanti. Tatra, bhikkhave, tathāgato attamano ceva hoti, attamanatañca paṭisaṃ vedeti, anavassuto ca viharati sato sampajāno. Idaṃ vuccati, bhikkhave, tatiyaṃ satipaṭṭhānaṃ yadariyo sevati, yadariyo sevamāno satthā gaṇamanusāsitumarahati. ' Tayo satipaṭṭhānā yadariyo sevati, yadariyo sevamāno satthā gaṇamanusāsitumarahatī ' ti（MN., III, 221.）亦可參見 Kuan, Tse-fu. 2008. *Mindfulness in Early Buddhism*. New York: Routledge, pp. 29-33. 此巴利經文之對等《中阿含經》經文顯示，佛陀施教於弟子，弟子無論表現出接受、不接受或是不表現出任何跡象，佛陀都保持著「捨」這種中立的情緒，不會因此而造成情緒上的改變，此中「意止」，根據原出處註釋，爲 *satipaṭṭhāna*。《中阿含經》卷 42〈2 根本分別品〉：「三意止，謂聖人所習，聖人所習已，眾可教者。此何因說？若如來爲弟子說法，憐念愍傷，求義及饒益，求安隱快樂，發慈悲心，是爲饒益，是爲快樂，是爲饒益樂。若彼弟子而不恭敬，亦不順行，不立於智，其心不趣向法、次法，不受正法，違世尊教，不能得定者，**世尊不以此爲憂慼也。但世尊捨無所爲**，常念常智，是謂第一意止，謂聖人所習，聖人所習已，眾可教也。

「復次，如來爲弟子說法，憐念愍傷，求義及饒益，求安隱快樂，發慈悲心，是爲饒益，是爲快樂，是爲饒益樂。若彼弟子恭敬順行而立於智，其心歸趣向法、次法，受持正法，不違世尊教，能得定者，**世尊不以此爲歡喜也。但世尊捨無所爲**，常念常智，是謂第二意止，謂聖人所習，聖人所習已，眾可教也。

「復次，如來爲弟子說法，憐念愍傷，求義及饒益，求安隱快樂，發慈悲心，是爲饒益，是爲快樂，是爲饒益樂。或有弟子而不恭敬，亦不順行，不立於智，其心不趣向法、次法，不受正法，違世尊教，不能得定者。或有弟子恭敬順行而立於智，其心歸趣向法、次法，受持正法，不違世尊教，能得定者。**世尊不以此爲憂慼，亦不歡喜，但世尊捨無所爲**，常念常智，是謂第三意止。謂聖人所習，聖人所習已，眾可教也，三意止，謂聖人所習。聖人所習已，眾可教者，因此故說……」見 CBETA, T01, no. 26, p. 693, c23-p. 694, a21。

除此之外，本文第二章也曾敘述，在《雜阿含經》卷 17 的經文中，〔註 16〕佛陀以被毒箭所射爲例，說明「身受」與「心受」的差別：當被箭所傷時，身體覺知痛，這是「身受」，若因此感到悲哀，則爲「心受」，是身心反應的固定程序，經由禪修的練習，能夠專注於身體疼痛的感受，而不產生自艾自憐或其他情緒，住於中立的情緒，此種「心受」即是「捨」（巴 *upekkhā*）。這樣的情緒作用被視爲通往涅槃重要的階段，〔註 17〕此處的涅槃可說是「現法涅槃」（巴 *diṭṭhadhamma-nibbāna*），當下就清淨無染的身心狀態。Kuan, Tse-fu 亦認爲，這是由於「念處」的關係，「念處」即爲保持正念、專注於所緣，經由念的轉換消除情緒的晃動而達到「捨」（巴 *upekkhā*）：

間接感受在此處沒有被提及，因爲實施正念、正知而阻止了它。〔註 18〕

「間接感受」即爲「情緒」，「正念」即爲「念處」，「念處」是既有止禪又有觀禪的法門，可藉此達到完全專注於所緣，去除不善情緒的干擾，達到「捨」的狀態，關於達成「捨」的重要性，Anālayo Bikkhu 指出：

作爲深度內觀結果的捨，是一個趨向解脫程序的核心過程。〔註 19〕

此外，Nyanaponika Thera 認爲：

這樣的「捨」是完美的，是心無法被動搖的平衡，是根源於內觀（insight）的。〔註 20〕

Kuan, Tse-fu 則指出《六根分別經》中最受推崇的「捨」是：

當一個人以適當的智慧如實地看見那有形體者，無論是過去和現在，都是無常的、無法滿足的、變異的，此時所生起的「捨」……

〔註 16〕《雜阿含經》卷 17：「譬如士夫身被雙毒箭，極生苦痛，愚癡無聞凡夫亦復如是。增長二受，身受、心受，極生苦痛。所以者何？以彼愚癡無聞凡夫不了知故，於諸五欲生樂受觸，受五欲樂，受五欲樂故，爲貪使所使；苦受觸故，則生瞋恚，生瞋恚故，爲恚使所使。於此二受，若集、若滅、若味、若患、若離不如實知；不如實知故，生不苦不樂受，爲癡使所使。爲樂受所繫終不離，苦受所繫終不離，不苦不樂受所繫終不離。云何繫？謂爲貪、恚、癡所繫，爲生、老、病、死、憂、悲、惱、苦所繫。」見 CBETA, T02, no. 99, p. 120, a12-22。

〔註 17〕Anālayo, 2009. *From Craving to Liberation*, Malaysia：SBVMS Publication, p.121.

〔註 18〕Kuan, Tse-fu. 2008. *Mindfulness in Early Buddhism*. New York: Routledge, p.30.

〔註 19〕Anālayo, 2009. *From Craving to Liberation*, Malaysia：SBVMS Publication, p.121.

〔註 20〕Nyanaponika Thera .1999. *The Four Sublime States.* Inward Path, Penage, p.27.

是立基於無欲的「捨」，是一種保持情緒不受干擾，不執著於任何六根經驗的狀態，這須要憑藉著對事物本質的無常、苦的沉思，並且切斷標示其可意或不可意，不計較得失……是源於對被經驗之事物本質的洞察力。〔註21〕

以上三位學者皆認爲「捨」的生起，歸因於對經驗事物的本質達到透澈的認識，是以「內觀」體證所經驗物（所緣）的苦、空、無常、無我而產生，這是「深度內觀結果」，是以「如實知見」（巴 *yathābhūtañāṇadassana*）完成的，可知「內觀」的實際內容爲如實知見的實踐，也就是說實踐內觀表示已履行如實知見，而實踐如實知見等同於內觀操作成功。可知「捨」是「內觀」修習成就的象徵，但是記載道次第的經文中，「禪定」、「如實知見」所生起者，爲何都是「厭離」而並非爲「捨」？如《中阿含經》卷 10〈5 習相應品〉：

若有正念正智，便習護諸根、護戒、不悔、歡悅、喜、止、樂、定、見如實、知如眞、厭、無欲、解脱；若有解脱，便習涅槃〔註22〕

此中之「見如實、知如眞」即爲「如實知見」，《雜阿含經》〔註23〕與《中阿含經》〔註24〕都有相同於此次第的經文，它可說是修行次第之標準公式，若根據上面三位學者的說法，道次第也可以是如下這種順序：

禪定生起如實知，如實知生起捨。

經中不曾記載如此的修道次第，此外，述說四禪禪支的經文，也不曾言明「捨」的生起與內觀、智慧有關，但是「捨」爲「覺知外界刺激，卻不被此刺激影響心受」之意，是保持於中立的情緒，學者們認爲此是達到涅槃的核心過程，因此，是否「厭離」與「捨」所指的是相似的情緒狀態？若是的話，「厭離」又爲何作爲此二者的代表，而被置於道次第之中？

〔註21〕Kuan, Tse-fu. 2008. *Mindfulness in Early Buddhism*. New York: Routledge, p.26.

〔註22〕CBETA, T01, no. 26, p. 485, c28-p. 486, a2.

〔註23〕《雜阿含經》卷 18：「持戒比丘根本具足，所依具足，心得信樂；得信樂已，心得歡喜、息、樂、**寂靜三昧**、**如實知見**、**厭離**、離欲、解脱；得解脱已，悉能疾得無餘涅槃。」見 CBETA, T02, no. 99, p. 129, a18-21，此寂靜三昧是爲禪定。

〔註24〕《中阿含經》卷 10〈5 習相應品〉：「阿難！多聞聖弟子**因定便得見如實、知如眞，因見如實、知如眞，便得厭**，因厭便得無欲，因無欲便得解脱，因解脱便知解脱」見 CBETA, T01, no. 26, p. 485, b10-13。又如《中阿含經》卷 10〈5 習相應品〉：「若比丘不多忘有正智，便習正念正智；若有正念正智，便習護諸根、護戒、不悔、歡悅、喜、止、樂、**定**、**見如實**、**知如眞**、**厭**、無欲、解脱；若有解脱，便習涅槃。」見 CBETA, T01, no. 26, p. 485, c27-p. 486, a2。

第二節　「厭離」與「捨」之比較

上章已描述「止禪」與「觀禪」及其所生起之狀態：專修「觀禪」者不特意修持止禪，〔註 25〕以五蘊、六入處的狀況爲所緣專注觀察其生滅，熟練之後，行者即觀察到所緣皆爲無常、苦、無我，因此對所緣一視同仁，不生起差別看法，無從生起愛著或惱怒的中立情緒狀態，觀禪頂點的專注力可能等於是某階段的禪定或是近分定，〔註 26〕是一種安止而舒適的狀態，這樣如法修習如實知見的初步即會達到「厭離」。〔註 27〕

「止禪」則是以修習心一境性（巴 *ekaggacitta*）爲重，止禪的修習必須專注於遍處〔註 28〕，在心中生起「似相」（巴 *paṭibhāga-nimitta*）持續將專注力放在所緣上，〔註 29〕專注力提升時某些禪支由於因緣不具足而消失，禪定也依此進階，經歷數次的進階之後，達到四禪時，其心理特徵（禪支）如上文所述：具有專注力（念）、具有中立的情緒（捨），故有無欲的心（清淨）。〔註 30〕

〔註 25〕漢譯的須深經（《雜阿含經》卷 14（CBETA, T02, no. 99, p. 96, b25-p. 98, a12），是說完全不修禪定，成爲「慧解脫者」；然而南傳的《相應部》（SN., II, 122-123）與漢傳之《摩訶僧祇律》（CBETA, T22, no. 1425, p. 362, b25-p. 363, b26）之對應經文則記載著慧解脫者雖然已證阿羅漢，但是並未證得「五神通」以及「四無色定」，換言之六種神通之中，佛教最重視者應屬「漏盡通」，所謂「漏盡通」，實則爲四聖諦如實知（CBETA, T01, no. 1, p. 86, c3-8），但後世也有認爲觀禪可以是近分定或是初禪，而不可能高於此狀態。

〔註 26〕關於觀禪修習的禪定，溫宗堃認爲最深不會高於初禪：「理論上，若要進升到第二禪那，必須去除『尋』、『伺』兩個心所。因爲毗婆舍那心不能缺少『尋』、『伺』兩個心所，所以它似乎就無法成就無尋、無伺的『二禪』。」見〈毗婆舍那也是禪那？——巴利註釋文獻的觀相（禪那）〉，《大專學生佛學論文集（十六）》（台北：華嚴蓮社，2006），頁 27。不過對此魯柏・葛汀並沒有對此觀禪的層次下一斷言，其中恐有討論的空間。

〔註 27〕葛汀認爲：「觀禪的頂點也同樣是安止與舒適的狀態。」魯柏・葛汀（Rupert Gethin）著，許明銀譯，《佛教基本通》（台北：橡實文化出社，2009），頁 224。張雲凱認爲：「經由精進修習毘婆舍那，將生起厭離。在 *Samantapāsādikā 5-Parivara-aṭṭhakathā* 中也有類似的説法：『厭離是達到頂點的〔毘婆舍那〕，〔它〕源於操作有力的毘婆舍那』」。張雲凱，〈試論《雜阿含經》之「厭離」〉，《中華佛學研究》第 11 期（台北：中華佛學研究所，2010），頁 191。綜合二者所説，可知厭離是一種安止與舒適的心理狀態。

〔註 28〕「遍處」是修習止禪專注的所緣。遍處的製作與修法可見覺音（Buddhaghosa）著，葉均譯，《清淨道論》（高雄：正覺佛教會，2002），頁 124～127。

〔註 29〕魯柏・葛汀（Rupert Gethin）著，許明銀譯，《佛教基本通》（台北：橡實文化出社，2009），頁 218～219。

〔註 30〕蔡奇林，〈第四禪「捨念清淨」（*upekkha-sati-parisuddhi*）一語的重新解讀——

上述學者的看法，認為由於四禪已經除去了欲望，並借助四禪的安止，依此而生起如實知見，在認知上得所緣苦、空、無常等特性，因此情緒保持著「捨」。

綜合以上論述可知，「厭離」與「捨」二者都是內自觀察所緣的苦、空、無常、無我而保持著中立的情緒。除此比較的推論結果之外，在《阿含經》中，也有描述「厭離」與「捨」兩者類似的經文，首先是關於「捨」，如《雜阿含經》卷 5：

> 如是聖弟子見四眞諦，得無間等果，斷諸邪見，於未來世永不復起。**所有諸色，若過去、若未來、若現在、若內、若外、若麤、若細、若好、若醜、若遠、若近，一向積聚**，作如是觀：「**一切無常、一切苦、一切空、一切非我**，不應愛樂、攝受、保持……（受、想、行、識之內容相同）」如是觀，善繫心住，不愚於法，復觀精進，離諸懈怠，心得喜樂，身心猗息，**寂靜捨住**。……自覺涅槃：「我生已盡，梵行已立，所作已作，自知不受後有。」〔註 31〕

此段經文是說得到四果阿羅漢的比丘，以不同的觀察角度（時間前後、自身或外物、容易被察覺的程度、合於己意與否、距離變化等等）去觀察五蘊，認為五蘊是因緣累積聚合，「一切是無常，一切是苦，一切為空，一切非為長存不變，不應該貪愛執著，不應該想要一直保有」，於是精進不以懈怠，心得喜樂、捨、寂靜，而知道已經成就涅槃。

引文中粗體部分可以說是陳述「如實知見」之定型文句，〔註 32〕此處的「如實知見」被指為生起「寂靜捨住」之主要原因；接下來這一段經文則是「如實知見」生起「厭離」的經文，如《雜阿含經》卷 1：

> 輸屢那！**當知色，若過去、若未來、若現在，若內、若外，若麁、若細，若好、若醜，若遠、若近，彼一切色不是我、不異我、不相在，是名如實知**。……（受、想、行、識之內容相同）……輸屢那！如是於色、受、想、行、識生厭，離欲、解脫，解脫知見：「我生已

兼談早期佛教研究的文獻運用問題〉，《臺大佛學研究》第 16 期（臺北：台大佛學中心，2008），頁 34～38。本文討論歷來關於四禪「捨念清淨」（巴 *upekkha-sati-parisuddhi*）複合詞之意，並作出上述結論。

〔註 31〕CBETA, T02, no. 99, p. 35, a2-14。

〔註 32〕如本頁下文所引述者，另外如 CBETA, T02, no. 99, p. 7, b3-6 以及 CBETA, T02, no. 99, p. 6, c28-p. 7, a2，皆有相似的文句。

盡，梵行已立，所作已作，自知不受後有。」〔註33〕

比較上面兩段引文，其中皆有「如實知見」的文句，而生起者一爲「厭離」，一爲「捨」，可知「厭離」與「捨」均生起自「如實知見」，且二者皆爲類似的心理狀態。除此之外，在南傳《中部疏抄》中，也有一段說明「厭離」與「捨」的同質性的文句，試譯如下：

> 「厭倦」是「不喜歡」。在別處是「**厭離**」（*nibbidā*），稱爲「有力的毗婆舍那」，由於俱足隨順諸行間的**平等性**（*saṅkhārupekkhā*），而名爲「出起」，此乃彼爲何名爲「厭離」（之因），由於「毗婆舍那出起」，此乃由於「至頂」（*sikhāpatta*）〔註34〕

從這段敘述可知由於「毗婆舍那」已經達到能夠對治煩惱生起的地步，平穩了身心，所以已經不生喜歡或討厭的分別。第一句說明原本喜歡的所緣經由修習毗婆舍那而變得不再喜歡，故稱爲「厭離」。可知由於毗婆舍那實行得力，在認知上確定了所緣的組成成分均爲無常，因此想蘊的分別作用無法分出差別而認爲「平等」，此乃「俱足隨順諸行間的平等性（*saṅhārupekkhā*）」故在情緒上也無任何方面的傾向，保持於「中立」，也就是「捨」；可知「厭離」與「捨」性質相同。

此外，禪定的漸趨細膩深入，是源自於專注而粗糙的心所自然消失，此作用需要「念」（巴 *sati*）的力量，前章已討論過，「念」是一種持續的專注力，它能夠指示「想蘊」實踐正確認識所緣的能力，〔註 35〕「念」經由指示想蘊專注於所緣，較爲粗糙而不善的心所漸次止息，〔註 36〕如前文所說，進入初禪時較爲粗糙的煩惱心所是「五蓋」，藉由捨棄它們以達到初禪這種善的、專

〔註33〕CBETA, T02, no. 99, p. 6, b16-24。

〔註34〕*Ukkaṇṭhatī ti nābhiramati. Aññattha "nibbidā" ti balavavipassanā vuccati, sānulomā pana saṅkhārupekkhā "vuṭṭhānagāminī" ti, sā idha katham nibbidā nāma jātāti āha "vuṭṭha-anagāmin-ivipassanāya hī" tiādi. Iminā sikhāpattanibbedatāya vuṭṭhānagāminī idha nibbidānāmena vuttāti dasseti.*（MT / *Mūlapaṇṇāsa-ṭīka* 245）

〔註35〕Kuan, Tse-fu, *Mindfulness in Early Buddhism*, New York: Routledge, 2008, p. 22.

〔註36〕禪定進入更細微的階段時，必會有禪支消失止息，如《雜阿含經》卷 17：「佛告阿難：『初禪正受時，**言語止息**，二禪正受時，**覺觀止息**，三禪正受時，**喜心止息**，四禪正受時，**出入息止息**；空入處正受時，**色想止息**，識入處正受時，**空入處想止息**，無所有入處正受時，**識入處想止息**，非想非非想入處正受時，**無所有入處想止息**，想受滅正受時，**想受止息**，是名**漸次諸行止息**。』」（CBETA, T02, no. 99, p. 121, b10-16。）

注的心理狀態。此狀態顯現為初禪的五種禪支：覺、觀、喜、樂、定；〔註37〕在欲進階更細微的二禪時，由於覺察更專注於所緣的結果，使得較為粗糙的「尋」與「伺」自然而然不與此想蘊相應而消失，因此進入二禪；〔註38〕二禪的建立由於「尋」、「伺」的消失而更為堅固，此時的「喜」、「樂」是由於「定」的堅固而生起，因此二禪的禪支是「喜」、「樂」、「定」；進入第三禪則同樣是由於更加專注，貪喜之心所無法與想蘊相應而消失，唯有身覺得樂，並由於正念正知而俱念；〔註39〕第四禪則捨去身樂覺，唯存「捨」（巴 *upekkhā*）、「念」（巴 *sati*）及精神狀態的「清淨」（巴 *pārisuddhi*）。〔註40〕

觀察這樣的過程可知每次進階至更深的禪定，都親身經歷較粗糙禪支的止息，由於想蘊運行「念」的功能，使得行者清楚察覺內心狀況改變，〔註41〕因此到了四禪的時候，可說經驗了四次不同禪支的消失，經驗者亦以「念」清楚覺察這些禪支消失，達到了「捨、念、清淨」這樣的心理狀態，「捨」：中立的情緒；「念」：持續的專注力；「清淨」：因為粗的禪支都漸次消失，因此處於無欲的狀況，完全地清淨。〔註42〕經歷這樣的過程由於「念」而實際體證禪支消失，即是履行了「如實知見」：以「念」如實地體證觀察上述禪支的生滅。

上文中所述三位學者之研究成果，說明依四禪而生起的「捨」，事實上由「內觀」而得，由此可知，如實知見是佛教修定發生的狀況，因此也可說內觀也來自修定發生的，本段經文可以說明此如實知見與禪定的因果關係並非刻意操作。若是如此，為何早於佛陀的印度修行者沒有提出如實知見？此可能與禪修系統不同有關。

回顧佛陀的修行歷史：佛陀在出家之後，學習印度傳統的修行方法，他

〔註37〕《雜阿含經》卷15：「聽彼聖弟子離欲、惡不善法，有覺有觀，離生喜樂，初禪具足住。」（CBETA, T02, no. 99, p. 106, c25-26。）

〔註38〕《雜阿含經》卷31：「息有覺有觀，內淨一心，無覺無觀，定生喜樂，第二禪具足住。」（CBETA, T02, no. 99, p. 219, c26-27。）

〔註39〕《雜阿含經》卷31：「離貪喜，捨住正念正智，覺身樂，聖人能說能捨念樂住，第三禪具足住。」（CBETA, T02, no. 99, p. 220, a19-21。）

〔註40〕《雜阿含經》卷17：「謂比丘離苦息樂，憂喜先已離，不苦不樂捨，淨念一心，第四禪具足住」（CBETA, T02, no. 99, p. 123, b13-15。）

〔註41〕Kuan, Tse-fu, *Mindfulness in Early Buddhism*, New York: Routledge, 2008, p.33.

〔註42〕蔡奇林，〈第四禪「捨念清淨」（*upekkha-sati-parisuddhi*）一語的重新解讀——兼談早期佛教研究的文獻運用問題〉，《臺大佛學研究》第16期（臺北：台大佛學中心，2008），頁34～38。

先後向阿羅羅伽羅摩（巴 *Āḷra Kālāma*）習得「無所有處定」以及鬱陀羅羅摩子（巴 *Uddaka Rāmaputta*）學習「非有想非無想處」定，在禪定方面分別到達了這兩種深奧的境界，但他卻仍有煩惱，因此他最後自己探訪解脫之路，〔註 43〕經過了極端的苦行、禪定和斷食，卻仍未自在解脫，因此對苦行之修行方式感到懷疑，〔註 44〕後以較爲寬鬆的生活方式正常的身心狀態修習禪定，導致覺悟成佛。可見其他宗教團體的修行方式與佛教的修行方式有著不小的差別。

從另外一個角度來看，粗糙的禪支隨著禪定的深入而被止息，說明了只要從一禪進入二禪，將會如實覺知喜受的滅；而從二禪進入三禪，行者將如實覺知樂受的滅，從三禪進入四禪，只剩下捨的情緒，並且俱念，而心則是純然地清淨。這代表了若沒有先見作祟，〔註 45〕在進入下一進階的禪定時，就可以如實覺知一種較粗糙禪支的消失，也就是說禪定者由於具足念力而已經具足了「如實知見」的能力，此爲觀禪重要的功能。

從上文看來，觀禪可能是佛陀進入禪定並逐漸深入時發現的，〔註 46〕然

〔註 43〕此段向二位仙人學道的故事可見於中部（*Majjhima-nikāya*）《聖求經》（*Ariyapariyesana Sutta*, MN I, 160-175）或《中阿含經》卷 56〈3 晡利多品・羅摩經第三〉（CBETA, T01, no. 26, p. 775-778）。

〔註 44〕*Tassa mayhaṃ Aggivessana etad ahosi: ye kho keci atītaṃ addhānaṃ samaṇā vā brāhmaṇā vā opakkamikā duhhkhā tippā kaṭukā vedanā vedayiṃ su, etāvaparamaṃ nayito bhiyyo; ye pi hi keci anāgatam addhānaṃ samaṇā vā brāhmaṇā vā opakkamikā dukkhā tippā kaṭukā vedanā vedayissanti, etāvaparamaṃ nayito bhiyyo; ye pi hi keci etarahi samaṇā vā brāhmaṇā vā opakkamikā dukkhā tippā kaṭukā vedanā vediyanti, etāvaparamaṃ nayito bhiyyo; na kho panāhaṃ imāya kaṭukāya dukkarakārikāya adhigacchāmi uttariṃ manussadhammā alamariyañāṇadassana-visesaṃ, siyā nu kho añño maggo bodhāyāti.*（MN I.246）

〔註 45〕當時其他宗教修習者也同樣修習禪定，但沒有注意到「如實知見」，應該歸因於受到原本師傳所學的影響。例如耆那教的以身業爲重的觀點，導致該教雖然修習禪定，但卻著眼於致力修練身行不動的禪定；而婆羅門教的禪定或外道的瑜伽行者則專注於與大梵合一，因此無法覺察「如實知見」。從另一點可以驗證，於契經中有深刻禪定基礎的其他宗教修習者，在聽聞佛陀說法之後，許多都直接證果，並投入佛陀座下，這說明了正見的重要性，因此錯誤的先見會阻礙如實知見的開展。

〔註 46〕Cousins 認爲：「如果我們並未精確地知道佛陀之前已有的情行，如果在佛陀在世時與般涅槃之後，不同的教學發展必然發生，那麼我們很難說佛陀本人到底教了什麼。」由於歷史的史實陳述觀念的缺乏，佛陀本身所教到底是什麼也無法得知。Lance Cousins 著，溫宗堃譯，〈內觀修行的起源〉，《正觀》第

而值得注意的是，佛陀必須不受到之前其他修行團體之教法的影響，否則可能會流於原本修行團體的成見。據上文記載，佛陀修習過其他宗教修行團體的修行方法，並認為是無法究竟解脫的，因此佛陀在進入禪定之時，由於不採納婆羅門教「梵我合一」的理論，也不以兩位仙人所傳授之「無所有處定」以及「非有想非無想處」的定境為究竟，避免被深定妙樂所糾纏；也不以耆那教達到「不動禪定」為無上解脫，〔註 47〕因此才能夠對於逐漸消失的各種禪支，產生如實觀察的能力，而體證「諸行無常」及「諸法無我」。

若是這樣的話，上述的提問：為何其他宗教團體的禪定無法獲得如實知見？就可以得到解答，因為佛陀的禪定進路與其他宗教團體的不同，所以別的宗教團體並無法獲得如實知見；此外，他們多少存在著不同的「我見」，也導致了不同於佛陀體証的結果。這樣說來前述三位佛學研究學者將一般觀念中認為是經由止禪而獲得的四禪「捨」禪支，敘述成是與觀禪有關的「如實知見而得」的相關研究說法，也就很合理了，因為禪定進階之時就已經具備如實內觀的能力，否則無法覺察禪支的消失，只不過在於是否可以單純地看著那禪支的生滅，而不是對於某種禪境產生執著與嚮往，或是受到先見的影響而沒有朝著體證諸行無常的共同特徵上去觀察。

第三節　「觀禪」與「厭離」

一、「厭離」由「觀禪」而生

依上節所述可知觀禪的成立是一個發明，因為觀禪較不重視止禪的修習，〔註 48〕直接去觀察五蘊及六入處的變化，依此體證到諸行無常，諸法無我、一切皆苦的實相。因為此法有別於當時以止禪，尤其是以苦行配合止禪為主軸的修道文化極為普通，而且似乎由於較易學習或得到成就，《尼柯耶》與《阿含經》中都有文獻顯示，以此成就慧解脫者人數多過三明、六通及俱解脫加起來人數的總合，表示它在當時受到許多人的學習，如《雜阿含經》卷 45：

30 期（南投：正觀雜誌，2004），頁 208。

〔註 47〕見本文，頁 38～41，此處介紹了耆那教成為全知者的禪定。

〔註 48〕見 CBETA, T02, no. 99, p. 97, a3-22.此處說明觀禪所得之慧解脫不需要修習禪定。

> 舍利弗白佛言：「世尊！此五百比丘既無有見聞疑身、口、心可嫌責事，然此中幾比丘得三明？幾比丘俱解脫？幾比丘慧解脫？」佛告舍利弗：「此五百比丘中，九十比丘得三明，九十比丘得俱解脫，餘者慧解脫。〔註49〕

佛教中之「三明」是修行成就之後自然引發之能力，他們是爲「宿命智證通」、「生死智證通」、「漏盡智證通」，〔註50〕必須經由四禪而成就，〔註51〕從上節討論可知，此能力之生起與「念」有極大的關連，俱解脫者必須修定至滅受想定，才可親證。〔註52〕而慧解脫者則如上章所述，不專修禪定則可逕修觀

〔註49〕 CBETA, T02, no. 99, p. 330, b21-27。另見《中阿含經》卷29〈1 大品〉（CBETA, T01, no. 26, p. 610, b20-27）。對照此經文之南傳經文也類似有此說法：*No ce kira me, bhante, bhagavā kiñci garahati kāyikaṃ vā vācasikaṃ vā. Imesaṃ pana, bhante, bhagavā pañcannaṃ bhikkhusatānaṃ na kiñci garahati kāyikaṃ vā vācasikaṃ vā " ti. " Imesampi khvāh ṃ, sāriputta, pañcannaṃ bhikkhusatānaṃ na kiñci garahāmi kāyikaṃ vā vācasikaṃ vā. Imesañhi, sāriputta, pañcannaṃ bhikkhusatānaṃ saṭṭhi bhikkhū tevijjā, saṭṭhi bhikkhū chaḷabhiññā, saṭṭhi bhikkhū ubhatobhāgavimuttā, atha itare paññāvimuttā ti.*（SN. I. 191）試譯此經文：「我確實無訶責其身語，朋友！善逝無從呵責此五百比丘之身語。此中，舍利弗！六十位三明比丘，六十位六通比丘，六十名俱解脫比丘，其他的是慧解脫。」差異在於此處爲三明與六通、俱解脫者各六十位，其餘爲慧解脫者。若以五百人減去相加後之一百八十人，可知慧解脫者爲三百二十人。

〔註50〕 《雜阿含經》卷31：「有無學三明。何等爲三？謂無學宿命智證通、無學生死智證通、無學漏盡智證通。」見 CBETA, T02, no. 99, p. 223, b13-15。如《長阿含經》卷15：「佛言：『若比丘以三昧心清淨無穢，柔軟調伏，住不動處，乃至得三明，除去無明，生於慧明，滅於闇冥，生大法光，出漏盡智。所以者何？斯由精勤，專念不忘，樂獨閑居之所得也。婆羅門！是爲智慧具足。』」（CBETA, T01, no. 1, p. 96, c7-12。）又如《長阿含經》卷16：「佛言：『迦葉！彼比丘以三昧心，乃至得三明，滅諸癡冥，生智慧明，所謂漏盡智生。所以者何？斯由精勤，專念不忘，樂獨閑靜，不放逸故。迦葉！此名沙門、婆羅門，戒具足、見具足，最勝最上，微妙第一。』」（CBETA, T01, no. 1, p. 104, a6-11。）其中的「漏盡智」，與「觀禪」息息相關，如《雜阿含經》卷31：「『云何漏盡智證明？謂聖弟子此苦如實知，此苦集、此苦滅、此苦滅道跡如實知；彼如是知、如是見，欲有漏心解脫、有有漏心解脫、無明漏心解脫，解脫知見：『我生已盡，梵行已立，所作已作，自知不受後有。』是名漏盡智證明。』」（CBETA, T02, no. 99, p. 223, c1-6。）可知這是爲觀禪的實際操作內容陳述。

〔註51〕 見 CBETA, T01, no. 26, p. 747, c26-p. 748, b22。另外，Kwan 指出：「四禪提供了最理想的情感狀態與認知能力，以準備使心到達精神上的最後目標，並藉此使人發展出三明，達到解脫。」Kuan, Tse-fu, *Mindfulness in Early Buddhism*, New York: Routledge, 2008, p.39

〔註52〕 《中阿含經》卷24〈4 因品〉：「『復次，阿難！有八解脫。云何爲八？色觀色，

禪成就。慧解脫是滅除無明達成的，心解脫是滅除欲望而成就，〔註 53〕「無明」乃是十二因緣法之起首，若能以「明」取代「無明」，就沒有「無明」的五蘊，此乃慧解脫者達成解脫的途徑。因此在發明此解脫法的當時，應該可以說是相對於必須修習四禪八定所得的心解脫與俱解脫之「易行道」。

《阿含經》中記載了佛陀對教團及教法所做的創新突破，例如：佛陀提倡人人生而平等，這是說人們各承受自所作業，而且人皆有煩惱，也皆能依循正軌而解脫煩惱，因此人並無階級之別，〔註 54〕所以佛陀不光接納高尚階

是謂第一解脫。復次，內無色想外觀色，是謂第二解脫。復次，淨解脫身作證成就遊，是謂第三解脫。復次，度一切色想，滅有對想，不念若干想，無量空處，是無量空處成就遊，是謂第四解脫。復次，度一切無量空處，無量識處，是無量識處成就遊，是謂第五解脫。復次，度一切無量識處，無所有處，是無所有處成就遊，是謂第六解脫。復次，度一切無所有處，非有想非無想處，是非有想非無想處成就遊，是謂第七解脫。復次，度一切非有想非無想處，想知滅解脫身作證成就遊，及慧觀諸漏盡知，是謂第八解脫。阿難！若有比丘彼七識住及二處知如眞，心不染著，得解脫，及此八解脫，順逆身作證成就遊，亦慧觀諸漏盡者，是謂比丘阿羅訶，名俱解脫。』」（CBETA, T01, no. 26, p. 582, a17-b4。）

〔註 53〕如《雜阿含經》卷 26：「比丘！離貪欲者心解脫，離無明者慧解脫。」見 CBETA, T02, no. 99, p. 190, b17-18。

〔註 54〕佛陀認爲人的差別是因爲行爲而產生的，犯罪者不論種姓，都是犯罪，所以他不贊成依種姓訂出不同階級。《雜阿含經》卷 20：「時，摩偷羅國王……問尊者摩訶迦旃延：『婆羅門自言：「我第一，他人卑劣，我白，餘人黑，婆羅門清淨，非非婆羅門；是婆羅門子從口生，婆羅門所化，是婆羅門所有。」尊者摩訶迦旃延！此義云何？』……即問言：『大王！汝爲婆羅門王，於自國土，諸婆羅門、剎利、居士、長者，此四種人悉皆召來，以財以力使其侍衛，先起後臥，及諸使令，悉如意不？』答言：『如意。』復問：『大王！剎利爲王、居士爲王、長者爲王，於自國土所有四姓悉皆召來，以財以力令其侍衛，先起後臥，及諸使令，皆如意不？』答言：『如意。』復問：『大王！如是四姓悉皆平等，有何差別？當知，大王！四種姓者，皆悉平等，無有勝如差別之異。……是故，大王！當知四姓，世間言說爲差別耳，乃至依業，眞實無差別也。復次，大王！此國土中有婆羅門，有偷盜者，當如之何？』……『婆羅門中有偷盜者，或鞭、或縛，或驅出國，或罰其金，或截手足耳鼻，罪重則殺，及其盜者。然婆羅門，則名爲賊。』復問：『大王！若剎利、居士、長者中有偷盜者，當復如何？』……『亦鞭、亦縛，亦驅出國，亦罰其金，亦復斷截手足耳鼻，罪重則殺。』……『如是，大王！豈非四姓悉平等耶？爲有種種差別異不？』王白尊者摩訶迦旃延：『如是義者，實無種種勝如差別。』……復問：『大王！婆羅門……作十不善業跡已，爲生惡趣耶？善趣耶？於阿羅呵所爲何所聞？』王白尊者摩訶迦旃延：『婆羅門作十不善業跡，當墮惡趣，阿羅呵所，作如是聞。剎利、居士、長者亦如是說。』復問：『大王！若婆羅門行十善業跡，離殺生，乃至正見，當生何所？爲善趣耶？爲惡趣耶？

級者，也同時接受低賤種姓者的加入；在修行生活方面：佛陀主張苦行與樂行不能得到智慧與解脫，必須依中道的方式生活引發才足以證道，〔註 55〕此也有別於當時其他的宗教團體；再者，佛陀主張無我（巴 *anatta*），即沒有長存不滅的自我靈魂（巴 *atta*），這也異於婆羅門傳統的主張；除此之外，佛陀不談論純粹哲學的問題，〔註 56〕其解脫道的設計著眼於自力培養發展吾人的智慧，以滅盡心中的不善情緒與煩惱，成爲現世的覺者，於現世達成涅槃，存在於平靜、中立的情緒中，這一點也相異於當時的其他修道團體。

這些主張與作法，除了與印度當時修行文化的既定概念存在許多的差別之外，也給予當時嚴格執行種姓制度的社會價值帶來不同的觀點，想必引起許多話題。〔註 57〕因此，佛陀或其弟子們發明「慧解脫」這項有別於當時

於阿羅呵所，爲何所聞？』王白尊者摩訶迦旃延：『若婆羅門行十善業跡者，當生善趣，阿羅呵所，作如是、聞如是，刹利、居士、長者亦如是說。』復問：『云何？大王！如是四姓，爲平等不？爲有種種勝如差別？』王白尊者摩訶迦旃延：『如是義者，則爲平等，無有種種勝如差別。』『是故，大王當知，四姓悉平等耳，無有種種勝如差別。……當知業眞實、業依。』」見 CBETA, T02, no. 99, p. 142, a19-c24。

〔註 55〕《中阿含經》卷 43〈2 根本分別品〉：「佛言：『莫求欲樂、極下賤業，爲凡夫行。亦莫求自身苦行，至苦非聖行，無義相應，離此二邊，則有中道，成眼成智，自在成定，趣智、趣覺、趣於涅槃。……』」見 CBETA, T01, no. 26, p. 701, b28-c2。另如《雜阿含經》卷 10：「迦旃延！如實正觀世間集者，則不生世間無見，如實正觀世間滅，則不生世間有見。迦旃延！如來離於二邊，說於中道，所謂此有故彼有，此生故彼生，謂緣無明有行，乃至生、老、病、死、憂、悲、惱、苦集；所謂此無故彼無，此滅故彼滅，謂無明滅則行滅，乃至生、老、病、死、憂、悲、惱、苦滅。」見 CBETA, T02, no. 99, p. 67, a2-8。

〔註 56〕《雜阿含經》卷 16：「時，有眾多比丘集於食堂，作如是論，或謂世間有常，或謂世間無常、世間有常無常、世間非有常非無常，世間有邊、世間無邊、世間有邊無邊、世間非有邊非無邊，是命是身、命異身異，如來死後有、如來死後無、如來死後有無、如來死後非有非無。爾時，世尊一處坐禪，以天耳聞諸比丘集於食堂論議之聲。聞已，往詣食堂，於大眾前敷座而坐，告諸比丘：『汝等比丘眾多聚集，何所言說？』時，諸比丘白佛言：『世尊！我等眾多比丘集此食堂，作如是論，或說有常，或說無常……』如上廣說。佛告比丘：『汝等莫作如是論議。所以者何？如此論者，非義饒益，非法饒益，非梵行饒益，非智、非正覺，非正向涅槃。汝等比丘應如是論議：「此苦聖諦、此苦集聖諦、此苦滅聖諦、此苦滅道跡聖諦。」所以者何？如是論議，是義饒益、法饒益、梵行饒益、正智、正覺、正向涅槃。是故，比丘！於四聖諦未無間等，當勤方便，起增上欲，學無間等。』」見 CBETA, T02, no. 99, p. 109, a28-b17。

〔註 57〕這一點可從其他宗教團體因爲乞食不易，因此推舉聰明者混入佛教僧團打聽佛陀所教之法門之經文中得知，可知社會大眾頗爲接受佛陀的觀點與作法。

的修道方法，一種能夠省略相較之下煩瑣難行的止禪修行，卻同樣可以抵達涅槃的觀禪法門，對於當時如此與眾不同的佛教來說，社會大眾相信也不會太感到驚訝，相反地，會有興趣去了解這樣的解脫方式是否眞的可行，眞的比較簡易。

根據記載，佛陀僧團的崛起導致其他宗教團體乞食不易，供養短缺，始有須深進入僧團探聽佛陀教法一事，〔註 58〕或許即是由於上述這些原因：種姓平等、中道生活、自力息滅煩惱、修行方式簡化，〔註 59 而廣受當時社會大眾歡迎，使得托缽維生變得容易方便，〔註 60〕佛陀的僧團人數發展快速。然而，可能起於同樣的原因，導致進入僧團人員之素質良莠不齊，甚或此也是部派分裂的遠因。

另一方面，可以推想的是，既然研發出這種創新而較爲容易達成的觀法，勢必需要在修行道次第上賦予此法一個位置以及名稱，以彰顯其妙用，並認定其正統性，經過比較其性質，遂在道次第的位置上，將它放置於「如實知見」之後，而名稱方面，則以「厭離」（*nibbidā*）稱呼之。

二、「厭離」於道次第中的位置

如上文曾經敘述，《阿含經》之中陳述成就涅槃的道次第中，「厭離」與其前後者關係爲：

三摩地 → 如實知 → 厭離 → 離欲 → 解脱

不過若依據上述學者的論述，止禪中之四禪由於「具念」與「清淨」，達到一個很適合解脫的心理狀態，此時專注的「念」，〔註 61〕依如實知見證得所緣本性：苦、空、無常、無我，繼之而生起四禪另一個禪支「捨」，此「捨」

〔註 58〕CBETA, T02, no. 99, p. 96, b25-p. 98, a12.

〔註 59 從修習慧解脱者之人數比例來看，此法的發明似乎有取代傳統以止禪進而達成俱解脱者之修行道的可能 ，見 CBETA, T02, no. 99, p. 330, b21-27，從此亦可得知此法廣受弟子們之使用。

〔註 60〕據經文表示，其它宗教團體曾派遣人士進入佛陀僧團了解佛陀的教法，其動機就是因爲供養他們的信眾都供養佛教僧眾，自己托缽量變少了。見 CBETA, T02, no. 99, p. 96, b25-c9。

〔註 61〕若説前三禪也可得到如實知見，不過此中並未有單純的禪支，雖然禪定必定會「具念」，不過可能因爲有許多的禪支而無法有極專注的念，以了知諸法實相，生起捨，否則在前三禪應該也會有相似的禪支的內容。因此捨的穩定必定是四禪的明顯特徵。

被認為是一種中立的情緒，被認為對於構成佛教解脫是必要的條件〔註 62〕，因此據上述討論得知，「厭離」與「捨」皆被視為如實知見後生起的情緒，差異點在於前者生起於慧解脫的狀態，而後者則生起於四禪。這樣看來，「厭離」與「捨」之於道次第上的問題似乎有值得討論之處。

（一）厭離之穩定性

就止禪的解脫系統來說，四禪的「捨」是一種安止定下的情緒，而「厭離」似乎是會退轉的，並不穩定的，如同覺音論師在註釋書中所說：

> 厭離是毗婆舍那〔內觀〕的頂點。〔註 63〕

但是，是否能一直處於內觀的頂點，端看修行者的「念」（巴 sati）的維持功力如何，這實在如同前述所說，慧解脫者不特意習禪定，因此「念」的強度與穩定程度勢必是不如生起「捨」的四禪。在《雜阿含經》的經文中，佛陀告誡弟子們要於五蘊多多修習「厭離」，並將心停留於「厭離」的狀態，以求得在解脫道之上能發展得更深更遠，可能可以當做此狀態的一種解釋，如《雜阿含經》卷 2：

> 爾時，世尊告諸比丘：「信心善男子應作是念：『我應隨順法，我當於色多修厭離住，於受、想、行、識多修厭離住。』信心善男子即於色多修厭離住，於受、想、行、識多修厭離住，故於色得厭，於受、想、行、識得厭，厭已，離欲、解脫，解脫知見：『我生已盡，梵行已立，所作已作，自知不受後有。』」〔註 64〕

這段經文是說，應該隨順著修行的方法，我應該以五蘊為所緣，時常修習厭離五蘊，如此才能離欲、解脫，並知見自己已解脫：我的生命已到盡頭，我已建立清淨梵行，應作者我已作，自之不再受生。

從佛陀鼓勵弟子勤修「厭離」來看，「厭離」可能是一種會退失的心理狀

〔註 62〕Kuan, Tse-fu, *Mindfulness in Early Buddhism*, New York: Routledge, 2008, p. 32.

〔註 63〕*Samantapāsādikā 5-Parivara-aṭṭhakathā*（*Sp.Pari.VII*）*,p.1366.* ：*Nibbidāti sikhāpattā vuṭṭhānagāminibalavavipassanā.*

〔註 64〕CBETA, T02, no. 99, p. 12, a10-16。同樣的說法可見《雜阿含經》卷 2：「一時，佛住舍衛國祇樹給孤獨園。爾時，世尊告諸比丘：『信心善男子正信非家出家，自念：「我應隨順法，於色當多修厭住，於受、想、行、識多修厭住。」信心善男子正信非家出家，於色多修厭住，於受、想、行、識多修厭住已，於色得離，於受、想、行、識得離。我說是等，悉離一切生、老、病、死、憂、悲、惱、苦。』」（CBETA, T02, no. 99, p. 12, a18-25。）

態。下引經文則說，若是於五蘊受到樂所侵蝕，則無法生起「厭離」，必須於五蘊感受到苦，也就是五蘊無常的面貌，才得以「厭離」，也顯示出「厭離」的狀態其實並非如此堅固，《雜阿含經》卷 3：

> 摩訶男！何因、何緣眾生清淨？摩訶男！若色一向是樂、非苦、非隨苦、非憂苦長養、離苦者，眾生不應因色而生厭離。摩訶男！以色非一向樂，是苦、隨苦、憂苦長養、不離苦，是故眾生厭離於色；厭故不樂，不樂故解脫。摩訶男！若受、想、行、識，一向是樂、非苦、非隨苦、非憂苦長養、離苦者，眾生不應因識而生厭離。摩訶男！以受、想、行、識，非一向樂，是苦、隨苦、憂苦長養、不離苦，是故眾生厭離於識；厭故不樂，不樂故解脫。摩訶男！是名有因、有緣眾生清淨。〔註 65〕

此經文是說，眾生如何達到清淨？若色等五蘊一直都是樂，不是苦，不會被苦所困擾，苦不會一直增加，是遠離苦的話，眾生不應該因爲色等五蘊而厭離，事實上就是因爲色等五蘊是苦，是被苦所困擾，苦是一直增加的，是無法離開苦的，因此眾生厭離色等五蘊。但是五蘊若一直都是讓人快樂的，不是苦的，不會被苦所困擾，苦不會一直增加，是遠離苦的話，眾生不應該因五蘊而厭離，實際上五蘊並非一直都是樂，而是苦，苦是一直增加的，是無法離開苦的，所以眾生才應該厭離於五蘊。

這應該是由於「厭離」並無止禪或深定的基礎，「念」（巴 *sati*）不強，一旦失念，就可能會感到疲累，如溫宗堃所說：〔註 66〕

〔註 65〕CBETA, T02, no. 99, p. 21, a11-21.本經文之對應南傳經文應該解釋得較爲清楚：*Vedanā ca hidaṃ, mahāli, ekantasukhā abhavissa*…… *pe*…… *aññā ca hidaṃ, mahāli*…… *pe*…… *aṅkhārā ca hidaṃ, mahāli, ekantasukhā abhavissaṃ su* …… *pe* …… *viññāṇañca hidaṃ, mahāli, ekantasukhaṃ abhavissa sukhānupatitaṃ sukhāvakkantaṃ anavakkantaṃ dukkhena, nayidaṃ sattā viññāṇasmiṃ nibbindeyyuṃ. Yasmā ca kho, mahāli, viññāṇaṃ dukkhaṃ dukkhānupatitaṃ dukkhāvakkantaṃ anavakkantaṃ sukhena, tasmā sattā viññāṇasmiṃ nibbindanti; nibbindaṃ virajjanti; virāgā visujjhanti. Ayaṃ kho, mahāli, hetu, ayaṃ paccayo, sattānaṃ visuddhiyā. Evampi sahetū sappaccayā sattā visujjhantī" ti.*（SN. III. 70）試譯：「摩訶男，因爲此受、想、行、識如果一邊爲樂受，……此受如果一邊爲樂受會被樂受影響，會被樂受困擾，而不被苦所困擾，此人即不會厭離於識。摩訶男，凡於識是苦，被苦所影響，被苦所困擾而不被樂困擾，因此人們厭離於識，正處於厭離的人離欲，離欲者清淨。摩訶男，此是因，此是緣，眾生清淨，而具足因，具足緣眾生清淨。」

〔註 66〕溫宗堃，〈巴利註釋文獻裡的乾觀者〉，《正觀》第 33 期（南投：正觀雜誌，

覺音尊者提到，坐修內觀時，時間一久，會出現身苦，而色、無色界定則可爲行者帶來樂受，從這裡我們可以推知，乾觀者純粹修習內觀，沒有禪那水的滋潤，可能在修行過程中較止乘者辛苦。

而且也較容易因爲急於想要達到立竿見影的效果，在過程中反而無法專注。如溫宗堃所說：〔註 67〕

事實上，註釋家視四界分別爲乾觀者初修內觀入手處，應是可想而知的，其理由可歸納如下：《清淨道論大疏》鈔說到，有人因厭離心強，爲了迅速離輪迴苦，不願修習安止定。

可知慧解脫道的修行者可能會因失念而退轉，不如止禪修習者那般的穩定，因此，雖然其內容是類似的，不過其穩定程度應該有極大的差別。除此之外，《中阿含經》卷 21〈2 長壽王品〉有云：

世尊告曰：「阿難！多聞聖弟子眞實因心，思念稱量，**善觀分別無常、苦、空、非我**，彼如是思念，如是稱量，**如是善觀分別**，便生忍、生樂、生欲、欲聞、欲念、欲觀，阿難！是謂**頂法**。**阿難！若得此頂法復失衰退，不修守護，不習精勤，阿難！是謂頂法退**。如是內外識、更樂、覺、想、思、愛、界、因緣起，阿難！多聞聖弟子此因緣起及因緣起法，思念稱量，善觀分別無常、苦、空、非我，彼如是思念，如是稱量，如是善觀分別，便生忍、生樂、生欲，欲聞、欲念、欲觀。**阿難！是謂頂法。阿難！若得此頂法復失衰退，不修守護，不習精勤，阿難！是謂頂法退**。阿難！此頂法及頂法退，汝當爲諸年少比丘說以教彼，若爲諸年少比丘說教此頂法及頂法退者，彼便得安隱，得力得樂，身心不煩熱，終身行梵行。」〔註 68〕

本引文大意是說弟子們應該觀察所緣之無常、苦、空、非我，如此即生忍、樂、善法欲、欲聞善法、欲念善法、欲觀所緣，此爲頂法。若不守護，不精進，頂法則可能會退。

之前曾提及南傳巴利三藏的註釋書中，說到「厭離爲毗婆舍那的頂點」，

2005），頁 41～45。此中乾觀者即指無止禪爲基礎，直接修習內觀者。

〔註 67〕溫宗堃，〈巴利註釋文獻裡的乾觀者〉，《正觀》第 33 期（南投：正觀雜誌，2005），頁 38。

〔註 68〕CBETA, T01, no. 26, p. 565, c3-19。本文之巴利對應經文爲 MN. 148. *Chachakka sutta.*，此中並無與此對應之經文。

此處經文所云之「頂法」亦敘述觀察所緣之無常、苦、非我，可見是在說明觀禪，即毗婆舍那，可推知此「頂法」應該就是在指「毗婆舍那的頂點」，亦即爲「厭離」，此段經文即說明此頂法需要精勤守護，若不精勤地守護它將可能會退失。

（二）以「厭離」為「中立情緒」之代表

道次第在「捨」與「厭離」之間選擇使用「厭離」，可以發現有兩處值得商議：

第一、生起「厭離」的觀禪並不刻意修習「三摩地」（意爲：「止禪」，巴 *samādhi*），在漢譯《雜阿含經》中甚至明言其完全不修禪定，卻將之列於三摩地所生的如實知見之後的解脫道次第中；

第二、經由「三摩地」生起的「如實知見」生起「捨」，此法明列於上文引述契經，現代學者們對此也抱持贊同立場，而「捨」卻未被列入道次第。現在的道次第可能如同葛汀所說：

> 後來對於解脫道的系統化說明，則代表一種妥協，它試圖調和原本在佛教行道本質上相當不同的概念。〔註 69〕

也就是說，這可能是原本止禪行者與後來觀禪行者兩大陣營協商之後的結論。〔註 70〕R. F. Gombrich 則並非認爲這種修道次第或成就高下的位置順序是協商的結果，他主張這是由於擁護者之間相互角逐競爭而來，作者以「內觀」、「無色定」（巴 *animitta-vihārim*）、「信解脫」（巴 *saddhā-vimutto*）爲例，說明禪定的支持者感到代表著智慧的內觀在修道的重要性根深蒂固而無法被動搖，因此轉而就將「信解脫」位置擠下去，因爲「信解脫」事實上並沒有眞的解脫，所以禪定的支持者在三者之間搶到次於慧學的位置。〔註 71〕

〔註 69〕魯柏・葛汀（Rupert Gethin）著，許明銀譯，《佛教基本通》（台北：橡實文化出社，2009），頁 235。

〔註 70〕同上註。除此之外，葛汀還說：「我們不難理解在早期佛教中，那些強調禪那重要性者，與主張無須先前禪那基礎的修觀者，彼此間存在著某種緊張的關係。」

〔註 71〕'*The author of AN IV, 74-9 is, I think, trying to remedy that situation. The "signless mental concentration" is symonymous with the "formless release", or approximately so. The author evidently feels that he cannont make an attack on the position of insight in the hierarchy: it is entrenched. Faith, however, is a far weaker opponent: someone "released by faith" is in fact not released at all! So in this debate between proponents of the three qualities, the "follower through faith" lose his position in the table of types who have reached or are headed for Enlightment to a proponent of concentration.*' Richard. F. Gombrich, *How Buddhism Began*, New York: Routledge, 2006, pp.104-105.

其次，學界另有一群致力於呈現佛陀說法原貌的研究者，他們認爲現存的經典有新與古層之分，古層經文較精簡，如《雜阿含經》現在仍保留著的「本母」（巴 *mātikā*），以及一些很簡短而精要的經文；新層經文則由於結集時間相對較晚，經歷了阿毗達摩這個以解釋佛說爲主的時期，因而衍生出詮釋的部份，根據和辻哲郎的研究：

> 「厭離」等常重覆的句型是早期佛教經典「擴張的解脫」……〔註72〕

意思是說，他認爲在現存的《阿含經》中，「厭離」與某些描述「如實知見」之後心理狀態的經文，並非古層的經文，而是較晚期結集時經過詮釋及增補的經文。Cousins 也曾提出類似的觀點，他認爲：

> 如果當時阿毘達摩學派發展的時期，就是內觀行道的諸多增補版本開始形成的時候，那麼，就有個問題產生，即這些增編版的來源資料是什麼……我提供「如實知見」（*yathābhūta-ñāṇa-dassana*）「厭離」（*nibbidā*）「離欲」（*virāga*）「解脫」（*vimutti*）的序列做爲例子，因爲第一個語詞「如實知見」可以代表內觀的開始，而最後的語詞「解脫」可代表內觀的結果，我們可以用這兩個重要的語詞，來代表內觀過程的核心……〔註73〕

Cousins 提出一個事實，就是內觀的過程最重要的兩個元素爲「如實知見」與「解脫」，他認爲置於中間的其餘幾個描述心理狀態的語詞都並非絕對需要，因此他假設若內觀行道的諸多增補版本問世之時可能與阿毗達摩學派的發展時期重疊，那麼位於「如實知見」與「解脫」中間的這些語詞都可能是增補後的晚期經文。

上述這些研究結果都傾向於說明這個道次第並非古層佛典，而是經由不同專長者討論、協商，甚至是辯論之後所產生的結果。而「厭離」被放置的位置雖然是正確的，但是本章呈現了與「厭離」境界相當的四禪「捨」禪支，一個可能比「厭離」更爲安止的中立情緒。可能就如同上述學者所論，慧學的地位是穩固的，而定學的修習者在四禪時也將經驗「如實知見」部分，並生起與「厭離」同質性很高的「捨」這種中立的情緒，因此在協商之後，如實知見後那個的道次第的位置，可能就把當時創新且廣受新進修行者採用之

〔註72〕和辻哲郎著，藍吉富主編，《原始佛教的實踐哲學》，世界佛學名著譯叢 80（台北：華宇出版社，1988），頁 175。

〔註73〕Lance Cousins 著，溫宗堃譯，〈內觀修行的起源〉，《正觀》第 30 期（南投：正觀雜誌，2004），頁 204～205。

觀法的「厭離」當作代表。

從本章的討論看來，「厭離」與「捨」之間存在著異同之處，此處遂將上述比較列表如下，以總結本章。

表十九　「厭離」與「捨」比較表

	厭　離	捨
巴利語／梵語	*nibbidā/nirvved*	*upekkhā/upekṣā*
辭典解釋	無興趣、中立的情緒	漠不關心、中立的情緒
生起途徑	觀禪→如實知見→厭離	止禪，四禪具念，內觀生起「捨」
如實知見的頂點	舒適的狀態	安止的狀態
穩定度	不穩定	穩定

根據本章的推論，觀禪的生起，可能是止禪修行過程中的發現，或是做爲一種實驗性質的練習而衍生出來的法門。「厭離」是觀禪成就的第一個徵兆，是修行者對所觀照的所緣產生中立的情緒反應，由於修行者對於所緣產生了如實知見，觀察到所緣皆爲無常、苦、無我，因此認爲這些所緣之間無任何差別，既無差別，因此產生了中立的情緒，或不起情緒反應。由於「厭離」生起於觀禪成就的如實知見，是不特別修習禪定的，比起四禪之捨禪支，是一種相對來說不穩定的情緒狀態。

這樣看起來，現今契經中的道次第似乎是折衷的順序，因爲根據觀禪所生起的「厭離」，是不特意修習禪定之下生起的，其「念」的持續力有待商榷，因此佛陀提出對於厭離應該多多實行才是，而現存的道次第明言「定生如實知，如實知生厭離」，但四禪禪支本就有「捨」，學者們認定此「捨」是如實知見的結果，可見這是現今道次中一個值得討論的地方。又根據經文顯示，此慧解脫阿羅漢來自於簡化的修行方式，因此修習者眾，〔註 74〕可知在當時而言，修行的方法從普遍存在於一般修行者之間的苦行的基調，經由佛陀改

〔註 74〕《雜阿含經》卷 45：「舍利弗白佛言：『世尊！此五百比丘既無有見聞疑身、口、心可嫌責事，然此中幾比丘得三明？幾比丘俱解脫？幾比丘慧解脫？』佛告舍利弗：『此五百比丘中，九十比丘得三明，九十比丘得俱解脫，餘者慧解脫。』」見 CBETA, T02, no. 99, p. 330, b21-27。可見實行慧解脫者人數佔一半以上。

革成為中道的生活與修道觀，後又簡化成這樣的觀禪，讓一般人認為只要持續努力的修習觀禪，終有修習成正果的一天。

「厭離」及處於「如實知見」與「解脫」中間的經文會如此多見於《雜阿含經》與《相應部》之中，可能的原因之一也許是僧團中發現有些人提出禪定修行之困難，或可能有在家者因為害怕修習禪定時遭遇困難而打消了出家的念頭，而試圖研擬出簡單易懂的，又可以達到與止禪路徑類似效果的修行道，如此除了使修行簡單化，對於招收新弟子亦起了方便的作用，亦可使更多人得到佛法之益處。〔註 75〕

「捨」則是由於安止定於四禪對所緣進行內觀而產生的情緒，同樣也有「中立」、「無興趣」之意。由於「捨」生起於四禪，是四禪的禪支之一，其穩定程度由於具「念」而較為穩定，據說是到達涅槃必要達到的狀態。最後，若根據本文的比對與討論，《阿含經》中所記載之道次第雖然皆為：

定 → 如實知見 → 厭離 → 離欲 → 解脫

但它可能也可以是：

定 → 如實知見 → 捨 → 離欲 → 解脫

換一個角度來想，此二者都是通往涅槃解脫之前的必經過程，畢竟「捨」與「厭離」都是人們給予的稱呼，因為也許對於彼時的修行者而言，所謂的「捨」與「厭離」其實都是說明一種面對觀察對象產生各種變動時，所保持著中立的或是沒有任何傾向的情緒狀態。

〔註 75〕 Cousins：「如果我們並未精確地知道佛陀之前已有的情形，如果在佛陀在世時與般涅槃之後，不同的教學發展必然發生，那麼，我們很難說佛陀本人到底教了什麼。無疑地，像許多的教師一樣，他會希望他的弟子以創造性的、且有效的方式去發展他原本的教學，佛教後來的歷史正足以證明這種情況。無論如何，我們可以說的是：在印度和其他地方，就大多後來的佛教傳統而言，典型的佛教進路是綜合的，它試圖將不同的進路結合在較高遠的理想中。」Lance Cousins 著，溫宗堃譯，〈內觀修行的起源〉，《正觀》第 30 期（南投：正觀雜誌，2004），頁 208～209。

第六章 「厭離」於《大般若經》之衍化

般若經典提出發「菩提心」以上求佛道，成為初發心菩薩；提出「六度波羅蜜」的修行方式，以下化眾生，「般若」接續了佛陀的「智慧」，以「空」、「無自性」，接續了早期佛教經典中的「無常」、「無我」，並強調「利益眾生」，「自度度他」，「自覺覺他」，因此，從《阿含經》中記載佛陀鼓勵弟子們「獨自一處，專精禪思」，轉為利他而開種種方便之門，在生死輪迴之間行種種難行之事，這樣轉變下的「厭離」所呈現的面貌是本章注意的焦點。從上述章節討論可知，「厭離」在《阿含經》中有三類用法，三者與修行皆關係密切。下頁之表格為此三類厭離之意義整理。

本章則接續這樣的討論結果，探討這三種「厭離」在《大般若經》中的進展與轉化，首節簡述本文第二章到第四章之三種厭離，以接續本章後續各節，接著討論「出離的情緒」之「厭離」，於《大般若經》發展為「菩提心」；進而討論「對治煩惱」的「厭離」在《大般若經》中教義與法門方面之轉化，「煩惱」是《阿含經》認為務必要去除者，這可以與《大般若經》中發展出之捨棄現世居住環境（國土），欣慕他方國土的淨土思想做一比較。最後則討論做為「中立的情緒」之「厭離」在《大般若經》中展現為「平等觀」，在宣教上之「無分別」、「平等」等等似乎也與此有所關連。

回顧《阿含經》之「厭離」容攝的意義後，出現一個值得注意的問題點：佛教從早期以聲聞乘為主要關懷對象，轉進大乘佛教以眾生利益之關懷時，這三種不同意義的厭離，改變成怎樣的面貌？

表二十 《阿含經》之「厭離」意義與用法比較表

中文	意 義	巴 利 語	對象（所緣）	身心歷程	說 明
厭離	出離的情緒	*saṁvega*	生老病死、輪迴	1.見所緣心生恐懼 2.改變生活環境、觀念或行爲	經驗生、老、病、死，而心生恐懼，故生起出世修行以解脫輪迴的動機。
厭離	對治煩惱	1.*viveka* 2.*pahīyati* 3. *paṭikūla* 4. *jigucchati* 5. *attanāva attano ana-bhiratiṁ vi-nodetvā abhi-ratiṁ uppā-detvā*…… 6. *attanāva attano vippatisāraṁ uppādetvā*……	1.生存所依 2.無明 3.合意、不合意想 4.身口意三業 5.貪欲 6.輕蔑	1.身心皆尋求遠離煩惱 2.若有煩惱，生起對治法門速滅除之	對接觸外境所生各種身、口、意煩惱的對治與調伏。以所學法門或觀念對煩惱反向操作，以消除煩惱，回復身心清淨。
厭離	中立的情緒	*nibbidā*	五蘊 六觸入處 一切諸行	如實觀察所緣後產生的中立情緒	以五蘊、六觸入處、一切諸行爲所緣，如實觀察彼無常、無我而生的中立情緒。

第一節 「出離的情緒」之「厭離」轉化爲「菩提心」

本節將說明《阿含經》中之「出離的情緒」於初期大乘佛教《大般若波羅蜜多經》中所轉化的面貌。學者有將《阿含經》的「出離的情緒」對應於初期大乘佛教的「菩提心」的說法，〔註 1〕本節先對此菩提心與出離的情緒之連結點分析解釋，並研判其中除了「宗教心」之外是否還有其它因素的揉合。

《阿含經》「厭離」之「出離的情緒」者是源自於經歷人生的生、老、病、死之苦而被引發的一種情緒，進而對人生產生不同的思考角度，開始經營不同的人生方向，積極者或是需求度高者，選擇放棄世俗生活，轉向出世生活，專精從事修行，冀望能經由修行而解脫煩惱枷鎖，保持平穩的情緒，平息生

〔註 1〕田上太秀，《菩提心の研究》（東京：東京書籍，1990 初版），頁 84～92。

命輪迴造成的威脅與恐懼，達到涅槃的狀態。次之者，則在世俗生活之間，實踐其能力可及之出世行，選擇正當的職業以維持家計，遠離殺生、偷盜、邪淫、妄語、飲酒等等的相關工作，行有餘力，則親近善士、聽聞正法、內正思維、法隨法行，持五戒〔註2〕，行布施〔註3〕，憶念佛陀功德，以求生人天福報，更甚者，則修定、修慧〔註4〕，也可入流、證果。

另一方面，在初期大乘佛教的經典中，菩薩生起的「菩提心」，也有部分的類似情節，「菩提心」是初期大乘佛教重要的一項標誌，其含義甚廣，但是就字面上來講，「菩提」巴利語爲 *bodhi*，是「覺悟」（enlightenment）之意，而「菩提心」的獲得，並非只是簡單地透過自己修証覺悟，清淨無垢，福德圓滿，也要一切眾生都能夠修證覺悟，圓滿無垢，此是謂「上求佛道」；也希望眾生能夠同入涅槃，此即是爲「下化眾生」。

如此看來，《阿含經》所說的出離的情緒，與初期大乘佛教的「菩提心」，彼此的關連性在於：二者皆希望透過對於世界眞實秩序的體證，即「明」（巴 *vijjā*），以去除無明（巴 *avijjā*），達到「離苦得樂」的終極目的，這種經由通曉事物原理、原則，去除對事物產生錯誤想法、情感，而求得對事物無欲、無求，似乎可說是各時期佛教修行的共通特質。

此二者彼此的終極目的並不相同，《阿含經》將終極目標訂在貪、瞋、癡三毒永盡無餘，即爲涅槃；而《大般若波羅蜜多經》則將修行之終極目標訂在成佛。不過由於菩薩的志向爲度盡一切眾生方得成佛，因此成佛似乎成爲遙不可及的夢想，然而菩薩會有如此的志願，實乃修習甚深般若波羅蜜之境界，如《大般若波羅蜜多經（第401卷～第600卷）》卷574：

> 「世尊！修學甚深般若波羅蜜多，不爲厭離生死過失，不爲欣樂涅槃功德。所以者何？修此法者不見生死，況有厭離！不見涅槃，況有欣樂！世尊！修學甚深般若波羅蜜多，不見諸法有劣有勝、有失有得、可捨可取。世尊！修學甚深般若波羅蜜多，不得諸法可增可

〔註2〕《雜阿含經》卷4：「何等戒具足？謂善男子不殺生、不偷盜、不邪婬、不妄語、不飲酒，是名戒具足。」見 CBETA, T02, no. 99, p. 23, b29-c1。

〔註3〕《雜阿含經》卷4：「云何施具足？謂善男子離慳〔11〕垢心，在於居家，行解脫施，常自手與，樂修行捨，等心行施，是名善男子施具足。」見 CBETA, T02, no. 99, p. 23, c1-4。

〔註4〕《雜阿含經》卷4：「云何爲慧具足？謂善男子苦聖諦如實知，習、滅、道聖諦如實知，是名善男子慧具足。」見 CBETA, T02, no. 99, p. 23, c4-6。

滅。所以者何？非眞法界有增有減。世尊！若能如是修者，名眞修學甚深般若波羅蜜多。」〔註5〕

從本引文可知，修習甚深般若波羅密者，對於生死已經無分別，既然無分別於生死，就不會在乎以如何的方式存在，不會厭惡輪迴而欣求涅槃，可知修習成就般若波羅蜜，對於諸法的勝負、得失、取捨都無分別的。

這是《阿含經》作爲「出離的情緒」的「厭離」經文所沒有提到的觀念，如本文第二章所述，早期佛教之出離的情緒首先出起於一種恐懼無常的情緒，後來轉化成動機而希望出世求道，是指一種感受到無常時所襲來的恐懼，使得受者必須找到能夠安身安心的方式；而《大般若經》此則經文可以說是一種教說，對於修行至甚深般若波羅蜜者，生死與涅槃已無分別，故不生恐懼的情緒，生起的是希望一切眾生均證菩提的大願，然而就一位初發心者來說，在感受到生命無常之後，當然會生起恐懼感。因此可以說是此二種的層次是不同的。

從此段引文也可知，證得眞如法界者，由於如實知諸行無常畢竟空寂，因此於自我身心體證了外界種種萬相實際上並無分別，故常保平穩的情緒狀態，故菩薩可以於輪迴之中救拔眾生之苦楚，施與眾生安樂。

表二十一　「厭離」（*saṁvega*）與菩提心之對照表

	厭離（*saṁvega*）	菩　提　心
意義	對人生無常生起的恐懼，而求取出離之道，求自身身心之安穩	求自己證得菩提，亦求眾生證得菩提，求自己得到安樂，也求眾生得到安樂
巴利語	*saṁvega*	*bodhi*
輪迴與涅槃的觀點	輪迴爲苦，涅槃爲樂	輪迴與涅槃並無分別
度化眾生的觀點	不採取過於積極的態度，採取溫和的路線，隨機說法，度化有緣人	採取積極的利他行，以構成度化眾生的資糧，以方便教化眾生修行無量菩提
度化概念	以去除貪瞋癡三種導致輪迴苦，得涅槃樂爲渡化概念	以四無量心之精神度化有情眾生

「厭離」（巴 *saṁvega*）可說是精進修行的動力；而初期大乘佛教的經典中，菩薩除了自身要求修証菩提，以離苦得樂之外，也希望眾人也能求証菩

〔註 5〕 CBETA, T07, no. 220, p. 965, a17-25。

提，以離苦得樂，因此是在早期佛典中出離的情緒之上，更多加了對於眾生受苦受痛的關切，流露欲拔除眾生惱苦的想法，爲世人福祉著想的文字敘述。

相較之下，這兩種心，一種是專注於自身的出離解脫，務求精進修行，立志早日達到涅槃，《阿含經》也不乏見到佛陀或其弟子勸說眾人出世生活、標榜出世生活純潔無垢，應該放棄世俗，行出世生活的經文，〔註 6〕可見《阿含經》是以隨緣渡化的方式進行宣教的工作；《大般若經》則以成就如實知見者之身分，見諸行諸法、生死涅槃皆如夢似幻，平等無分別，情緒中立，故願週邊有緣者能共沾法益，同行其事，共證菩提。

於本文之第二章，撰述了《阿含經》中「厭離」做爲「出離情緒」的用法，於其中帝釋天因經歷了天宮的震動而心生「厭離」，因而尋求解脫之道，而《大般若波羅蜜多經（第 201 卷～第 400 卷）》卷 380〈68 諸功德相品〉則有「厭離生死」之經文：

> 善現！諸菩薩摩訶薩能爲世間作難作事多所饒益，謂爲利樂諸有情故，自發無上正等覺心亦令他發，厭離生死求菩提心，自行種種如實正行亦令他行，漸入三乘般涅槃界。〔註 7〕

菩薩由於具足智慧，熟知修行道法，源於慈悲之心希望眾生皆能循此法達到身心狀態的清淨平穩，故給予眾生許多幫助，一種自利利他的情操，自己實踐種種正行也希望別人實踐種種正行，證入三乘涅槃境界，這是菩薩利益眾生有情的原因。「求菩提心」即爲「覺」之心，乃是對世界秩序的正確理解，菩薩希望使他人同時經驗此正確理解，菩薩爲眾生做出許多奉獻與幫助，

〔註 6〕《雜阿含經》卷 8：「爾時，世尊告諸比丘：『我今當說有漏、無漏法。云何有漏法？謂眼色、眼識、眼觸、眼觸因緣生受，內覺若苦、若樂、不苦不樂。耳、鼻、舌、身、意法、意識、意觸、意觸因緣生受，內覺若苦、若樂、不苦不樂，**世俗者，是名有漏法**。云何無漏法？謂出世間意，若法、若意識、意觸、意觸因緣生受，內覺若苦、若樂、不苦不樂，出世間者，是名無漏法。』」見 CBETA, T02, no. 99, p. 56, a9-16。此外，《中阿含經》卷 1〈1 七法品〉將人喻爲七種，其中「臥於水中」，以及「出水還沒者」即比喻爲世俗生活者，而：「出水而住，住已而觀，觀已而渡，渡已至彼岸，至彼岸已，謂住岸人」則爲解脫者之喻　：「云何爲七？或有一人常臥水中；或復有人出水還沒；或復有人出水而住；或復有人出水而住，住已而觀；或復有人出水而住，住已而觀，觀已而渡；或復有人出水而住，住已而觀，觀已而渡，渡已至彼岸；或復有人出水而住，住已而觀，觀已而渡，渡已至彼岸，至彼岸已，謂住岸人。如是，我當復爲汝說七水喻人。諦聽，諦聽！善思念之。」時，諸比丘受教而聽。」見 CBETA, T01, no. 26, p. 424, a17-25。

〔註 7〕CBETA, T06, no. 220, p. 963, a18-22。

因此除了自己對生死感到驚恐而求出離生死輪迴並求證菩提，同時與他有緣的，受過他幫助的眾生也群起效尤，發生良性影響，也厭離生死，上求菩提心。

相較之下，《阿含經》中的厭離生死，是一件自修自証的事，若看見別人生起厭離心，當然會讚歎隨喜；對於白衣凡人，則訴說輪迴之理，講述佛法難得見聞，〔註 8〕投胎爲人身之難得，或是闡說無常、無我的道理，而接受不接受，則全憑聽受者自行決定。早期的僧團與大眾結緣，使大眾培福的方式是乞食，僧寶是福田，白衣信眾們布施供養，則是培養福報的方式，僧人此時或說些祝福的話，或以佛法開示當作回應，不會去刻意地創造因緣，或主動積極地爲眾生做難行之事來與眾生們結緣，在此段引文中菩薩除了自己生起厭離生死之心，上求無上正覺，他亦利用之前所積累的福德，利導眾生，使眾生也生起厭離生死之心，上求菩提。原本充滿對生死輪迴恐懼的厭離心，由於利他的傾向，轉變成希望自己與他人均獲得智慧圓滿的菩提心。

此段經文之「利樂諸有情」範圍很廣泛，可說是無所不包，也許我們可以經由以下這段引文窺知此義，如：《大般若波羅蜜多經（第 201 卷～第 400 卷）》卷 314〈45 眞善友品〉：

> 佛言：「善現！如是！如是！如汝所說。諸菩薩摩訶薩能爲難事，於一切法自性空中，希求無上正等菩提，欲證無上正等菩提。善現！諸菩薩摩訶薩雖知一切法如幻、如夢、如響、如像、如光影、如陽焰、如變化事、如尋香城自性皆空，而爲世間得義利故，發趣無上正等菩提；爲令世間得利益故，發趣無上正等菩提；爲令世間得安樂故，發趣無上正等菩提；爲欲救拔諸世間故，發趣無上正等菩提；爲與世間作歸依故，發趣無上正等菩提；爲與世間作舍宅故，發趣無上正等菩提；欲作世間究竟道故，發趣無上正等菩提；爲與世間作洲渚故，發趣無上正等菩提；爲與世間作光明故，發趣無上正等菩提；爲與世間作燈炬故，發趣無上正等菩提；爲與世間作導師故，

〔註 8〕《雜阿含經》卷 15：「爾時，尊者阿難晨朝著衣持鉢，……時，有眾多離車童子……至精舍門，持弓箭，競射精舍門孔，箭箭皆入門孔。尊者阿難見已，以爲奇特，彼諸離車童子能作如是難事。……退住一面，白佛言：『世尊！我今晨朝著衣持鉢，……見有眾多離車童子從城內出，至精舍門，競射門孔，箭箭皆入。我作是念：「此甚奇特！諸離車童子能爲難事。」』……佛告阿難：『未若於苦聖諦生如實知，此則甚難。如是，苦集聖諦、苦滅聖諦、苦滅道跡聖諦如實知見，此則甚難。』」見 CBETA, T02, no. 99, p. 108, b14-c2。

發趣無上正等菩提；爲與世間作將帥故，發趣無上正等菩提；爲與世間作所趣故，發趣無上正等菩提。」〔註9〕

上文是說，雖然菩薩已經證得智慧，體見諸法因緣生滅畢竟空寂，但菩薩仍然爲了引導眾生快樂拔除痛苦，讓眾生心靈安穩，不會迷惘而失去方向，不會在黑夜中感到驚恐。這樣的立意底下，菩提心除了含有做爲「宗教心」意義的「厭離」成分之外，它似乎還存在著給予眾生快樂的「慈心」，拔除眾生無量苦的「悲心」，喜見眾生上求菩提的「喜心」，以及常住於中立情緒的「捨心」，換言之，此做爲「宗教心」意義的「厭離」，轉化成的菩提心之時似乎也包含了「四無量心」。

以下再節錄經文中的對答，以說明此「厭離」轉化成的「菩提心」與「四無量心」之關係，如《大般若波羅蜜多經（第 201 卷～第 400 卷）》卷 297〈38 波羅蜜多品〉：

「世尊！如是般若波羅蜜多是大慈波羅蜜多。」

佛言：「如是！安樂一切有情故。」

「世尊！如是般若波羅蜜多是大悲波羅蜜多。」

佛言：「如是！利益一切有情故。」

「世尊！如是般若波羅蜜多是大喜波羅蜜多。」

佛言：「如是！不捨一切有情故。」

「世尊！如是般若波羅蜜多是大捨波羅蜜多。」

佛言：「如是！於諸有情心平等故。」〔註10〕

這段經文意義爲：「世尊啊！這樣的話智慧達彼岸是慈心達彼岸。」佛說：「如你所說！爲了使一切有情識者感到安穩快樂。」「世尊啊！這樣的話智慧達彼岸是悲心達彼岸。」佛說：「如你所說！爲了使一切有情識者得到利益。」「世尊啊！這樣的話智慧達彼岸是喜心達彼岸。」佛說：「如你所說！爲了不放棄一切有情識者。」「世尊啊！這樣的話智慧達彼岸是捨心達彼岸。」佛說：「如你所說！是由於面對一切有情識者之時都平等對待。」也就是說，對於眾生，希望彼等都能夠得到滿足與快樂，而無悲苦，並且在任何情況之下都不放棄諸有情眾生，並且是對每一位有情識的眾生都平等對待。簡而言之，

〔註 9〕CBETA, T06, no. 220, p. 600, a18-b6。

〔註 10〕CBETA, T06, no. 220, p. 509, b12-19。

即是使眾生在各自的狀況之下，得到適時的幫助，拔除其痛苦，施與其快樂，並皆對眾生抱著希望，不放棄，且對每個眾生都懷抱著相同的心理。

由前述章節我們得知，諸多煩惱皆源自外境種種變化與自己錯誤以爲的「自我」抵觸的結果，因此要以平等、無分別的方式看待這個世界的一切變化，必須要如實證見世界之共通秩序，見到諸法無我始可順暢操作，因此這些非證得無我法性爲前題不可。有趣的是菩薩在證得法性之後，卻心繫時時處於矇昧狀態，受三毒苦之未證眾生，而以平等心，並利用之前所做之福德，循循善誘，試圖使眾生都出離生死輪迴。如《大般若波羅蜜多經（第 201 卷～第 400 卷）》卷 337〈55 巧便學品〉：

> 阿難當知！諸菩薩摩訶薩與求聲聞、獨覺乘者不應交涉，設與交涉不應共住，設與共住不應與彼論議決擇。所以者何？若與彼類論議決擇，或當發起瞋忿等心，或復令生麁惡言說。然諸菩薩於有情類不應發起瞋忿等心，亦不應生麁惡言說，設被斷截首足身分，亦不應起瞋忿惡言。所以者何？應作是念：「我求無上正等菩提，爲拔有情生死眾苦，令得究竟利益安樂，云何於彼復起惡事？」阿難當知！若諸菩薩於有情類起瞋恚心，發麁惡語，便障菩薩一切智智，亦壞無邊殊勝行法。是故菩薩摩訶薩眾欲證無上正等菩提，於諸有情不應瞋恚，亦不應起麁惡言說。〔註 11〕

從上述討論可知，《大般若經》之菩提心強調於自他的成就，以自己的經驗、功德等喚醒他人對輪迴的怖畏，進而修習佛道；前文討論《阿含經》之第一種厭離專注於說明個人對於無常世界與生命的無常所產生的惶恐，故捨棄世俗生活出家求道。經由比較可知二者的差別在於《大般若經》中的菩提心強調於以方便令人體驗厭離，覺察生命的無常，並引導人解脫輪迴之苦；《阿含經》之第一種「厭離」則描述個人面臨無常的情緒，以及轉爲出家修道的心態。

第二節　「對治煩惱」之「厭離」與求生淨土

在《阿含經》中有將「禪定」認爲是「極樂」之用法，如《雜阿含經》卷 17 認爲，「極樂」爲初禪境界：

〔註 11〕 CBETA, T06, no. 220, p. 732, a13-26。

阿難！有眾生離生喜樂，處處潤澤，處處敷悅，舉身充滿，無不滿處。所謂離生喜樂，彼從三昧起，舉聲唱說，遍告大眾：「極寂靜者，離生喜樂，**極樂**者，離生喜樂。」諸有聞彼聲者，是名聞第一。〔註 12〕

此引文中認爲離開五蓋與諸欲而達到的初禪，由於全身充滿愉悅，超過了一般欲樂，故以「極樂」形容；或以「滅受想定」（*saññā-vedayita-nirodha-samāpatti*）爲「極樂」，如《雜阿含經》卷 17：

若有說言：「唯有此處，乃至非想非非想**極樂**非餘。」亦復不然。所以者何？更有勝樂過於此故，何者是？謂比丘度一切非想非非想入處，想受滅，身作證具足住，是名勝樂過於彼者。〔註 13〕

從上述經典可知，佛教的禪定是喜樂遍滿，每當禪定更爲精深，滿足感亦隨著專注程度而提高。故知《雜阿含經》以禪定境界是爲「極樂」，此外也有將「涅槃」喻爲樂境者，如《雜阿含經》卷 36：

冥運持命去，　故令人短壽，　爲老所侵迫，　而無救護者。
觀此有餘過，　令人大恐怖，　當斷世貪愛，　無餘涅槃樂。

〔註 14〕

就本文前述討論可知，涅槃的達成以禪定生起「如實知見」，去除煩惱，成就「厭離」、「離欲」、「解脫」，以實現極樂。〔註 15〕此外，於《阿含經》中亦有描述他方島國有美妙勝景，生活極爲快樂，令人心生嚮往者，如《中阿含經》卷 34〈1 大品〉：

爾時，海東大風卒起，吹諸商人至海西岸，彼中逢見諸女人輩，極妙端正，一切嚴具以飾其身。彼女見已，便作是語：「善來，諸賢！快來，諸賢！**此間極樂最妙好處，園觀浴池、坐臥處所、林木蓊欝，多有錢財、金銀、水精、琉璃、摩尼、眞珠、碧玉、白珂、車璩、珊瑚、虎珀、馬瑙、瑇瑁、赤石、旋珠，盡與諸賢，當與我等共相**

〔註 12〕CBETA, T02, no. 99, p. 123, b28-c4。

〔註 13〕同上註，頁 124，b7-11。

〔註 14〕CBETA, T02, no. 99, p. 262, c3-6。

〔註 15〕黃纓淇指出，初期佛典的樂有「出離樂」（*nekkhamma-sukha*）、「遠離樂」（*paviveka-sukha*）、「寂滅樂」（*upasama-sukha*）及「正覺樂」（*sambodha-sukha*），是佛教認爲無過失，助益於修行、解脫之樂，而鼓勵應當多多修習的。黃纓淇〈聖樂（aryia-sukha）之研究〉，《正觀》第 46 期，（南投：正觀雜誌社，2008，頁 5；而其中可以「禪定樂」來解釋「出離樂」與「遠離樂」；以「解脫樂」來詮釋「寂滅樂」及「正覺樂」。同出處頁 26～27，註 57。

> **娛樂，**莫令閻浮洲商人南行，乃至於夢。」彼商人等皆與婦人共相娛樂。〔註16〕

此引文中敘述在大海的西方充滿了珍貴珠寶，秀麗莊嚴女子，舒適居住環境的極樂國度；另一方面，《大般若經》中，則出現對於娑婆世界厭惡，視之爲穢土的說法，如《大般若波羅蜜多經（第401卷～第600卷）》卷569〈6法性品〉：

> 爾時，眾中有一天子名曰光德，即從座起，偏覆左肩，右膝著地，合掌向佛白言：「世尊！**諸佛菩薩應居淨土，云何世尊出現於此穢惡充滿堪忍世界？**」佛告光德：「天子當知！諸佛如來所居之處，皆無雜穢即是淨土。」於是如來以神通力，令此三千大千世界，地平如掌琉璃所成，無諸山陵、堆阜、荊棘，處處皆有寶聚、香花、軟草、泉池、八功德水、七寶階陛、花果草木，咸說：「菩薩不退法輪無諸異生、聲聞、獨覺。雖有菩薩從十方來，不聞餘聲，唯常聞說甚深般若波羅蜜多。〔註17〕

此引文中，有一位天人認爲諸佛出世於淨土，爲何世尊出世於穢土，世尊則變現此娑婆世界亦爲淨土之模樣。

多數人是欣求樂境的，無法滿足於眞實居住環境或生活狀況，故將此地認爲是穢土，而欲求得更好的生活環境，例如現今人們爲追求心中嚮往的生活而移民，或有爲求更好生活不惜侵略者，此外，自古中國北方民族由於處於天寒地凍，物資匱乏之地，故不斷南侵。這些都是人們希望能夠讓現實生活更加安適的共通心理。

比較本文第三章所提出「對治煩惱」的「厭離」的話，做爲「對治煩惱」的「厭離」爲以所學之法門去除當下生起的煩惱，回復身心清淨，可知只要身心清淨則處處皆是淨土。這即如同本文闡述的第三種厭離，只要能夠於五蘊及六入處「如實知見四聖諦」，則一切皆爲因緣和合，無所謂淨、穢之別。

在「淨土思想」之中，則包含著「厭棄穢土」思想，上面這段引述的經文中，光德天子所說已透露出厭棄此土的消息，世尊的神通變現則做了不言而喻的示法：即使國土穢臭不堪，經由親身努力修行對外境、自身五蘊無分別之時，外界種種則無垢淨之別；反之，即使國土清淨，身心不清淨也無法

〔註16〕CBETA, T01, no. 26, p. 642, b10-20。

〔註17〕CBETA, T07, no. 220, p. 941, c14-25。

獲得清涼極樂。舟橋一哉認爲：

> 往生思想乃繼承原始佛教的生天思想，這樣的看法可能是對的吧！而且，作爲在家道的生天思想顯而易見的是世間道，是有漏道，這世間有漏道向出世間無漏道轉換。〔註 18〕

同篇論文亦說到往生思想是源於他方佛土演化而來：

> 直接轉變爲往生思想的思想，實非生天思想，而是他方國土思想……有佛的世界修行起來比沒有佛的世界來得容易。對於生於二佛之間悲歎化成期待來生於他方佛土而被救贖。

後世經論中所謂的「穢土」，明指爲釋迦牟尼佛所弘化的這個世界，如《阿彌陀經疏》卷 1：

> 何故阿彌陀不見有穢？釋迦牟尼佛不見有淨？答：由此眾生有樂見淨土者，但說淨土之名，又由眾生不苦則不求涅槃，所以釋迦於眾生惡業之上作增上緣示現穢土令眾生厭。〔註 19〕

此引文中除了說明此釋迦牟尼佛所出現的世界爲苦之世界，並說這是由於此中眾生惡業眾多，因此佛變現此穢土，欲令眾生皆厭棄之而欣慕阿彌陀佛之淨土。另如《阿彌陀經疏》卷 1：

> 俾其欣、促其壽、穢其土、俾其厭，既欣且厭則漸誘之策行矣！是故釋迦現有量而取穢土，非欲其厭耶？彌陀現無量而取淨土，非欲其欣乎？〔註 20〕

本引文說明爲了令眾生欣慕阿彌陀佛的淨土，因此而示現其國長壽無量，爲了使眾生厭惡此世間，因此釋迦牟尼佛示現此世間濁穢不堪，以比較出此二國土清淨與濁穢的差別，使於穢土之眾生對淨土心生嚮往。這樣的論點與上述佛陀將娑婆世界變現爲淨土之思想又有所不同，立場已經轉變爲純然的嚮往西方淨土世界。淨土行者皆多以此爲修行之基調，此世種種不如人意，均視之爲穢土的現象，應該厭之棄之，最爲易行之道，則爲一心念佛以專求往生西方淨土。淨土法門被認爲在末法時代的「易行道」，上述的陳述討論，顯示出此種思想的轉變在《大般若經》中已經出現了開端的跡象。

隋、唐兩代中國佛教除了先賢大師以判教的方式統整了各種來歷之經

〔註 18〕舟橋一哉，〈原始佛教における出家道と在家道〉，《印度學佛教學研究》（東京：日本印度佛教學会，1954），頁 38～39。

〔註 19〕CBETA, T37, no. 1757, p. 312, b9-13。

〔註 20〕CBETA, T37, no. 1760, p. 350, c25-28.

典，並各立宗派，奉持其各自所宗的經典之外，肇始於陳朝慧思所撰《立誓願文》之「末法思想」，距北魏太武帝的法難百年之後，又出現了北周武帝第二次的法難，後又有唐武宗滅佛，信仰者之間紛紛感受到佛法恐無法繼續流傳，而開始產生結社念佛以往生西方淨土的修行方式，〔註 21〕日後更成爲跨宗派之間僧尼的共通信仰，時至今日的台灣地區，念佛求生西方淨土的信仰亦相當盛行。

此外，也有將二者融通的說法，例如釋惠敏認爲：

> 我們念佛就是以此爲最大目標，這四種眞理是（1）了解苦諦，了解什麼是苦？苦的現實是什麼？什麼是現實身心世界的逼迫性（苦）？（2）了解苦的原因及來源（集諦）。能夠知「苦」、斷「集」，這在淨土法門叫做「厭離娑婆」。〔註 22〕

釋惠敏認爲淨土法門不單只是欣慕黃金爲地、七寶池、八功德水，必須對世間苦諦、集諦了解，才叫做厭離娑婆。法師又說：

> 對於貪著、執著，時時刻刻都能反省到它的過患，知道它是苦的來源，久而久之生起厭離心。產生厭離心便能減少憂苦。……娑婆世界的欲望，其實蘊含這種憂苦。遠離憂苦之後，才會生起禪定喜樂，使你心生嚮往。也就是淨土法門所說的：厭離娑婆，欣往西方。對於離欲的樂，經中稱爲「極樂」;「極樂世界」即是遠離娑婆的樂。
>
> 〔註 23〕

據此可知惠敏法師將知「苦」以及「苦集」，也就是知「四聖諦」稱爲是往生極樂世界的法門，以此將淨土法門與《阿含經》記載之苦、空、無常、無我之佛教基本特色接軌了起來。

第三節　「中立的情緒」之「厭離」與「無分別」

《阿含經》中做爲「中立的情緒」的「厭離」，進入大乘般若經典之後，換上了新的面貌，本節之討論重點，即討論它與初期大乘經典中之「無分別」

〔註 21〕野上俊靜等著，釋聖嚴譯，《中國佛教史概說》（臺北：臺灣商務印書館，1993），頁 82～83。

〔註 22〕釋惠敏，《蓮風小語 2000》，（臺北縣：西蓮淨苑出版社，2000），頁 84。

〔註 23〕釋惠敏：〈禪支與意言〉http://ge.tnua.edu.tw/~huimin/writings/M1-9/M1-9-1.htm（2012.4.13 瀏覽）

之關連性。

本節先討論「如實知見」與「般若波羅蜜多」之間的相似性，因爲「如實知見」與「般若波羅蜜多」各是生起「厭離」與「無分別」的因素，若是能找出二者生起的相似性，對於驗證此二者之近似本質也將有所幫助。在論述的安排上，首先將於《阿含經》及部派論書中找尋「般若」的線索，以查證是否於《阿含經》之中已出現般若的用法，做爲探尋「智慧」與「般若」之連貫性的線索；接著從初期大乘之般若經中，尋找有關「般若波羅蜜多」與「如實知見」相關之經文，在其中尋求它與「如實知見」的關係。接著再比較「厭離」與「平等」、「無分別」之間的異同。

一、《阿含經》及部派論書之「智慧」與「般若」

「般若」，是「智慧」（巴 *paññā*）的音譯，但是在《阿含經》中，絕大多數都翻譯它的意義：「智慧」，因此《阿含經》中不常見「般若」一語，經過搜索，僅於此範圍內尋得一例，如《中阿含經》卷 30〈1 大品〉：

> 復次，舍梨子！白衣聖弟子念眾，如來聖眾善趣正趣，向法次法，順行如法，彼眾實有阿羅訶、趣阿羅訶，有阿那含、趣阿那含，有斯陀含、趣斯陀含，有須陀洹、趣須陀洹，是謂四雙八輩。謂如來眾成就尸賴，成就三昧，成就**般若**，成就解脱，成就解脱知見，可敬可重，可奉可供，世良福田。〔註 24〕

其中的「尸賴」是「戒」的音譯（巴 *sīla*），而「般若」對應於巴利語 *paññā*，爲「智慧」的音譯，「成就尸賴，成就三昧，成就般若」也就是「戒、定、慧成就」。「智慧」與「如實知見」關係非常密切，因此可知此「般若」所指是以「如實知見」爲重點。

此外，在論書中亦有說明「般若」爲「智慧」者，如《阿毘達磨大毘婆沙論》卷 188：

> 如契經説，有一趣道能令有情清淨超滅憂苦，乃至能證隨正理法，謂聖正三摩地及彼因緣彼眾具。問：何故世尊或説般若爲一趣道，或説等持爲一趣道耶？答：隨所化有情所未具者而説故，謂所化有情或有闕奢摩他，或有闕毘鉢舍那，若闕奢摩他者爲説等持爲一趣

〔註 24〕CBETA, T01, no. 26, p. 616, c22-28。

道，若闕毘鉢舍那者，爲說般若爲一趣道，般若者則前所說念住，以念住慧爲性故。〔註25〕

本引文是說：就像契經所說，有一條路可令有情眾生清淨，並超越憂傷、惱苦，而且能證得正法，就是所謂正定以及完成正定的各種助緣。問：爲何佛陀有時說「般若」爲一條趨近涅槃的道路，有時說「定」是一條趨近涅槃的道路？答：這是因爲要隨著所要渡化者所未具備的能力而說的，渡化者或缺「定」，或缺「般若」；若缺「定」，佛陀就跟他說「定」是一條趨近涅槃的道路；若缺「毘婆舍那」，就跟他說「般若」是一條趨近涅槃的道路，般若就如前文所說，是爲念住，因爲念住以智慧爲本性之故。

從本段引文可知，「定」、「慧」二門都能引導人走向涅槃，世尊爲缺乏定者，或是定力較弱者，說「定」是一條可趨近涅槃的路，目的是鼓勵行者修定，以降低甚至滅除欲望；世尊爲缺少「智慧」者說「毘婆舍那」是一條可趨近涅槃的路，以鼓勵行者修行毘婆舍那，得到「智慧」。

從該段經文可知，「般若」的獲得，須透過修證「毘婆舍那」，也就是「內觀」的練習與實踐；依此段引文，「般若」較具體的陳述即爲「念住」（巴 *sati paṭṭhāna*），「念住」是持續將「念」專注在所觀察的對象上，爲觀法的具體操作說明，念住之觀察對象可分爲四種：身、受、心、法，一旦能夠修習成就，可以體證所觀察對象都是生滅無常，見到了這樣的狀態，可以說即見「法性」，成就「智慧」。

本文第四章所探討的「中立的情緒」之用法，其中的觀察一切諸行、五蘊、六觸入處爲「無常」、「無我」，也可視爲此念住修行。因爲五蘊是爲色、受、想、行、識，其中「色」與「受」，與四念處之「身」、「受」吻合，「想」、「行」、「識」，則爲「心」、而其餘的一切則歸類爲「法」的範圍。

觀察六觸入處無常，即爲觀察眼、耳、鼻、舌、身、意之無常，重點在於觀察外在事物與感官接觸所產生的刺激，分別有六受身、六思身、六想身、六識身等，是無常、無我的；這些也可以被含括於念住之「受」、「心」、「法」之中。

二、《大般若經》中之「般若」與「如實知見」

《阿含經》中之四念住，說明持續「念」之範圍由身到心，由外而內，

〔註25〕CBETA, T27, no. 1545, p. 944, a2-10。

由粗到細，將身心狀況專注觀察，可知修習「念住」，即是體證「諸行無常」、「諸法無我」的法門，於《阿含經》中，有數部經典是專論此四念處的，除此之外，南傳之《相應部》與北傳的《雜阿含經》都有「念處相應」，說明念處的操作方法以及利益，此中有將「念處」認爲是「一乘道」之經文，如《雜阿含經》卷 19：

> 時，尊者阿那律獨一靜處，禪思思惟，作是念：「有一乘道，淨眾生，離憂、悲、惱、苦，得眞如法，所謂四念處。何等爲四？身身觀念處，受、心、法法觀念處。……若於四念處信樂者，於聖法信樂；聖法信樂者，於聖道信樂；聖道信樂者，於甘露法信樂；甘露法信樂者，得脫生、老、病、死、憂、悲、惱、苦。」〔註 26〕

本段經文是說：那時，阿那律尊者獨自一人處於寂靜處所，修行禪思，而有如下的念頭：「有一種修行法門，能使眾生清淨，脫離憂傷、悲哀、惱怒、苦痛，可以得到眞理，它叫做四念處，有哪四種？身身觀念處 以念持續地觀察身體，感受、各種心所和諸法。若是淨信而樂於行此四念處者，是對佛法的淨信而樂於行之的表現，是對於佛道淨信而樂於行佛道的表現，是對於甘露法淨信而樂於甘露法的表現，能夠解脫世間生、老、病、死，脫離憂傷、悲哀、惱怒、苦痛。」

此「念住」於般若經典中亦被認爲是修習「般若波羅蜜多」必要的一環，如《大般若波羅蜜多經（第 401 卷～第 600 卷）》卷 482〈3 善現品〉：

> 善現！是菩薩摩訶薩修行般若波羅蜜多時，住一切法無分別中，爲修四念住，乃至爲修八聖道支故。〔註 27〕

本段經文是說：善現啊！菩薩在修般若波羅蜜多的時候，持續地體認到一切法並無分別，這是因爲修習四念住、乃至於八聖道的原因。

此節錄之經文，說明修習般若波羅密多，實際的修習內容是「四念住」、「八聖道」，此二者亦爲《阿含經》中重要的修行法門。經文中說體認到一切法無分別，此乃已經觀得諸法因緣生滅之法性所生起的體悟，當觀察到諸法平等無分別之時，也是能夠對於自己五蘊、六入處生起之種種平等視之，到達了「如實知見」諸法的境界。可見，初期大乘佛教之般若波羅密多的確接續了早期佛教之重要修行法門。

〔註 26〕CBETA, T02, no. 99, p. 139, a19-29。
〔註 27〕CBETA, T07, no. 220, p. 448, c21-23。

另外，在大乘般若類之經典中，也有講述「般若」與早期佛教經典中「如實知見」關係的經文，從經文的陳述，可以得之「如實知見」於般若經中的功能。如《大般若波羅蜜多經 201～400 卷》卷 306〈41 佛母品〉：

> 善現！如是如來、應、正等覺依甚深般若波羅蜜多，如實知他諸有情類出沒屈申心、心所法，亦如眞如、如法界、如法性，不虛妄、不變異、無分別、無相狀、無作用、無戲論、無所得。〔註 28〕

這段經文是說：善現啊！佛以深邃的般若波羅蜜多，如實知見其他有情眾生心中諸法的起落，如同眞如、法界、法性，並非虛假不實，並非變異、這些心與心所都沒有差別、沒有形相形狀、沒有作用、沒有不實的說法、沒有所得。

從此段經文可知，般若波羅蜜多的運用，即是「如實知見」，也可得知般若波羅蜜多之如實知見與早期佛教經典中的「如實知見」相同之處，在於二者均如實知見諸法的因緣生滅。此處不同於《阿含經》中之如實知見者觀察的對象是自己的五蘊、六入處；而《大般若經》之「如實知見」的運用則是可以了解其他有情眾生之心。又如《大般若波羅蜜多經 401～600 卷》卷 442〈46 佛母品〉：

> 佛言：「善現！一切如來、應、正等覺依深般若波羅蜜多，如實知色如眞如無變異、無分別、無相狀、無作用、無戲論、無所得，亦如實知受、想、行、識如眞如無變異、無分別、無相狀、無作用、無戲論、無所得。善現！如是如來、應、正等覺依深般若波羅蜜多，如實知色，亦如實知受、想、行、識。」〔註 29〕

此段經文與上段引述之經文類似，差別在於將組成吾人的五蘊做爲觀察的重點，是說佛以深燧的般若波羅蜜多，如實知見了眾生之五蘊身心等等。

可見從《阿含經》來看，從《大般若經》來看，都可見到初期大乘佛教之「般若波羅蜜多」與《阿含經》之「如實知見」契合的線索。若是如此的話，依本文之第三、四章之討論可知，如實知見生起「厭離」，其意思是說，在觀照一切諸行、五蘊、六觸入處，也就是身心內外諸法之時，由於見到這些狀況都是依靠因緣之生滅而生滅，實無自性可言，由於因緣生滅之角度來看，諸法皆依此定律而無例外者，無一可分別差異者，因此生起中立情緒，

〔註 28〕 CBETA, T06, no. 220, p. 557, c1-11。

〔註 29〕 CBETA, T07, no. 220, p. 229, b19-25。

契經中將之名爲「厭離」。那麼在般若經典中，此「厭離」是否也有如此的推展？

般若波羅蜜多強調諸法之平等、無分別，由於沒有分別，即不生任何特殊的情感作用，此可謂即是《阿含經》中「厭離」的用法，以下繼續說明。

三、依般若波羅蜜多而無分別

《大般若波羅蜜多經 401～600 卷》卷 472〈77 善達品〉：

> 世尊！非法界中有如是等種種分別，將無菩薩摩訶薩眾由此分別行於顛倒，無戲論中起諸戲論。何以故？眞法界中都無分別戲論事故。〔註 30〕

本段經文是說：佛陀啊！未證得諸法實相的人有這樣的種種分別，使得非菩薩、非大菩薩等有情眾生顛倒是非，在眞實之中生起種種錯誤的論點，爲何如此？因爲在諸法實相之中並沒有分別，也沒有錯誤的觀點。

未證得諸法實相之前的眾生，對外境之種種，產生分別、計較，又因分別而心生好惡，輾轉而生起憂、悲、惱、苦等情緒；已證得諸法實相者，知諸法因緣生滅而無自性，則對諸法均無分別，因無分別而無好惡，不會生起憂、悲、惱、苦。另如《大般若波羅蜜多經 401～600 卷》卷 472〈77 善達品〉：

> 具壽善現復白佛言：「云何菩薩摩訶薩能學如是三解脫門，亦能學眞如乃至不思議界？」
>
> 佛告善現：「若菩薩摩訶薩行深般若波羅蜜多時，如實知眞如乃至不思議界皆無戲論、都無分別而能安住。善現！是爲菩薩摩訶薩能學如是三解脫門，亦能學眞如乃至不思議界。」〔註 31〕

善現尊者又與佛說：「爲何菩薩、大菩薩能學這種正解脫法門，也能學習諸法眞如實相，乃至於證得凡人不可思議的境界？」佛告訴善現尊者：「如果菩薩、大菩薩能展現深邃的智慧時，即能夠如實地了知，諸法眞如實相，並見到諸法的眞如實相，知道這些並非隨便說的、都能夠面對一切諸法的生滅而沒有分別，並安穩地保持在這樣的狀況之下。善現啊！這就是菩薩、大菩薩能學這種正解脫法門，也能學習諸法眞如實相，乃至於證得凡人不可思議的境界的道理。」

〔註 30〕CBETA, T07, no. 220, p. 391, b4-7。

〔註 31〕同上註，頁 389，b4-10。

上面兩段經文說明菩薩行深般若波羅蜜多時處於如實知見的狀態，因此無分別、無戲論。此中的無分別，實因諸法自性不可得故，如《大般若波羅蜜多經 401～600 卷》卷 475〈79 無闕品〉：

> 彼諸有情既得資具無所乏少，依菩薩語先修布施、淨戒、安忍、精進、靜慮，得圓滿已復審觀察諸法實相，修行般若波羅蜜多。審觀察時如先所說，諸法實性皆不可得，不可得故無所執著，不執著故不見少法有生有滅、有染有淨。彼於諸法無所得時，於一切處不起分別，謂不分別此是地獄、傍生、鬼界、若阿素洛、若人、若天，亦不分別此是持戒、此是犯戒，亦不分別此是異生、此是聖者、此是預流、此是一來、此是不還、此是阿羅漢、此是獨覺、此是菩薩、此是佛、此是有爲、此是無爲。彼由如是無分別故，隨其所應漸次證得三乘涅槃究竟安樂。〔註 32〕

此段經文是說：這些有情眾生既然得不缺乏的物資器具，並依照菩薩所說先修布施、持戒、忍辱、精進、禪定，圓滿之後再觀察諸法實相，是修行般若波羅蜜多，在觀察之時，知諸法實性不可得，因此無所執著，由於不執著而不見到諸法有生有滅、有染有淨，由於無所得的原因，因此無有分別，不分別六道、不分別持戒與否、不分別彼等的各種身份。

因此可知，由於修行了般若波羅蜜多而如實知見諸法實相，因而不執著，在《阿含經》中「如實知見」將生起「厭離」（巴 *nibbidā*）；而在《大般若經》中，認爲「如實知見」後則菩薩「無分別」、「不執著」。從本文第四章討論可知，厭離爲「無分別」（indifferent）之意，可知《阿含經》之「厭離」與《大般若經》之「無分別」或「不執著」所指近似。如本文第四章所說，由於如實知諸法皆爲因緣生滅，故在此形成與還滅的模式上是完全相同的，沒有分別的，因此對諸法生起了「厭」，也就是中立的情緒。

由此可知，般若經中的菩薩行深般若波羅蜜多，如實知諸法實相了不可得，因而生起無分別、不執著的心態，如《大般若波羅蜜多經（第 401 卷～第 600 卷）》卷 456〈63 別品〉：

> 舍利子！諸菩薩摩訶薩應行如是無所分別甚深般若波羅蜜多。若菩薩摩訶薩能行如是無所分別甚深般若波羅蜜多，便能證得無所分別

〔註 32〕CBETA, T07, no. 220, p. 408, b12-24。

微妙無上正等菩提，覺一切法無分別性，盡未來際利樂有情。〔註33〕

可知若依上述說法，由於如實知諸法皆爲因緣生滅，故在諸法形成與還滅的模式上是完全相同的，沒有分別的，因此而不執著眾生存在的形式。可見《阿含經》中做爲「中立的情緒」的「厭離」，透過更爲延展的教義，而衍生出《大般若經》中「無分別」、「不執著」等用法。

本章敘述《阿含經》中的三種含意的「厭離」於《大般若經》中的進展與轉化，以《大般若經》爲範圍是因爲此經是般若系的大乘經典，而且並非爲初始的般若經典，如此可以明顯地見到彼此之間的差異。

第一種做爲「出離之情緒」，這種起源於惶恐世間無常的「厭離」，在《大般若經》中發展爲「菩提心」，從驚恐於自身將經歷無常的情緒，轉變成哀憫全體眾生浮沉於生死輪迴的情感，因此不願自己一人解脫，發願全體眾生均得解脫才完成眞正的涅槃。從這樣的比較之中，可以見到《大般若經》中菩薩慈悲喜捨精神的由來以及展現。

繼之討論到「對治煩惱」的「厭離」在《大般若經》中教義與法門之轉化，此中可注意到的是所緣的轉變：「煩惱」是早期經典被認爲需努力去除者，《大般若經》則轉化成捨棄現世之「居住環境（國土）」，而欣慕他方國土的淨土思想，如同上文所述，心淨則國土淨，心穢則國土穢，此亦說明了心穢者於淨土中無法得到清淨。

第四節則討論做爲「中立的情緒」之「厭離」在《大般若經》中的展現，《阿含經》中之「厭離」，是以如實知見親證諸行無常，諸法無我，以致心住於「厭離」，不喜不憂，更甚者則繼續修證，最後自證涅槃；而此於《大般若經》中則開展爲菩薩視諸法皆「平等」、「無分別」，故不執著，無苦樂分別，能住於生死輪迴中救度眾生。

〔註33〕CBETA, T07, no. 220, p. 304, c29-p. 305, a4。

第七章　結　論

世界的成滅是無可避免的，不可抵抗，不容吾人不去正視與接受的事實，如何能夠面對自身的壯盛變得萎弱，富足變得一無所有，如何在此變動不住的世界不起煩惱，不感到悲傷，不覺得忿忿不平，而能以平穩的情緒去面對？印度古代宗教家與哲學家們探索這變動不定之世界背後運作的定律，得出許多不同的解答，而佛陀對此的回應，可以用《阿含經》中的三種「厭離」來代表：

一、《阿含經》中的三種「厭離」

第一種「厭離」，是見到從美好的擁有到殘破毀壞的失去，心中不勝唏噓，驚覺自己的身心也將面臨這狀況，生起了惶恐。人都有趨吉避兇之傾向，希望能學到從容面對的方法，所以拋棄原有的物質生活及名利地位的追求，出家學道。

這個階段的厭離，是一種複雜的心路歷程，從巴利語 *saṁvega* 來看，原來是指「一碰到就退縮」的意思，就像手指不小心摸到火燄會本能反應地彈開一樣，在此也可比喻作意識到人世間之無常如火燄般熾烈迅速，就本能反應地彈開了。後來 *saṁvega* 的意義除了指對無常所生起本能的驚恐情緒之外，也包括擔憂自己無法面對生命無常，因而急迫地想去找到平靜方法的思維及情緒歷程。

這樣的歷程，將面對到抉擇是否要割捨親人與擁有的一切，但又迫於對無常的驚恐情緒，而處於兩難，表現在外，可能是魂不守舍的樣子，若有所思，悶悶不樂的表情，最後，有人就拋棄原有生活的一切，出家學道，有的人就保留著原本的身分，但仍然尋找平撫此情緒的方法。可以注意的是，對於這個階段的恐慌、不安的情緒是努力去找尋解決之道，而非逃避，不過，此階段中仍未找到平撫情緒的方法。

第二類「厭離」與當下生起的不善心有關。人的精神狀態是動態的，隨著根境識因緣和合，不停地堆疊與流失，心隨著與外在接觸而生起感受、想法、意志或記憶，其中不好的，是與外界接觸而變化成貪愛、或是瞋恨的，是有不善情緒的，不善的精神狀態，此時能夠立刻覺知心變得不善了，就用所學的法門將這擾亂的，不平靜，不善的感受、想法、意志或記憶再次轉變成爲平淨的、善的，這個過程，是第二種厭離。

這裡的厭離，包含了覺知起心動念，判別善惡，針對不善心故作意對治，使不善心轉變爲平靜的過程，以海浪來比喻，是將善的浪，代謝掉不善的浪，厭離的對象，是使心生起不善的所緣境，以及已變化成不善的精神狀態。

第三種「厭離」以如實知見世界運作之定律爲前題，不如實知此定律則爲「無明」，知此則爲「明」，此看似不變之世界的根本運作定律是「因緣法」，世界種種，萬事萬物爲因緣聚合的暫時存在，不可永存，故佛說「諸行無常」。佛陀尤其重視對於身心無常的正確認識，因爲人往往對於自我執著是最爲深厚的，藉由三學確實掌握每一剎那間身心變化，自證心念的生滅本質，故佛說「諸法無我」，此認識來自對於身心無常的印證與實踐，如實知見身心五蘊聚合的實相，以此認識萬物背後生滅特質的共同性，無分別性，因而產生平穩的、中立的、不高不低、不悲不喜的情緒，此即爲「厭離」，一種完成「涅槃寂靜」前的安穩階段。

上述這三類「厭離」於《阿含經》中並未被清楚解說及劃分，本文經由對讀巴利三藏對應之經文乃可得出三類差異；然而此三類「厭離」亦有共通的特質，此處以一個語詞來形容，即對於某一所緣「脫鉤」，如同被魚鉤鉤住的魚兒擺脫了鉤子，不再受到所緣之支配、影響、控制。又如同前文 *nibbidā* 的解釋：disenchantment 所說，對於所緣不再迷戀，既不迷戀，則可以自在來去，得到解脫。

二、「厭離」與「厭世」之差別

佛陀察覺了此世界流轉不住是個不可不承認的事實，他認爲應該面對及正視，不該空想著得到常樂的物質生活，不該不去承認生命或擁有物資的不確定性，而妄想能永遠保有，如此只是自欺欺人，徒增煩惱，雖然現代的科技一直在從事這樣的努力，但也只能延長保有，既然無法去改變世界背後運作之無常與因緣法則，吾人能做的努力是追求煩惱的去除。對於深知因緣法者而言，由於了知此爲世界運轉的常態，故殷勤囑咐必須厭離於因此而起的煩惱、喜悲，可知佛陀主張要厭離的不是物質世界本身，而是吾人心中隨著物質世界而生起的種種妄想，以及相伴湧現的煩惱，若是能夠如實知見無常、無我，在面對此物質世界變異之時可保持情緒的寧靜安穩，那麼世界的無常、輪迴的生死及各種加於己身之遭遇則不再是需要走避的事。

與此相反的是厭世的思想，厭世思想者發現生命的不確定性，不知如何去解決問題，只能一味地沈浸在悲苦中，這樣的人，雖有覺性，卻無法積極地自我救助，心中充滿了各式各樣的煩惱，久而久之對於所有的事物充滿了負面的思考，激動者可能會做出傷人害己之事。如此可以清楚地看出厭離與厭世的差別，上述三種厭離說明了佛陀雖然見到了世間的不圓滿性，但他如實的面對，從覺苦進而滅苦，創造出一套能夠以平常心面對的法門；這是與厭世者大不相同之處。

從此也看出佛陀治心重於治身，不外求外力協助，不妄求永生的正確性，因爲只要心不執著於長久的存在，只要看出連吾人的心也是片斷而非實在的，那一切根境識所生起的擾人的煩惱，也不過是一段時間的心的起伏，況且，那些擾人的煩惱，如同戕害自己身心平穩的惡賊，不能容許它們出現於心中，所以由「戒」而得到初步身心的清淨，由「定」得到欲望的止息及專注力的提升，再以此專注力去觀察內心的感受、想法、意志決定及了別記憶等的無常特質，可知此中沒有分別，無明煩惱即無從生起，此則爲「慧」的作用，即可在對境時不生憂悲惱苦，情緒中立，此即爲如實知見所生起之「厭離」。

而在《大般若經》中，此三類「厭離」各有延展：第一類「厭離」本爲個人對於無常世界的恐懼及不安感，在《大般若經》則爲菩提心，描述已成就般若波羅密多之菩薩對於經歷此生死、涅槃的平穩情緒，希願有情眾生皆能遠離惶恐不安，得到平穩的身心狀態，故在人間遊行，循循善誘，宣佈佛法，廣度有緣眾生。

第二種「厭離」爲厭離於「漏」、煩惱與破戒，厭離於心中的欲望、不清淨，故而出家居住於空閒之處，以鍛鍊心的穩定程度，在行住坐臥間念念分明於一舉一動，全無自我考量；次之者則持戒，依戒爲師，以渡過煩惱的瀑流。

與此對照者，在《大般若經》中出現認爲此世界垢穢不淨的想法，後出之經典演變爲生於此世之眾生起心動念無不是罪，而稱揚西方極樂世界的殊勝功德，故急欲擺脫此世，將解脫時程置於未來世。

求生淨土或他方世界是想要與佛同在，認爲有佛住世易於修行，據《佛說阿彌陀經》，西方極樂世界阿彌陀佛殊勝之處爲其壽無量，〔註 1〕故不需擔心佛滅問題，可依於佛力加持而平穩修行；除了佛之壽命無量之外，於娑婆世界眾生臨命終時，阿彌陀佛會親自接引，不怕迷失方向，〔註 2〕因此不必擔心害怕往生問題。此乃後續淨土思想之發展走向。

無佛住世確實爲佛弟子帶來煩惱，《長部》之《大般涅槃經》中，佛陀般涅槃前弟子們爲此而悲傷不已，認爲世上明燈就要熄滅，佛陀反倒以諸行無常之理安慰弟子，告訴弟子們不需以如來入滅憂惱，並一再殷切詢問弟子對解脫煩惱是否仍有疑慮，試圖以最後住世的時間幫弟子解答。〔註 3〕可知不論古今，佛弟子皆希望能有佛住世，故想往生壽命無量之彌陀淨土也是自然之事。

此外，在佛弟子舍利弗與目揵連涅槃之後，佛陀亦與弟子們宣說必須以

〔註 1〕《佛說阿彌陀經》卷 1：「又舍利弗！彼佛壽命及其人民，無量無邊阿僧祇劫，故名阿彌陀。」（CBETA, T12, no. 366, p. 347, a27-29）

〔註 2〕《佛說阿彌陀經》卷 1：「舍利弗！不可以少善根福德因緣，得生彼國。舍利弗！若有善男子、善女人，聞說阿彌陀佛，執持名號，若一日、若二日、若三日、若四日、若五日、若六日、若七日，一心不亂。其人臨命終時，阿彌陀佛與諸聖眾現在其前。是人終時，心不顛倒，即得往生阿彌陀佛極樂國土。」（CBETA, T12, no. 366, p. 347, b9-15）

〔註 3〕《漢譯．長》：「爾時，世尊告諸比丘曰：『諸比丘！若有比丘心中對於佛、法、僧伽及正道有所疑惑者，諸比丘！當詢問之。勿以後自爲後悔：「我等於大師面前時，我等未得直接向世尊請問。」』是言已，諸比丘皆默然。世尊再度……乃至……世尊三度告諸比丘……諸比丘亦皆默然。爾時，世尊告諸比丘曰：『諸比丘！汝等爲尊崇如來，故不發問，諸比丘！應以友人與友人〔之心情〕請問！』如是言已，諸比丘亦皆默然。爾時，尊者阿難，如是白世尊言：『世尊！誠是不可思議！世尊！實稀有哉！世尊！我深信此比丘僧伽中，無有一比丘對佛、法、僧伽有所疑惑。』『阿難！汝之所言是出自淨信。然，阿難！如來亦有如是之智：「在此比丘僧伽中，確實無有一比丘對佛、法、僧伽有所疑惑。阿難！於五百比丘眾中，則最後之比丘，亦到達預流果、不退轉法、決定現證等覺。」』爾時，世尊告諸比丘曰：『諸比丘！今，我告汝等：「諸行皆是壞滅之法，應自精進不放逸。」』此是如來最後之遺教。」（《漢譯．長》II, 109-111）

自己做爲自己依止的洲島，要以佛陀的教法做爲依止的法，在這生死輪迴的無始時空中，除此之外沒有其他可提供依靠的了，〔註4〕說明了佛陀不斷強調自力解脫煩惱的必要性。這樣看來，《阿含經》所宣說之教法與淨土法門表面上似乎形成兩種不同的解脫走向，淨土之倡導者多認爲淨土法門乃爲「易行道」，宣稱聲聞乘者爲相較之下的「難行道」，不過往生淨土之法門實非全靠彌陀願力，往生淨土也必須靠平時自己念念不離佛號，在對境時將專注力全神貫注於佛號之上，以渡過可能生起憂悲惱苦的種種狀況，帶來身心的清淨，可知念佛法門也是以「念」（巴 *sati*）來厭離及對治煩惱的一種法門，前文已說明此「念」即爲專注，由此不難證實二者之間實際上仍然存在著法門內在訣竅的關連性。

第三種「厭離」說明如實知見後產生之中立平穩的情緒，《大般若經》中則有證得甚深般若波羅密多而視諸法平等的經證，從此可得如實知見與般若波羅密多的關係，也表現出此類「厭離」與般若波羅密多「平等」、「無分別」的相似性。菩薩的六度萬行必須建立在般若的基礎上，由於照見五蘊皆空，故面對外在世界的種種時，均能處之泰然，平等無分別，這是因爲菩薩由於般若智慧而見到如幻現象世界背後的同一眞實定律，雖然世界表面上紛亂不已，事實上萬事萬物均宰制於此定律之下，故菩薩能處於平穩的情緒狀態，可知「般若」與「如實知見」可說是同源同流，不同的是《大般若經》特別強調菩薩的慈悲喜捨與六度精神，本經中菩薩累劫流轉生死，以救度眾生渡一切苦厄，不受憂惱之難，菩薩不證涅槃，因爲菩薩證得般若波羅密多，涅槃與生死變得平等而無分別，故證與不證也無差別。可見《阿含經》的第三種「厭離」在《大般若經》中藉由般若波羅密多而轉化爲積極入世之利他行，以般若波羅密多而三輪體空，常保中立的情緒，足見此「厭離」於大乘佛法中的深化，以及它與厭世思想的巨大差別。

〔註 4〕《雜阿含經》卷 24：「汝等莫以舍利弗、目揵連涅槃故愁憂苦惱。譬如大樹，根、莖、枝、葉、華、果茂盛，大枝先折，亦如寶山，大巖先崩。如是，如來大眾之中，舍利弗、目揵連二大聲聞先般涅槃。是故，比丘！汝等勿生愁憂苦惱，何有生法、起法、作法、爲法、壞敗之法而不磨滅？欲令不壞，無有是處，我先已說，一切可愛之物皆歸離散，我今不久亦當過去。是故汝等當知，自洲以自依、法洲以法依、不異洲不異依，謂內身身觀念住，精勤方便，正智正念，調伏世間貪憂。如是外身、內外身，受、心、法法觀念住，精勤方便，正智正念，調伏世間貪憂，是名自洲以自依，法洲以法依，不異洲不異依。」（CBETA, T02, no. 99, p. 177, a23-b7）

三、「厭離」與「捨」的異同

如實知見所生起的「厭離」與四禪之「捨」同爲中立的情緒，均爲達到涅槃解脫前的重要階段，二者皆由「如實知見」生起，差別在於修練禪定的深淺，「慧解脫」重於慧，依於少量的禪定，只要五蓋不起，就以專注的狀態如實知見身心五蘊無常、苦、無我，可說是解脫煩惱之「易行道」;「俱解脫」依於四禪八定，必須先專修禪定，袪去五蓋，離欲，以及隨禪定生起的喜、樂，漸次進入深沉的四禪，在四禪以專注而平穩的精神狀態生起如實慧，由於「俱解脫」者需要禪定訓練的程度高於「慧解脫」者，故可相對被稱爲「難行道」。此兩種途徑均生起如實智慧，產生對眞理的正確知識，生起平穩情緒，在這面向上並無差別。

由此可知，經由實踐而對此變動中的世界達到正確認識，找出無常、因緣生滅的定律，形成般若智慧，吾人內在變動之身心世界則能堪任一切變動與不安，保持平穩中立的情緒，此爲佛陀解脫道的進路，亦爲佛陀對於印度哲學與宗教之共同目的的回應。

四、本文之貢獻

從上述討論可知，本文之首要貢獻應可說是釐清《阿含經》中「厭離」之三種意義，使得研讀《阿含經》時對於「厭離」的不同用法可以有清楚的分別，不致於因爲語意含糊不清而誤解經文的意義。

經過本文的研究，吾人也可以將佛法修證說成是經由觀察諸法實相而達到穩定情緒的修證過程，從因無常而生起的不安與驚懼的情緒，到修行成就之後能夠正視生死，保持中立情緒，可說是藉由修行而提高了生命的品質。如此，娑婆世界的生老病死並不足爲懼，娑婆世界也不須背負穢土之名，因爲「心淨則國土淨」，淨土與穢土均爲人的主觀看法。

「如實知見」是以「念」形成的認識作用，其認識對象是身心五蘊的變化，由於認識作用必會生起情緒，因此「如實知見」這種認識作用亦會生起情緒，而此時的身心狀態由於欲望被禪定或專注所鎮伏，故如實知見諸法生滅本質而使得此情緒並不帶有個人偏好，無任何傾向，平穩中立。

此外，本文說明「如實知見」與「般若」爲同質異名，此處再以《心經》述說般若波羅密多的經文來看「如實知見」與「般若」穩定情緒的功效，如《般若波羅蜜多心經》卷 1：

觀自在菩薩行深般若波羅蜜多時，照見五蘊皆空，度一切苦厄。……菩提薩埵依般若波羅蜜多故，心無罣礙；無罣礙故，無有恐怖……〔註5〕

由於以般若波羅密多見五蘊皆空而能夠「度一切苦厄」，亦即以如實知見觀察五蘊無常、無我之實相，以此可「度一切苦厄」，並可以「無有恐佈」的情緒，因此可知此如實知見在各種狀況之下皆有平穩情緒，使情緒無任何傾向的功效。也就是說，處於「如實知見」的狀態之下，行、住、坐、臥皆可保持著情緒不會受到干擾的境界。

本文的次要貢獻可說爲說明「如實知見」所生之「厭離」與四禪之「捨」同爲中立的情緒。並說明此二種情緒均爲達到涅槃之前重要的階段。此外，這兩種趨向涅槃的進路說明佛陀並不堅持必須經由較爲難行的四禪來生起「捨」，而是以信眾弟子個人能夠負荷或是較想嘗試的修行方式做爲考量。可知佛陀立教的宗旨全是爲了引導弟子早日自力完成「厭離」、「離欲」、「解脫」，達到涅槃的境界，並不拘泥於任何形式。本文亦說明在道次第的安排上不取四禪之「捨」而取基於淺近之定所成就的「厭離」，可能是由於當時依「慧解脫」進路修行者由於易行之故而爲數眾多，較爲流行，又爲新興教法，爲了推廣使眾人受益，故被安排於道次第之中。

五、本文之現代意義

關於本論文的現代意義方面，現代人身心受到強勢的媒體傳播影響甚鉅，各種媒體從四面八方、無時無刻提供不同的資訊，其中多爲稱讚消費，滿足欲望有關者，此外，由於商業競爭，這些挾帶商品資訊的訊息無不使用視聽聲光效果大量刺激感官，使人目炫神迷，企圖在人們記憶中造成印象；再者，社會價值走向使得媒體對於金錢、愛情、權力、物質享受等等極度推崇與讚揚，心生嚮往的人們，朝著功利、名位的目標而努力，導致了人心疏離，而被灌輸的觀念使得欲求永遠無法滿足，功名與成就永遠屬於少數人，人們在都市叢林中爲欲望飽受情緒之苦，耗盡青春歲月到頭來又要毫無準備地面對老病死的狀況，這些種種環節導致心理精神疾病患者與日俱增，自殺率高居不下，很明顯地，許多人的心都生病了。然而要如何才能使用佛法解除人心的病？

〔註 5〕CBETA, T08, no. 251, p. 848, c7-16。

經由本文的討論可知，佛陀從原本為生、老、病、死、愛別離等苦而惱苦不已，最後經由修行而達到厭離、捨、涅槃這種平穩的情緒狀況，可見佛陀是一位情緒管理大師，當今佛教界不分南傳佛教〔註6〕、北傳佛教〔註7〕、密教〔註8〕，心理、精神醫學界等等都認為佛教的修行有助於情緒的平穩，可見佛法在解決人情緒問題上的能力有目共睹，此外，佛陀也不拘於難易之別，只要能為人帶來清淨安穩的心理，即為善法，因此若能將目前流布之各種法門令大眾信受奉行，則可大大地減緩現代人情緒方面的問題。故若可此法介紹給需要者的人，協助其得到平靜，亦不須冠以佛法之名。

經中記載，佛陀曾派遣弟子做為傳教士出外宣教，弟子們問到要用哪種語言進行宣教時，佛陀回答須用當地人熟悉的語言。從這個故事可知，宣化是與人進行接觸，不接觸、不溝通則無以宣教；說當地人熟悉的語言比起說當地人不懂的語言，來得容易使當地人輕鬆接受。這個例子說明要宣化人心，必須與人接觸，並利用人們能夠接受的方式進行溝通，可知如何讓現代人與佛法不期而遇，又能吸引受者試用是必須做到的技巧，這就要與現代人同理、同事，用其慣用的管道，說其平常所說的話：用各種媒體管道：電視、網路、書報雜誌、廣播做為溝通的媒介。

目前有線電視雖然都有宗教方面的節目，但是除了本身已有佛教信仰者，多半不會收看，其他像報章、雜誌、廣播、網路等刊露與佛教弘法相關者也是相同，因為人們似乎不喜歡被認為是某一種教的信徒，加上近年佛教

〔註6〕「其實，這是處理一切情緒的方法，不只是沮喪而已，不過馬哈希尊者在這裡只針對沮喪說。無論如何，當你感到憂愁、悲傷或沮喪時，你應做的事就是觀照那個情緒。如果你感到沮喪，那就利用這沮喪，將它變成禪修的所緣，觀照並在心中標記：『沮喪』、『沮喪』或『難過』、『難過』。當你的定力增強時，它就會消失，因為在你覺知沮喪的時候，它其實已經滅去。它看似持續很久，那是因為它重複地生起。……所以在你感覺沮喪或悲傷、憂愁等情緒的時候，試著用正念來觀照他們。」見馬哈希尊者（Ven. Mahāsi Sayādaw）著，溫宗堃譯，《毗婆舍那講記》（台北縣：南山放生寺，2007），頁204。

〔註7〕「坐禪的功效，能使人將浮動的情緒，轉化為清明而平靜的情操，臨危險，不恐懼；逢歡樂，不狂喜，得之不以為多，失之不以為少。」見釋聖嚴，《坐禪的功能（增訂版）》（台北：財團法人聖嚴教育基金會，2012），頁62。

〔註8〕「佛法鼓勵我們處理自己狂野的心和情緒，因為這是解決迷妄和痛苦的上策，我們不應陷入誰對誰做了什麼的戲碼，只要知道我們都會情緒激動，然後停止用劇情為情緒火上加油就好了。」見佩瑪・丘卓（Pema Chödrön）著，雷叔雲譯，《不被情緒綁架：擺脫你的慣性與恐懼》（台北：心靈工坊文化事業股份有限公司，2012），頁103。

團體似乎被垢病有奢侈化的趨勢，偶爾媒體又刊出宗教醜聞，故未接觸者多不認同於宗教，認爲佛教皆是迷信，是老人家才去相信的，是騙錢的，因而產生種種心理上的障礙，使得人們無法體會到佛教的優點；對於已入佛教之門的信眾，並不需要太過擔心，因爲他們會找法師或專業人士幫助他們解決問題，不過那些心裡有事卻不知道向何處求助者，則可運用容易接觸到這類人的媒介，例如：流行歌曲、電影、電玩遊戲等等，建立其正確認知。

此處舉出一些可能可行的接觸方式：目前網路上很受歡迎的 Youtube 是一個免費卻又傳播極廣的管道，在 Youtube 上可以見到各種不同的影片，有許多都是個人生活片段的上傳，供人點閱欣賞，最近更有「微電影」的拍攝風潮，上傳供人點閱觀賞。所謂的「微電影」，可以是個人的心情故事經由策劃拍攝，也可以是生活上引人感動的小品電影，也可以是企業爲製造形象而花錢拍攝的不像商業廣告片的廣告，往往十到三十分鐘即可敘述一個故事情節，由於製作成本比起電視廣告來得少，Youtube 媒體本身不收費，因此獲得某些團體的喜愛及運用。對此吾人即可以以人際關係、愛情、學業、工作壓力、婚姻、生活等等所造成的情緒困擾，後因實踐正信的禪修、語錄、或念佛等而自我療癒，平撫身心，復歸清淨爲題材，拍攝精緻的短片，讓習慣收視這種媒體的收視大眾覺察到生活中的這種狀況，可以用這些方法面對壓力，排除情緒。

此外，電腦網路遊戲更是深受時下青少年喜愛，在這方面，吾人也許可以以六道輪迴及業力爲底本，設計六道之生存情境，使玩家在進行遊戲之中意識到當下所做的行爲會產生種種業報，遊戲中並可以設計不同的行爲所招致的六道的生存狀態，例如若根據《地藏菩薩本願經》，投胎於地獄者將隨業遭受不同地獄之苦，除非是親人子女在世爲他做佛事，才得免受其苦，受生於善處；〔註 9〕或若由於瞋心怨怒而投生於阿修羅道，那麼每天都過著打殺的生活，只有投生爲人是有可能有出離輪迴的機會。或可研擬《阿含經》修道次第的遊戲，從凡人的角色有不同的未來進路：經由禪定、布施、持戒等等能夠得到天人福報，但福德享盡可能也會沾染到逸樂的習氣，而投生惡趣；或有志於修行者，則可從凡人的角色依戒、定、慧的修學歷程成就聲聞聖果。

〔註 9〕《地藏菩薩本願經》卷 1〈1 忉利天宮神通品〉：「無毒合掌，啓菩薩曰：『願聖者却返本處，無至憂憶悲戀。悅帝利罪女，生天以來，經今三日。云承孝順之子，爲母設供、修福，布施覺華定自在王如來塔寺。非唯菩薩之母得脫地獄，應是無間罪人，此日悉得受樂，俱同生訖。』鬼王言畢，合掌而退。」見 CBETA, T13, no. 412, p. 779, a18-23。

或是從凡人的角色修菩薩六度，學習善財童子五十三參，學習不同的技能以廣度眾生，最後度盡一切眾生，終於成就佛果的過程。遊戲軟體中並可加入線上聊天功能，隨時可以與專業義工探討佛法的法益等等。

另外，佛教的推動者在宣揚佛陀了生脫死的偉大人格之外，若能講述或使人體驗佛法平穩情緒的妙用，對宣導上可能會更有利。一般人日常生活中發生的，是六根對六境產生的受、想與行、識，順境之則歡喜、逆境則惱怒，煩惱不斷，而本文二到四章藉由對厭離一語的分類與闡述，據此推論佛陀出家的初衷也許只是爲了找尋處在逆境之中能平靜以對的方法，也許只是爲了找尋求得安穩面對自己或親人生老病死的方法，經由他的努力，真的實現了這目標，可知《阿含經》所講述的止觀及教法，即是平穩身心情緒的法門，這正是現代人需要的，因此若將這些修行方法轉化爲簡單的生活態度或是生活準則加以實踐，將獲得外在物欲的快樂當作附屬的點綴，將內在心靈的平靜安樂作爲是人生最大的滿足；將無常、變異、因緣生滅當作一種人生知識來宣導，清楚地說明生命的實相，而不將它包裹於光鮮亮麗的名利與物質的泡沫中，將修行方法提煉成一些簡要的對治情緒的口訣心法，例如：放下、老實念佛、專注當下、慈悲喜捨等等，也許能夠使得人們的生活壓力減少些，使人們在求名求利以外發現不同的人生方向。在面對逆境時更加自在，最後能夠不再以逆境爲逆境，在當下就厭離、離欲、解脫，完成《雜阿含經》所說的「現法滅熾燃」（在當下就消滅如火燄般熾燃的情緒）或「見法涅槃」（在當下就享受無染的清涼愉快）的心理狀況。

總之，佛法的傳播應該以佛陀殷切教導弟子之心爲榜樣，但又必須以現代人的溝通管道爲橋樑，以現代人的需求入手，構思如何藉由強大的現代傳媒來使現代人體驗佛法厭離煩惱，平撫情緒的優點，現代佛法務必發揮此功能，因爲即便佛教壯盛了，若不能使信仰者常保安穩的情緒，也是與人無用的。

附　錄

附錄一　《雜阿含經》「厭離」之經文與《尼柯耶》對照

對應組	出　處	經　文　比　對	語詞比對
1	《雜》·1·1〔註1〕	「世尊告諸比丘：『當觀色無常，如是觀者，則爲正觀，正觀者，則生厭離，厭離者，喜貪盡，喜貪盡者，說心解脫。』」（CBETA, T02, no. 99, p. 1, a7-9）	厭離
	SN. 22. 12. *Anicca*	*Rūpaṁ , bhikkhave, aniccaṁ ,* …… *Evaṁ passaṁ, bhikkhave, sutavā ariyasāvako rūpasmimpi nibbindati,* …… *Nibbindaṁ virajjati virāgā vimuccati. Vimuttasmiṁ vimuttamiti ñāṇaṁ hoti.*（SN. III, 21）	*nibbindati*
	《漢譯・相應》·22・12	色是無常……諸比丘！有聞之聖弟子如是觀色、厭離色……厭離而離欲，離欲而解脫，解脫即生解脫智，……（《漢譯・相應》III, 29）	厭離
2	《雜》・2・47	「信心善男子應作是念：『我應隨順法，我當於色多修厭離住……』故於色得厭，……厭已，離欲解脫。」（CBETA, T02, no. 99, p. 12, a10-15）	厭離

〔註 1〕本表依據《大正藏》經號順序編排，爲了節省資源，本表採用簡寫方式著明經文出處，如「《雜》・1・1」是爲「《雜阿含經》第 1 卷，第 1 經」之簡寫；本文使用之版本爲中華電子佛典協會（CBETA）編輯之「CBETA 電子佛典集成」Version 2009。

	SN. 22. 146. *Kulaputta.*	*"Saddhāpabbajitassa, bhikkhave, kulaputtassa ayamanudhammo hoti. yaṁ rūpe nibbidā bahulaṁ vihareyya…… So rūpe nibbidā bahulaṁ viharanto,…… rūpaṁ parijānāti,…… So rūpam parijānaṁ…… parimuccati rūpamhā parimuccati,…… jātiyā jarāya maraṇena sokehi paridevehi dukkhehi domanassehi upāyāsehi parimuccati dukkhasmā......* （SN. III , 179）	*nibbidā*
	《漢譯・相應》・22・146	諸比丘！有信心出家之善男子，以此爲隨順法，謂於色多厭患而住……於彼色多厭患而住……偏知色……彼偏知色……而由色解脫……生、老、死、愁、悲、苦、憂、惱解脫，苦解脫。(《漢譯・相應》III, 257）	厭患
3	《雜》・3・63	「多聞聖弟子住六觸入處，而能厭離無明，能生於明。」（CBETA, T02, no. 99, p. 16, b27-28）	厭離
	SN. 22. 47. *Samanupassanā.*	*Tiṭṭhanti kho pana , bhikkhave, tattheva pañcindriyāni. Athettha sutavato ariyasāvakassa avijjā pahīyati vijjā uppajjati.*（SN. III, 47）	*pahīyati* （pass.） 斷/捨
	《漢譯・相應》・22・47	諸比丘！亦即於其處住於五根。然則，有聞之聖弟子斷無明而生明。(《漢譯・相應》III, 68）	斷
4	《雜》・3・81	「摩訶男！何因、何緣眾生清淨？摩訶男！若色一向是樂、非苦、非隨苦、非憂苦長養、離苦者，眾生不應因色而生厭離；摩訶男！以色非一向樂、是苦、隨苦、憂苦長養、不離苦，是故眾生厭離於色，厭故不樂，不樂故解脫。」（CBETA, T02, no. 99, p. 21, a11-16）	厭離
	SN. 22. 60. *Mahāli.*	*Rūpañca hidaṁ , Mahāli, ekantasukhaṁ abhavissa sukhānupatitaṁ sukhāvakkantaṁ anavakkantaṁ dukkhena, nayidaṁ sattā rūpasmiṁ nibbindeyyuṁ. Yasmā ca kho Mahāli rūpam dukkhaṁ dukkhānupatitaṁ dukkhāvakkantan anavakkantam sukhena. Tasmā sattā rūpasmiṁ nibbindanti nibbindaṁ virajjanti virāgā visujjhanti.*（SN. III, 70）	*Nibbinde-yyuṁ*

	《漢譯・相應》・22・60	「摩訶利！若於此色而一向於樂，隨於樂，伴於樂不伴於苦者，眾生則不厭患此色。摩訶利！然而，色是苦，隨於苦，伴於苦而不伴於樂故，眾生厭患於色，厭患故離貪，離貪故為清淨。摩訶利！有此因、此緣而有眾生之清淨。有此因、此緣而致眾生清淨。（《漢譯・相應》III , 102）	厭患
5	《雜》・5・110	「佛告火種居士：『我為諸弟子說諸所有色，若過去、若未來、若現在，若內、若外，若麁、若細，若好、若醜，若遠、若近，彼一切如實觀察非我、非異我、不相在，受、想、行、識亦復如是，彼學必見跡不斷壞，堪任成就，厭離知見，守甘露門，雖非一切悉得究竟，且向涅槃，如是弟子從我教法，得離疑惑。』」（CBETA, T02, no. 99, p. 36, c15-22）	厭離
	MN. 35. *Saccaka.*	*Idha, Aggivessana, bhikkhu yaṁ kiñci rūpaṁ atītanāgatapaccuppannaṁ ajjhattaṁ vā bahiddhā vā oḷārikaṁ vā sukhumaṁ vā hīnaṁ vā paṇītaṁ vā yaṁ dūre santike vā sabbaṁ rūpaṁ 'netaṁ mama, nesohamasmi, na meso attā'ti evametaṁ yathābhūtaṁ sammappaññāya disvā anupādā vimutto hoti*……（MN, I, 235,）	----〔註 2〕
	《漢譯・中》・35	於是，比丘，凡是色，而過去、未來、現在，或內、或外、或粗、或細、或醜、或美、或遠、或近之一切，以如實直覺正慧以見：『彼非予所有，予非彼、彼非予之我，』無取著而住解脫也。（《漢譯・中》I, 316）	----
6	《雜》・10・264	「比丘！一切諸行，過去盡滅、過去變易，彼自然眾具及以名稱，皆悉磨滅，是故，比丘！永息諸行，厭離、斷欲、解脫。」（CBETA, T02, no. 99, p. 68, b2-4）	厭離
	SN. 22. 96. *Gomaya*	*Iti kho, bhikkhu, sabbe te saṅkhārā atītā niruddhā vipariṇatā. Evaṁ aniccā kho, bhikkhu, saṅkhārā. Evaṁ addhuvā kho, bhikkhu, saṅkhārā. Evaṁ anassāsikā kho, bhikkhu, saṅkhārā.Yāvañcidaṁ bhikkhu alam eva sabbesu saṅkhāresu nibbindituṁ, alaṁ virajjituṁ , alaṁ vimuccitun'ti.*（SN III. 146）	*nibbinditu ṁ*

〔註 2〕「----」表示沒有出現與「厭離」對應的語詞。

	《漢譯・相應》・22・96	比丘！一切諸行皆爲過去而滅盡所變易。比丘！如是諸行是無常也。比丘！如是諸行是無恒。比丘！如是諸行是不安。比丘！故應厭患、應離，應解脫於一切諸行。（《漢譯・相應》III, 207）	厭患
7	《雜》・18・495	「持戒比丘亦復如是，根本具足，所依成就，心得信樂，得信樂已，歡喜、息、樂、寂靜三昧、如實知見、厭離、離欲、解脫，疾得無餘涅槃。」（CBETA, T02, no. 99, p. 129, a22-25）	厭離
	AN. V, 168. *Sīla.*	*Evam eva kho āvuso, sīlavato sīlasampannassa upanisasampanno hoti sammāsamādhi, sammāsamādhimhi sati sammāsamādhisampannassa upanisasampannaṁ hoti yathābhūtañāṇadassanaṁ; yathābhūtañāṇadassane sati yathābhūtañāṇadassanasampannassa upanisasampanno hoti nibbidāvirāgo, nibbidāvirāge sati nibbidāvirāgasampannassa upanisasampannaṁ hoti vimuttiñāṇadassanan ti.*（AN. III, 201）	*nibbidā*
	《漢譯・增支》・5・168	友！有戒、具戒者，正定之基圓足。有正定時，圓足正定者，如實智見之基圓足。有如實智見時，圓足如貿智見者，厭離欲之基圓足。有厭離欲時，圓足厭離欲者，解脫智見之基圓足。」（《漢譯・增支》III, 236）	厭
8	《雜》・19・505	「時，尊者大目揵連作是念：『今此帝釋極自放逸，著界神住，歎此堂觀，我當令彼心生厭離。』即入三昧，以神通力，以一足指撇其堂觀，悉令震動，時，尊者大目揵連即沒不現。」（CBETA, T02, no. 99, p. 133, c25-29）	厭離
	MN. 37. *Taṇhāsaṅkhaya-sutta.*	*Atha kho āyasmato Mahāmoggallānassa etadahosi--"Atibāḷhaṁ kho ayaṁ yakkho pamatto viharati. Yaṁ nūnāhaṁ imaṁ yakkhaṁ saṁ vejeyyan"ti.Atha kho āyasmā Mahāmoggallāno tathārūpaṁ iddhābhisaṅkhāraṁ abhisaṅkhāsi yathā Vejayantaṁ pāsādaṁ pādaṅguṭṭhakena saṅkampesi sampakampesi sampavedhesi.*（MN. I , 254）	*saṁ - vejeyyam*

9	《漢譯・中》・37	而尊者大目犍連作是念：「此藥叉是過於放逸，然，我使此藥叉戰慄。」於是尊者大目犍連以示神通力，以足拇指使最勝宮殿震搖激動。（《漢譯・中》I, 342）	戰慄
	《雜》・25・641	「彼上座告諸大眾：『誰聞是語而不厭世間？我等聞是事，不可不生厭離，如佛經所說：見他衰事，應生厭離，若有識類眾生者，聞是事豈得不捨世間。』」〔註 3〕（CBETA, T02, no. 99, p. 181, a7-10）	厭離
	Divyāvadāna. XXIX	（未找到經文）	
10	《雜》・26・708	「爾時，世尊告諸比丘：若族姓子捨諸世務，出家學道，剃除鬚髮，著袈裟正信非家，出家學道。……厭離俗務，出家學道而反染著，增諸罪業而自破壞，沈翳沒溺。」（CBETA, T02, no. 99, p. 190, a9-18）	厭離
	SN. 46. 39. *Rukkha.*	*Evam eva kho, bhikkhave, idhekacco kulaputto yādisake kame ohāya agārasmā anagāriyaṁ pabbajito hoti, so tādisakehi kāmehi tato vā pāpiṭṭhatarehi obhaggavibhaggo vipatito seti.*（SN. V, 96）	*Ohāya*（ger. of *ojahāti*）
	《漢譯・相應》・46・39	諸比丘！如是，於此有一類之男子，棄諸欲，離家爲出家，然彼被諸欲或更甚邪惡者所破損、倒壞。（《漢譯・相應》v, 258）	棄
11	《雜》・33・925	「復次，丈夫心生厭離於身惡業，口、意惡業，惡不善法及諸煩惱，重受諸有熾然苦報。」（CBETA, T02, no. 99, p. 235, c14-15）	厭離
	AN. VIII. 13. *Ājañña.*	*Jegucchī hoti, jegucchati kāyaduccaritena vacīduccaritena manoduccaritena; jegucchati pāpakānaṁ akusalānaṁ dhammānaṁ samāpattiyā.*（AN. IV,189）	*jegucchati*

〔註 3〕《阿育王經》卷 5〈5 半菴摩勒施僧因緣品〉：「時此使人，受王勅已，將半阿摩勒菓往至鷄寺，於上座前以阿摩勒菓供養眾僧，合掌說偈：『一切地一繖　王領無障礙　猶如日光明　遍照一切處　以自欺誑業　功德於今盡　譬如日入時　無復有光明　以恭敬頂禮　施半阿摩勒　顯其福德盡　今爲最後施』是時上座集諸比丘而語之言：「汝等今當起怖畏心，如佛所說：見他無常是處可畏，誰能於此不生厭離？何以故？勇猛能布施　孔雀阿育王　王領於大地　閻浮提自在　今日果報盡　唯有阿摩勒　大地諸珍寶　悉爲他所護　今此阿育王捨半阿摩勒　諸有凡夫人　福德力生慢當爲說無常　令其生厭離」（CBETA, T50, no. 2043, p. 148, b27-c16）

	《漢譯・增 支》・8・13	為厭嫌者而厭嫌身惡行、語惡行、意惡行，厭嫌惡不善法之成就。(《漢譯・增 支》, V, 45)	厭嫌
12	《雜》・33・937	佛告比丘：「若所有色，過去、未來、現在，若內、若外，若麤、若細，若好、若醜，若遠、若近，彼一切非我、不異我、不相在……聖弟子如是觀者，於色厭離……厭已不樂，不樂已解脫。」(CBETA, T02, no. 99, p. 240, c15-20)	厭離
	SN. 15. 13. *Tiṃ samattā* 〔註 4〕		----
	《漢譯・相應》・15・13〔註 5〕		----
13	《雜》・34・956	「比丘！知一切諸行皆悉無常、恒、不安、變易之法，於一切行，當修厭離、離欲、解脫。」(CBETA, T02, no. 99, p. 243, b25-27)	厭離
	SN. 15. 20. *Vepullapabbata.*	*Evaṁ aniccā, bhikkhave, saṅkhārā; evaṁ addhuvā, bhikkhave, saṅkhārā; evaṁ anassāsikā, bhikkhave, saṅkhārā. Yāvaṁ cidaṁ , bhikkhave, alam eva sabbasaṅkhāresu nibbindituṁ , alaṁ virajjituṁ, alaṁ vimuccitun ti.* (SN. II, 193)	*nibbindi-tuṁ*
	《漢譯・相應》・15・20	諸比丘！是諸行為無常。諸比丘！如是諸行是不定。諸比丘！如是諸行為不安。諸比丘！是以，於諸行足厭、足於厭離、足於解脫。(《漢譯・相應》II, 239)	厭離
14	《雜》・37・1028	「正念正智生不苦不樂受因緣，非不因緣。云何因緣？謂身因緣，作是思惟：『我此身無常有為，心因緣生，彼不苦不樂受亦無常有為，心因緣生。彼身及不苦不樂受觀察無常，乃至捨，若所有身及不苦不樂受無明使使，使永不復使，多聞聖弟子如是觀者，於色厭離…….厭離已離欲，離欲已解脫。』」(CBETA, T02, no. 99, p. 268, c21-29)	厭離
	SN. 36. 7. *Gelañña.* 〔註 6〕		----
	《漢譯・相應》・36・7〔註 7〕		----

〔註 4〕 SN. II, 187-189。

〔註 5〕 《漢譯・相應》II, 233。

〔註 6〕 SN. IV, 210。

〔註 7〕 《漢譯・相應》IV, 268-271。

15	《雜》·39·1085	「爾時，世尊告諸比丘：『一切行無常，一切行不恒、不安，非穌息，變易之法，乃至當止一切有爲行，厭離、不樂、解脫。』」（CBETA, T02, no. 99, p. 284, c11-13）	厭離
	SN. 4. 10. *Āyu.*〔註 8〕		----
	《漢譯·相應》·4·10〔註 9〕		----
16	《雜》·45·1214	尊者婆耆舍作是念：「我今得不利，得苦非得樂，我今見年少女人有妙絕之色，貪欲心生，今爲生厭離故，而說偈言：……尊者阿難說偈答言：　速滅貪欲火　莫令燒其心　諦觀察諸行　苦空非有我　繫念正觀身　多修習厭離〔註 10〕　修習於無相　滅除憍慢使　得慢無間等　究竟於苦邊」（CBETA, T02, no. 99, p. 331, a22-b7）	厭離
	SN. 8. 4. *Ānanda*〔註 11〕	*Tena kho pana samayena āyasmato Vaṅgīsassa anabhirati uppannā hoti, rāgo cittaṁ anuddhaṁ seti.　Atha kho āyasmā Vaṅgīso āyasmantam Ānandam gāthāya ajjhabhāsi—*…… *"Saṅkhāre parato passa, dukkhato mā ca attato; Nibbāpehi mahārāgaṁ , mā ḍayhittho punappuna ṁ.* *"asubhāya cittaṁ bhāvehi, ekaggaṁ susamāhitaṁ; Sati kāyagatā ty-atthu, nibbidābahulo bhava. "animittaṁ ca bhāvehi, mānānusayam ujjaha; Tato mānābhisamayā, upasanto carissasī"ti.*（SN. I, 188）	*nibbidā*
	《漢譯·相應》·8·4	其時，尊者婆耆沙生不快，貪欲污其心。時，尊者婆耆沙以偈白阿難曰：……〔阿難：〕 依於顛倒想　汝心之炎燃　以呼起貪欲 令止見淨相　見諸行無常　苦惱非自己 消滅大貪火　勿爲屢次燒　集心於一點 令其住靜寂　依於不淨想　令修自己心 有於身念住　以滿厭惡情　習修於無相 消滅慢隨眠　依其慢現觀　得行於寂靜 （《漢譯·相應》I, 316）	厭惡

〔註 8〕SN. I, 108。

〔註 9〕《漢譯·相應》IV, 268-271。

〔註 10〕相應部對應者爲此「厭離」，並非前文那個。

〔註 11〕SN. I, 188。

17	《雜》‧45‧1215	時，尊者婆耆舍作是念：「我今不利，不得利，得苦不得樂，見他女人容色端正，貪欲心生，我今當說厭離偈。」念已，而說偈言……（CBETA, T02, no. 99, p. 331, b15-18）	厭離
	SN. 8. 1. *Nikkhanta.*	*"Alābhā vata me, na vata me lābhā; dulladdhaṁ vata me, na vata me suladdhaṁ ; yassa me anabhirati uppannā, rāgo cittaṁ anuddhaṁ seti, taṁ kut-ettha labbhā, yaṁ me paro anabhiratiṁ vinodetvā abhiratiṁ uppādeyya. Yaṁ nūnāhaṁ attanā va attano anabhiratiṁ vinodetvā abhiratiṁ uppādeyyan"ti. Atha kho āyasmā Vavgīso attanāva attano anabhiratiṁ vinodetvā abhiratiṁ uppādetvā tāyaṁ velāyaṁ imā gāthāyo abhāsi...*（SN. I, 185）	*attanāva attano anabhira-tiṁ vinodetvā*
	《漢譯‧相應》‧8‧1	「我心生不快，貪欲污我心，對我實是甚悲痛。別人無從滅我心之不快而令愉悅。我自滅我心之不快、令生愉快。」時，尊者婆耆沙，自滅自己之不快而生愉悅，其時以唱此偈曰：（《漢譯‧相應》I, 312）	自滅自己之不快
18	《雜》‧45‧1216	「我自以智慧輕慢於彼聰明梵行者，我今當說能生厭離偈，即說偈言：……」（CBETA, T02, no. 99, p. 331, c5-7）	厭離
	SN. 8. 3. *Pesalātimaññanā*	*Atha kho āyasmato Vaṅgīsassa etadahosi--"Alābhā vata me, na vata me lābha; dulladdhaṁ vata me, na vata me suladdhaṁ ; yvāhaṁ attano paṭṭibhānena aññe pesale bhikkhū atimaññāmī"ti.Atha kho āyasmā Vavgīso attanāva attano vippatisāraṁ uppādetvā tāyaṁ velāyaṁ imā gāthāyo abhāsi*……（SN. I, 18）	*vippatisā-raṁ uppādetvā*
	《漢譯‧相應》‧8‧3	時，尊者婆耆沙生如是思念：「以誇自己之頓才，輕蔑其他溫和比丘等。對我眞是甚悲痛。」如是尊者婆耆沙，自己省悔，其時唱此偈曰：……（《漢譯‧相應》I, 315）	省悔
19	《雜》‧47‧1257	「爾時，世尊告諸比丘：「一切行無常，不恒、不安，是變易法，諸比丘！常當觀察一切諸行，修習厭離、不樂、解脫。」（CBETA, T02, no. 99, p. 345, a13-15）	厭離

	SN. 20. 6. *Dhanuggaha.*〔註12〕		----
	《漢譯・相應》・20・6〔註13〕		

附錄二　《雜阿含經》「厭」之經文與《尼柯耶》對照表〔註14〕

對應組	經名・經號	經　文　比　對	語詞比對
1	《雜》・1・9	爾時，世尊告諸比丘：「色無常，無常即苦……名眞實正觀，……聖弟子！如是觀者，厭於色……厭故不樂，不樂故得解脫。」（CBETA, T02, no. 99, p. 2, a3-8）	厭
	SN. 22, 15〔註15〕		----
	《漢譯・相應》・22・15〔註16〕		----
2	《雜》・1・11	諸比丘！色無常……無常者則是苦，苦者則非我、非我者則非我所、聖弟子！如是觀者、厭於色，厭者不樂，不樂則解脫。」……。（CBETA, T02, no. 99, p. 2, a26-b1）	厭
	SN. 22. 18. *Hetu.*〔註17〕		----
	《漢譯・相應》・22・18〔註18〕		----

〔註12〕SN. II, 265-266。

〔註13〕《漢譯・相應》II, 339。

〔註14〕本表依據《大正藏》經號順序編排；爲了節省版面，經文在說明「色受想行識」五蘊，本表僅列出「色蘊」；經文在說明「眼耳鼻舌身意」六根者，本表僅列出「眼」根，其餘則以「……」省略之。

〔註15〕SN. III, 22。

〔註16〕《漢譯・相應》III, 30-31。

〔註17〕SN. III, 23。

〔註18〕《漢譯・相應》III, 32。

	《雜》・1・13	「諸比丘！若色於眾生不爲患者，彼諸眾生不應厭色，以色爲眾生患故，彼諸眾生則厭於色。」（CBETA, T02, no. 99, p. 2, b20-22）	厭
3	SN. 22. 28. *Assāda*	*No cedaṁ , bhikkhave, rūpassa ādīnavo abhavissa nayidaṁ sattā rūpasmiṁ nibbindeyyuṁ. Yasmā ca kho, bhikkhave, atthi rūpassa ādīnavo, tasmā sattā rūpasmiṁ nibbindanti.*（SN. III, 30）	*Nibbinde-yyuṁ nibbindanti*
	《漢譯・相應》・22・28	諸比丘！若無色之過患，有情即不厭患於色。諸比丘！然則，有色之過患故，有情厭患於色。（《漢譯・相應》III, 44）	厭患
	《雜》・1・26	「佛告比丘：『若於色說是生厭、離欲、滅盡、寂靜法者，是名法師。……』」（CBETA, T02, no. 99, p. 5, c14-16）	厭
4	SN. 22. 116. *Kathika*	*Rūpassa ce, bhikkhu, nibbidāya virāgāya nirodhāya dhammaṁ deseti 'dhammakathiko bhikkhū'ti alaṁ vacanāya.（SN. III 164）*	*nibbidāya*
	《漢譯・相應》・22・116	若比丘！爲色之厭患、離欲、滅盡而說法者，應名爲說法比丘。（《漢譯・相應》III. 232）	厭患
	《雜・1・27》	佛告比丘:「諦聽！善思！當爲汝說:比丘！於色向厭、離欲、滅盡，是名法次法向。」（CBETA, T02, no. 99, p. 5, c24-26）	厭
5	SN. 22. 40. *Anudhamma*	*Dhammānudhammappaṭipannassa, bhikkhave, bhikkhuno ayam anudhammo hoti. yaṁ rupe nibbidā-bahulaṁ vihareyya,…… so rūpaṁ parijānaṁ ,…… parimuccati rūpamhā, parimuccati…… jātiyā jarāmaraṇena sokehi paridevehi dukkhehi domanassehi upāyasehi, parimuccati dukkhasmāti vadāmī……*（SN. III, 40-41）	*nibbidā*
	《漢譯・相應》・22・40	諸比丘！向法隨法比丘，得此隨法：「於色多厭患而住……彼於色多厭患而住……者，則偏知於色……彼偏知於色……者，則由色解脫……由生、老、死、愁、悲、苦、憂、惱解脫，由苦解脫。」（《漢譯・相應》III. 59）	厭患
6	《雜》・1・28	「佛告比丘：『於色生厭離欲、滅盡，不起諸漏，心正解脫，是名比丘見法涅槃……』」（CBETA, T02, no. 99, p. 6, a6-8）	厭

	SN. 22. 116. *Kathika*	*Rūpassa ce, bhikkhu, nibbidā virāgā nirodhā anupādāvimutto hoti, 'ditthadhammanibbānappatto bhikkhū'ti alaṁ vacanāya.*（SN. III, 164）	*nibbidā*
	《漢譯・相應》・22・116	若比丘，以厭患於色、離欲、滅盡，不執取而解脫者，應名爲得達現法涅槃之比丘。（《漢譯・相應》III. 232）	厭患
7	《雜》・1・29	「若比丘於色說厭、離欲、滅盡，是名說法師。」（CBETA, T02, no. 99, p. 6, a17-18）	厭
	SN. 22. 115. *Kathika*	*Rūpassa ce, bhikkhu, nibbidāya virāgāya nirodhāya dhammaṁ deseti 'dhammakathiko bhikkhū'ti alaṁ vacanāya.（SN. III, 164）*	*nibbidāya*
	《漢譯・相應》・22・115	若比丘爲色之厭患、離欲、滅盡而說法者，應名爲說法比丘。（《漢譯・相應》III, 231）	厭患
8	《雜》・1・30	「輸屢那！當知色，若過去、若未來、若現在，若內、若外，若麁、若細，若好、若醜，若遠、若近，彼一切色不是我、不異我、不相在，是名如實知。……輸屢那！如是於色……生厭、離欲、解脫。」（CBETA, T02, no. 99, p. 6, b16-23）	厭
	SN. 22. 49. *Soṇa.*	*"Tasmātiha Soṇa, yaṁ kiñci rūpaṁ atītānāgatapaccuppannaṁ ajjhattaṁ vā bahiddhā vā oḷārikaṁ vā sukhumaṁ vā hīnaṁ vā paṇītaṁ vā yaṁ dūre santike vā, sabbaṁ rūpaṁ 'netaṁ mama, nesohamasmi, na meso attā'ti evametaṁ yathābhūtaṁ sammappaññāya daṭṭhabbaṁ…… "Evaṁ passaṁ , Soṇa, sutavā ariyasāvako rūpasmimpi nibbindati,…… Nibbindam virajjati; viraga vimuccati.*（SN. III, 49-50）	*nibbindati*
	《漢譯・相應》・22・49	輸屢那！是故於此處所有色之過去、未來、現在、內、外、粗、細、劣、勝、遠、近者，此非我所，此非我，此非我體，應以如是正慧如實見。……輸屢那！如是有聞之聖弟子，厭患於色……厭患而離欲，離欲故解脫。（《漢譯・相應》III, 73）	厭患

9	《雜》・1・31	「輸屢那！當知色，若過去、若未來、若現在，若內、若外，若麁、若細，若好、若醜，若遠、若近，於一切色不是我、不異我、不相在，是名如實知。輸屢那！聖弟子於色生厭、離欲、解脫，解脫生、老、病、死、憂、悲、苦、惱。」（CBETA, T02, no. 99, p. 6, c28-p. 7, a3）	厭
	SN. 22. 49. *Sona.*	與對應組 8 出處相同	
	《漢譯・相應》・22・49	與對應組 8 出處相同	
10	《雜》・2・41	「比丘！若沙門、婆羅門於色如是知、如是見，如是知、如是見，離欲向，是名正向，若正向者，我說彼入，受、想、行、識亦復如是，若沙門、婆羅門於色如實知、如實見，於色生厭、離欲，不起諸漏，心得解脫。」（CBETA, T02, no. 99, p. 9, c24-29）	厭
	SN. 22. 56. *Upādānam parivattaṁ*	*Ye ca kho keci, bhikkhave, samaṇa vā brāhmaṇā vā evaṁ rūpaṁ abhiññāya…… pe…… evaṁ rūpanirodhagāminiṁ paṭipadaṁ abhiññāya, rūpassa nibbidā virāgā nirodhā anupādā vimuttā te suvimuttā.*（SN. III, 59）	*nibbidā*
	《漢譯・相應》・22・56	諸比丘！諸沙門、諸沙門、婆羅門證知如是色，證知如是色集，證知如是色滅，證知如是順色滅之道，〔註 19〕於色厭患、離欲、滅盡，依不取而解脫者，則爲善解脫。（《漢譯・相應》III, 88）	厭患
11	《雜》・2・46	「諸比丘！彼多聞聖弟子於此色受陰作如是學：『我今爲現在色所食，過去世已曾爲彼色所食，如今現在，復作是念：我今爲現在色所食，我若復樂著未來色者，當復爲彼色所食，如今現在，作如是知已，不顧過去色，不樂著未來色，於現在色生厭、離欲、滅患、向滅。』」（CBETA, T02, no. 99, p. 11, c11-18）	厭

〔註 19〕原經文在此處由於與上文有所重疊，本爲省略符號，此處依上文將之補齊。

	SN. 22. 79. *Khajjani.*	*Tatra, bhikkhave, sutavā ariyasāvako iti paṭisañcikkhati--'Ahaṁ kho etarahi rūpena khajjāmi. Atītampāhaṁ addhānaṁ evameva rūpena khajjiṁ , seyyathāpi etarahi paccuppannena rūpena khajjāmi. Ahañceva kho pana anāgataṁ rūpaṁ abhinandeyyaṁ, anāgatampāhaṁ addhānaṁ evameva rūpena khajjeyyaṁ , seyyathāpi etarahi paccuppannena rūpena khajjāmī'ti. So iti patisaṅkhāya atītasmiṁ rūpasmiṁ anapekkho hoti anāgataṁ rūpaṁ nābhinandati; paccuppannassa rūpassa nibbidāya virāgāya nirodhāya paṭipanno hoti.*（SN. III, 87）	*nibbidāya*
	《漢譯・相應》・22・79	如「我今爲色所食：我於過去世，亦爲色所食，如今現在爲色所食。我若樂著於未來之色者，則我於未來世，亦應爲色所食，乃如今現在爲色所食。」彼如是思擇、則不顧過去之色，不樂著未來之色，則於現在之色向厭患、離貪、滅盡。(《漢譯・相應》III, 133）	厭患
12	《雜》・2・48	世尊告諸比丘：「信心善男子正信、非家、出家，自念：我應隨順法，於色當多修厭住。……信心善男子正信、非家、出家，於色多修厭住……已，於色得離……我說是等，悉離一切生、老、病、死、憂、悲、惱、苦。」（CBETA, T02, no. 99, p. 12, a19-25）	厭
	SN. 22. 146. *Kulaputta.*	*"Saddhāpabbajitassa, bhikkhave, kulaputtassa ayamanudhammo hoti--yaṁ rūpe nibbidābahulṁ vihareyya…… .So rūpe nibbidā bahulṁ viharanto…… rūpaṁ parijānāti,…… so rūpaṁ parijānaṁ…… parimuccati rūpamhā parimuccati…… jātiyā jarāya maraṇena sokehi paridevehi dukkhehi domanassehi upāyāsehi; 'parimuccati dukkhasmā'ti vadamī'ti.*（SN. III, 179）	*nibbidā*
	《漢譯・相應》・22・146	「諸比丘！有信心出家之善男子，以此爲隨順法：謂於色多厭患而住……於彼色多厭患而住……偏知色……彼偏知色……而由色解脫……生、老、死、愁、悲、苦、憂、惱解脫，苦解脫。」（《漢譯・相應》III, 44）	厭患

13	《雜》·2·50	阿難白佛：「世尊！若外道出家來問我言：『阿難！世尊何故教人修諸梵行？』者，我當答言：『爲於色修厭、離欲、滅盡、解脫、不生故，世尊教人修諸梵行。』」（CBETA, T02, no. 99, p. 12, b13-17）	厭
	SN. 22. 37. *Ānanda.*〔註 20〕		----
	《漢譯·相應》·22·37〔註 21〕		----
14	《雜》·2·58	「是故，比丘！若所有色，若過去、若未來、若現在，若內、若外，若麤、若細，若好、若醜，若遠、若近，彼一切非我、非我所，如是見者，是爲正見……多聞聖弟子如是觀者便修厭，厭已離欲，離欲已解脫。」（CBETA, T02, no. 99, p. 15, a21-26）	厭
	SN. 22. 82. *Puṇṇamā.*〔註 22〕		----
	《漢譯·相應》·22·82〔註 23〕		----
15	《雜》·3·75	「比丘〔註 24〕於色厭、離欲、滅、不起、解脫，是名如來、應、等正覺。……比丘亦於色厭、離欲、滅，名阿羅漢慧解脫。」（CBETA, T02, no. 99, p. 19, b23-27）	厭
	SN. 22. 58. *Sambuddha.*	*Tathāgato, bhikkhave, arahaṁ sammāsambuddho rūpassa nibbidā virāgā nirodhā anupādā vimutto sammāsambuddhoti vuccati. Bhikkhupi, bhikkhave, paññāvimutto rūpassa nibbidā virāgā nirodhā anupādā vimutto paññāvimuttoti vuccati.*（SN III, 65）	*nibbidā*

〔註 20〕SN. III, 37-38。雖有此經，形式相同，但經文內容不相同。

〔註 21〕《漢譯·相應》III, 56。

〔註 22〕SN. III, 103，此處經文沒有對應於「多聞聖弟子如是觀者便修厭，厭已離欲，離欲已解脫。」者，故略去不引。

〔註 23〕《漢譯·相應》III, 150。

〔註 24〕若參照下面相應的巴利《相應部》及《漢譯南傳大藏經》經文，此處應可更改爲「諸比丘！如來」如下所述：「諸比丘！如來於色厭……」使文義更通順。

	《漢譯・相應》・22・58	諸比丘！如來、應供、正等覺者，不取於色由厭患、離欲、滅盡，而解脫，則名爲正等覺者。諸比丘！慧解脫之比丘，亦不取於色由厭患、離欲、滅盡，而解脫，名爲慧解脫者。（《漢譯・相應》III, 95）	厭患
16	《雜》・6・124	羅陀！多聞聖弟子於色生厭，於受、想、行、識生厭，厭故不樂，不樂故解脫。」（CBETA, T02, no. 99, p. 40, c1-2）	厭
16	SN. 23. 11. *Māro*	*Evaṁ passaṁ , Rādha, sutavā ariyasāvako rūpasmimpi nibbindati,…… Nibbindam virajjati; viraga vimuccati.*（SN. III, 195）	*nibbindati*
16	《漢譯・相應》・23・11	羅陀！如是觀者，有聞之聖弟子，於色厭患……」（《漢譯・相應》III, 285）	厭患
17	《雜》・10・261	「阿難！是故，色若過去、若未來、若現在，若內、若外，若麁、若細，若好、若醜，若遠、若近，彼一切非我、不異我、不相在……如實知，如實觀察不〔註 25〕，如是觀者，聖弟子於色生厭、離欲、解脫。」（CBETA, T02, no. 99, p. 66, a21-28）	厭
17	SN. 22. 83. *Ānanda.*〔註 26〕		----
17	《漢譯・相應》・22・83〔註 27〕		----
18	《雜》・12・289	「爾時，世尊告諸比丘：『愚癡無聞凡夫於四大身厭患、離欲、背捨而非識，……如是，多聞聖弟子於色生厭……厭故不樂，不樂故解脫。』」（CBETA, T02, no. 99, p. 81, c5-27）	厭患/厭
18	SN. 12. 61. *Assutavā.*	*Assutavā, bhikkhave, puthujjano imasmiṁ cātumahābhūtikasmiṁ kāyasmiṁ nibbindeyya pi virajjeyya pi vimucceyyapi…… Tasmā tatrāssutavā puthujjano nālaṁ nibbindituṁ nālaṁ virajjituṁ nālaṁ vimuccituṁ…… Evaṁ passaṁ , bhikkhave, sutavā ariyasāvako rūpasmimpi nibbindati, Nibbindam virajjati; viraga vimuccati.*（SN. II, 94-95）	*Nibbinde-yya/ nibbindi-tuṁ nibbindati*

〔註 25〕此「不」字疑爲多餘。

〔註 26〕SN. III, 105，此經之內容與《雜阿含經》所列對應經典似有出入，並無太有關聯性之對應。

〔註 27〕《漢譯・相應》III, 152-154。

	《漢譯・相應》・12・61	諸比丘！無聞之凡夫，於此四大所造身，生厭意，厭離而欲解脫。……然則無聞之凡夫，不能生厭意，不能厭離，不能解脫。……諸比丘！多聞之聖弟子，於色生厭意……生厭意故厭離，離貪故解脫。（《漢譯・相應》II, 112-114）	厭意/厭離
	《雜》・12・290	「世尊告諸比丘：『愚癡無聞凡夫於四大色身生厭、離欲、背捨，但非識……彼愚癡無聞凡夫不能於識生厭、離欲、習捨，長夜保惜繫我……是故愚癡無聞凡夫不能於彼生厭、離欲、習捨。』」（CBETA, T02, no. 99, p. 82, a2-8）	厭
19	SN. 12. 62. *Assutavā.*	*Assutavā, bhikkhave, puthujjano imasmiṁ cātumahābhutikasmiṁ kāyasmiṁ nibbindeyya pi virajjeyya pi vimucceyya pi…… Tasmā tatrāssutavā puthujjano nibbindeyya pi virajjeyya pi vimucceyya pi…… Evaṁ passaṁ , bhikkhave, sutavā ariyasāvako phassepi nibbindati,…… nibbindaṁ virajjati, virāgā vimuccati,……*（SN.II, 95）	*nibbinde-yya*
	《漢譯・相應》・12・62	諸比丘！無聞之凡夫，於此四大所造之身，生厭意，厭離而欲解脫。……無聞之凡夫不能生厭意，不能厭離，不能解脫。……諸比丘！如是多聞之聖弟子，於觸生厭意……生厭意故厭離，離貪故解脫……（《漢譯・相應》II, 95-97）	厭離
	《雜》・14・345	舍利弗白佛言：「眞實！世尊！世尊！比丘眞實者，厭、離欲、滅盡向，食集生，彼比丘以食故，生厭、離欲、滅盡向，彼食滅，是眞實滅覺知已，彼比丘厭、離欲、滅盡向，是名爲學。」（CBETA, T02, no.99, p.95, b17-21）	厭
20	SN. 12. 31. *Bhūtaṃ.*	*Bhūtam idanti yathābhutaṁ sammappaññāya disvā bhūtassa nibbidāya virāgāya nirodhāya paṭipanno hoti. Tadāharasambhavanti yathābhūtaṁ sammappaññāya passati. Tadāhārasambhavanti yathābhūtaṁ sammappaññāya disvā āhārasambhavassa nibbidāya virāgāya nirodhāya patipanno hoti. Tadāhāranirodhā yaṁ bhūtaṁ taṁ nirodhadhammanti yathābhūtaṁ sammappaññāya passati.*	*nibbidāya*

		Tad āhāranirodhā yaṁ bhūtaṁ taṁ nirodhadhammanti yathābhūtaṁ sammappaññāya disvā nirodhadhammassa nibbidāya virāgāya nirodhāya patipanno hoti. Evaṁ kho, bhante, sekkho hoti.（SN. II, 48）	
	《漢譯・相應》・12・31	「大德！以正慧如實見之『此乃生者，』以正慧如實見之『此乃生者，』生者以行厭離、離貪、滅。」「以正慧如實見之，彼乃食生耶？以正慧見之。」「彼乃食生。則行食生之厭離、離貪、滅。」「因彼食滅，生者乃滅法，如實依正慧見之耶？因彼之食滅，生者乃滅法，如實依正慧見，則行滅法之厭離、離貪、滅。大德！是如是學。」(《漢譯・相應》II, 55-56）	厭離
21	《雜》・14・363	佛告諸比丘：「若有比丘說老、病、死，生厭、離欲、滅盡法，是名說法比丘。如是說生、有、取、愛、受、觸、六入處、名色、識、行，是生厭、離欲、滅盡法，是名說法比丘。」（CBETA, T02, no. 99, p. 100, c8-12）	厭
	SN. 12. 16. *Dhammakathika.*	*Jarāmaraṇassa ce bhikkhu nibbidāya virāgāya nirodhāya dhammaṁ deseti, 'dhammakathiko bhikkhū'ti alaṁ vacanāya……. "Jātiyā ce bhikkhu , bhavassa ce bhikkhu, upādānassa ce bhikkhu, taṇhāya ce bhikkhu, vedanāya ce bhikkhu, phassassa ce bhikkhu, saḷāyatanassa ce bhikkhu, nāmarūpassa ce bhikkhu, viññāṇassa ce bhikkhu, saṅkhārānaṁ ce bhikkhu, avijjāya ce bhikkhu nibbidāya virāgāya nirodhāya dhammaṁ deseti, 'dhammakathiko bhikkhūti alaṁ vacanāya.*（SN. II, 18）	*nibbidāya*
	《漢譯・相應》・12・16	若比丘，為厭離老死、為離貪、為滅而說法者，彼得謂是說法比丘……若比丘為愛……受、觸、六處、名色、識、行、無明之厭離、為離貪、為滅而說法者，彼得謂是說法比丘。」(《漢譯・相應》II, 20-21）	
22	《雜》・14・364	「若比丘於老、病、死，生厭、離欲、滅盡向，是名法次法向。如是生，乃至行，生厭、離欲、滅盡向，是名法次法向。」（CBETA, T02, no. 99, p. 100, c20-22）	厭

	SN. 12. 16. *Dhammakathika.*	*Jarāmaraṇassa ce bhikkhu nibbidāya virāgāya nirodhāya paṭipanno hoti, 'dhammānudhammappatipanno bhikkhū'ti alam vacanāya.*⋯⋯ *Avijjāya ce bhikkhu nibbidāya virāgāya nirodhāya paṭipanno hoti, 'dhammānudhammappaṭipanno bhikkhū'ti alaṁ vacanāya.*（SN. II, 18）	*nibbidāya*
	《漢譯・相應》・12・16	若比丘，爲厭離老死、爲離貪、爲滅而行，彼得謂是行法隨順法之比丘。⋯⋯若比丘爲厭離無明、爲離貪、爲滅而行，彼得謂是行法隨順法之比丘。(《漢譯・相應》III , 20-21)	厭離
23	《雜》・15・365	「若有比丘於老、病、死，厭、離欲、滅盡，不起諸漏，心善解脫，是名比丘得見法般涅槃。」（CBETA, T02, no. 99, p. 101, a12-14）	厭
	SN. 12. 16. *Dhammakathika.*	*Jarāmaranassa ce bhikkhu nibbidā virāgā nirodhā anupādāvimutto hoti, 'diṭṭhadhammanibbānappatto bhikkhūti alaṁ vacanāya*⋯⋯ *Avijjāya ce bhikkhu nibbidā virāgā nirodhā anupādāvimutto hoti, 'ditthadhammanibbānappatto bhikkhū.*（SN. II, 18）	*nibbidā*
	《漢譯・相應》・12・16	若比丘，有厭離老死、離貪、滅、無取著解脫者，彼得謂是達現法涅槃之比丘。⋯⋯若比丘，有厭離無明、離貪、滅、無取著，解脫者，得謂是現法涅槃之比丘。」(《漢譯・相應》II, 20-21）	厭離
24	《雜》・26・684	世尊告諸比丘：「若比丘於色生厭、離欲、滅盡、不起、解脫，是名阿羅訶三藐三佛陀⋯⋯若復比丘於色生厭、離欲、不起、解脫者，是名阿羅漢慧解脫。」（CBETA, T02, no. 99, p. 186, b27-c2）	厭
	MN.12.*Mahāsīhanāda.*〔註 28〕		----
	《漢譯・中》・12〔註 29〕		----

〔註 28〕MN. I, 68-83.
〔註 29〕《漢譯・中》I, 88-108.

參考書目

壹、經　論

一、佛教經論

（一）《大正藏》

1. 後秦，佛陀耶舍、竺佛念譯，《長阿含經》，《大正新脩大藏經》第一冊，台北：新文豐。
2. 東晉，瞿曇僧伽提婆譯，《中阿含經》，《大正新脩大藏經》第一冊，台北：新文豐。
3. 劉宋，求那跋陀羅譯，《雜阿含經》，《大正新脩大藏經》第二冊，台北：新文豐。
4. 東晉，瞿曇僧伽提婆譯，《增一阿含經》，《大正新脩大藏經》第二冊，台北：新文豐。
5. 北涼，曇無讖譯，馬鳴菩薩造，《佛所行讚・厭患品第三》，《大正新脩大藏經》第四冊，台北：新文豐。
6. 姚秦，鳩摩羅什譯，《小品般若經・卷七》，《大正新脩大藏經》第八冊，台北：新文豐。
7. 劉宋，求那跋陀羅譯，《大法鼓經・卷一》，《大正新脩大藏經》第九冊，台北：新文豐。
8. 唐，尸羅達摩譯，《佛說十地經・卷二》，《大正新脩大藏經》第十冊，台北：新文豐。
9. 唐，實叉難陀譯，《地藏菩薩本願經・卷一》，《大正新脩大藏經》第十三冊，台北：新文豐。
10. 東晉，佛陀跋陀羅、法顯譯，《摩訶僧祇律》，《大正新脩大藏經》第二十二冊，台北：新文豐。
11. 蕭齊，僧伽跋陀羅譯，《善見律毘婆沙》，《大正新脩大藏經》第二十四冊，台北：新文豐。
12. 唐，玄奘譯，《阿毘達磨大毘婆沙論》，《大正新脩大藏經》第二十七冊，台北：新文豐。
13. 姚秦，曇摩耶舍、曇摩崛多譯，《舍利弗阿毘曇論》，《大正新脩大藏經》第二十八冊，台北：新文豐。
14. 唐，玄奘譯，世親造，《阿毘達磨俱舍論》，《大正新脩大藏經》第二十九冊，台北：新文豐。
15. 唐，玄奘譯，彌勒造，《瑜伽師地論》，《大正新脩大藏經》第三十冊，台北：新文豐。
16. 隋，吉藏，《二諦義》，《大正新脩大藏經》第四十五冊，台北：新文豐。
17. 隋，智顗，《摩訶止觀》，《大正新脩大藏經》第四十六冊，新台北：新文豐。
18. 梁，慧皎，《高僧傳》，《大正新脩大藏經》第五十冊，台北：新文豐。
19. 「CBETA 電子佛典集成」Version 2009（電子書）中華電子佛典協會（CBETA），台北，中華電子佛典協會，2009。

（二）《漢譯南傳大藏經》

1. 《中部》第二冊，《漢譯南傳大藏經》，高雄，妙林，民 83 年 3 月初版。
2. 《中部》第四冊，《漢譯南傳大藏經》，高雄，妙林，民 83 年 3 月初版。
3. 《相應部》第一冊，《漢譯南傳大藏經》，高雄，妙林，民 83 年 3 月初版。
4. 《相應部》第三冊，《漢譯南傳大藏經》，高雄，妙林，民 83 年 3 月初版。
5. 《相應部》第四冊，《漢譯南傳大藏經》，高雄，妙林，民 83 年 3 月初版。
6. 《增支部》第五冊，《漢譯南傳大藏經》，高雄，妙林，民 83 年 3 月初版。

（三）《佛光阿含藏》

1. 《阿含藏附錄（上）》，《佛光大藏經》，高雄：佛光出版社，1988。
2. 《雜阿含經》，《佛光大藏經》第一冊，高雄，佛光山，民 78 年 8 月初版。

（四）《巴利藏》

（1）經

1. E.Hardy, *Aṅguttara-nikāya IV,* London, PTS, 1958.

2. M. Leon Feer , *Saṃyutta-nikāya I*, London, PTS, 1973.
3. M. Leon Feer , *Saṃyutta-nikāya II*, London, PTS, 1970.
4. M. Leon Feer , *Saṃyutta-nikāya III*, London, PTS, 1975.
5. M. Leon Feer , *Saṃyutta-nikāya IV,* London, PTS, 1973
6. M. Leon Feer , *Saṃyutta-nikāya V,* London, PTS, 1976.
7. Mrs. Rhys Davids, *Majjhima-nikāya* IV, London, PTS, 1974.
8. Robert Chalmers , *Majjhiṃa-nikaya III*, London, PTS, 1977.
9. T.W.Rhys Davids & J.estlin Carpenter, *Dīgha-nikāya II*, London, PTS, 1977.
10. V. Trenckner, *Majjhima-nikaya I,* London, PTS, 1979.

（2）註　釋

Bhadantācariya Buddhaghosa（覺音，5 A.D.）

1. *Saṁyuttanikāya-aṭṭhakathā*（《相應部》注釋），巴利三藏、義注、複注助讀及巴利語、漢語、英語、日語電子辭典（Pali-Chinese-English Dictionary Version 1.92
2. *Majjhimanikāya-aṭṭhakathā*（《中部》注釋），巴利三藏、義注、複注助讀及巴利語、漢語、英語、日語電子辭典（Pali-Chinese-English Dictionary Version 1.92
3. *Samantapāsādikā 5-Parivara-aṭṭhakathā*（《一切善見律》，《附隨注》），Chaṭṭha Saṅgāyana（CS）（PTS: Sp. VII, 1301-1416），released by Dhammavassārāma , 2007.

（3）附　註

Sārattadipami- ṭika（《心義燈》複註）：巴利三藏、義注、複注助讀及巴利語、漢語、英語、日語電子辭典（Pali-Chinese-English Dictionary Verson 1.92）

二、耆那教經典

（一）俗語原典

1. K C Lalwani, *Uttaradhayana Sutra*,Calcutta：Prajñānam, 1977.
2. Nathmal Tatia, *That which is*, United Kingdom：HarperCollins Publishers, 1994.

（二）英譯本

1. Hermann Jacobi, *Jaina Sūtra I*, Sacred Bookof the East, 22, Delhi: Motilal Banarsidass Publishers, 1884.
2. Hermann Jacobi, *Jaina Sūtra II*, Sacred Bookof the East, 45, Delhi: Motilal Banarsidass Publishers, 1895.

（三）日譯本

1. 鈴木重信，《耆那教聖典》，東京：世界聖典全集刊行會，1930。

貳、專　書

（一）中文原著

1. 丁度等撰，方成珪考正，《集韻》8，萬有文庫薈要，臺灣：商務印書館，1965。
2. 王欣夫，《文獻學講義》，台北：文史哲出版社，1987。
3. 司馬光編，《資治通鑑》卷 51，北京：中華書局，1976。
4. 司馬遷，《史記》卷 20，萬有文庫薈要，臺北：臺灣商務印書館，1965。
5. 朱熹，《論語集註》卷七，〈憲問　・　第十四〉，臺北：燕京書舍，1983。
6. 杜維運，《史學方法論》，台北：三民書局，1997。
7. 姚衛群，《印度宗教哲學百問》，北京：今日中國出版社，1992。
8. 秦繼宗，《書經彙解》卷 4，四庫未收書輯刊，貳輯，肆冊，北京：北京出版社，1987。
9. 范曄，《後漢書》，文津閣四庫全書，史部，正史類，第 246 冊，北京：商務印書館影印。
10. 徐梵澄，《五十奧義書》，北京：中國社會科學院出版社，1995。
11. 張春興，《心理學概論》，台北：東華書局，2002。
12. 程俊英，《詩經讀本》，台中：曾文出版社，1975。
13. 湯用彤，《印度哲學史略》，上海：上海古籍出版社，2006。
14. 馮觀富，《情緒心理學》，台北：心理出版社，2005。
15. 楊郁文，《阿含要略》，台北市：法鼓文化出版社，2005。
16. 楊惠南，《佛教思想發展史論》，台北：東大圖書股份有限公司，2003。
17. 霍韜晦，《現代佛學》，新傳統主義叢書，鄭家棟編，北京：中國社會科學出版社，2003。
18. 藍吉富，《佛教史料學》，台北：東大圖書公司，1997。
19. 釋印順，《佛法概論》，臺北：正聞出版社，1992。
20. 釋印順，《空之探究》，臺北：正聞出版社，1992。
21. 釋印順，《雜阿含經論會編（上）》，新竹：正聞出版社，1994。
22. 釋惠敏，《蓮風小語 2000》，臺北縣：西蓮淨苑出版社，2000。

23. 釋惠敏，《蓮風小語 2003》，臺北縣：西蓮淨苑出版社，2003。
24. 釋達和，《巴利語佛典精選》，台北：法鼓文化出版社，2005。
25. 釋聖嚴，《坐禪的功能（增訂版）》，台北：財團法人聖嚴教育基金會，2012。

二、翻譯著作

（一）日本方面

1. 木村泰賢著，歐陽瀚存譯，《原始佛教思想論》，台北：臺灣商務印書館，1993。
2. 水野弘元著，如實譯，《原始佛教》，臺北：普門文庫，1984。
3. 水野弘元等著，許洋主譯，《印度的佛教》，台北：法爾出版社，1988。
4. 佐佐木教悟等著，楊曾文，姚長壽譯，《印度佛教史概說》，上海：復旦大學出版社，1993。
5. 和辻哲郎著，藍吉富主編，《原始佛教的實踐哲學》，世界佛學名著譯叢 80，台北：華宇出版社，1988。
6. 高楠順次郎、木村泰賢著，高觀廬譯，《印度哲學宗教史》，台北：臺灣商務印書館，1991。
7. 野上俊靜著，釋聖嚴譯，《中國佛教史概說》，台北：臺灣商務印書館，1993。

（二）東南亞方面

1. 帕奧著，《如實知見》，高雄市：淨心文教基金會，1999。
2. 恰特吉（Chatterjee）、達塔（Datta）原著，伍先林、李登貴、黃彬等譯，《印度哲學概論》，台北：黎明文化事業公司，1993。
3. 馬哈希尊者（Ven. Mahāsi Sayādaw）著，溫宗堃譯，《毗婆舍那講記》，台北縣：南山放生寺，2007。
4. 達斯笈多（Surendranath Dasgupta）著，林煌洲譯，《印度哲學史》第 1 冊，台北：國立編譯館，1996。
5. 羅米拉・塔帕爾（Romila Thapar）著，林太譯，《印度古代文明》，世界文化叢書 29，台北：淑馨出版社，1994。
6. 覺音（Buddhaghosa）著，葉均譯，《清淨道論》，高雄：正覺佛教會，2002。

（三）西藏方面

1. 佩瑪・丘卓（Pema Chödrön）著，雷叔雲譯，《不被情緒綁架：擺脫你的慣性與恐懼》，台北：心靈工坊文化事業股份有限公司，2012。

（四）歐美方面

1. 丹尼爾・高曼（Daniel Goleman）編，李孟浩譯，《情緒療癒》，台北縣：立緒文化事業有限公司，1998。
2. 丹尼爾・高曼（Daniel Goleman）著，張美惠譯，《破壞性情緒管理》，臺北：時報文化出版企業股份有限公司，2009。
3. 魯柏・葛汀（Rupert Gethin）著，許明銀譯，《佛教基本通》，台北：橡實文化出社，2009。

三、日　文

1. 山本啓量，《原始佛教の哲學》，東京：山喜房佛書林，1973。
2. 田上太秀，《菩提心の研究》，東京：東京書籍，1990。
3. 平川彰，《インド仏教史（上）》，東京：春秋社，1974。

四、英　文

1. Anālayo, *From Craving to Liberation*, Malaysia：SBVMS Publication, 2009.
2. BhikkhuBodhi, *The Connected Discourses of the Buddha*, Boston：Wisdom Publication, 2000.
3. C.A.F.Rhys Davids, *Buddhist Psychology: An Inquiry into the Analysis and Theory of Mind in Pali Literature,* 2nd ed., London: Luzac and Co, 1924.
4. Gillian Butler & Freda McManus, *Phychology：A Very Short Introduction,* New York：Oxford, 1998.
5. H. S. S. Nissanka, *Buddhist Phychotherapy*, Delhi: Pashupati, 1993.
6 J.Bronkhorst, *The Two Traditions of Meditation in Ancient India*, Delhi: Motilal Banarsidass Publishers, 1993.
7 Jeffery D Long, *Jainism: An Introduction*, New York：I.B.Tauris & Co Ltd, 2009.
8 Kuan, Tse-fu, *Mindfulness in Early Buddhism*, New York: Routledge, 2008.
9 Nyanaponika Thera, *The Four Sublime States,* Inward Path, Penage, 1999.
10. dmasiri de Silva, *An Introduction to Buddhist Phychology,* New York：Palgrave Macmillan, 2005.
11. Paul Dundas, *The Jains*, London：Routledge, 2002.
12. Paul Ekman, *Emotion in the Human face*. 2nd edition, Cambridge：Cambridge University Press, 1982.
13. Pasmanabh S.Jaini, *The Jaina Path Of Purification*, Delhi：Motilal Banarsidass, 2001.

14. Richard. F. Gombrich, *How Buddhism Began*, New York: Routledge, 2006.
15. R.M.L.Gethin, *The Buddhist Path to Awakening*, Oxford：Oneworld Publication , 2003.
16. S.Settar, *Inviting Death*, Netherlands：E. J. Brill, 1989.
17. Susan L. Huntington, The art of Ancient India, New York &Tokyo：Weatherhill, 1993.

參、期刊論文

一、中　文

1. 李志夫，〈試分析印度「六師」之思想〉，《中華佛學學報第 01 期》，臺北：中華佛學研究所，1987，頁 245～279。
2. 呂凱文，〈當佛教遇見耆那教——初期佛教聖典中的宗教競爭與詮釋效應〉，《中華佛學學報》第 19 期，台北：中華佛學研究所，2006，頁 179～207。
3. 周柔含，〈日本內觀的實踐〉，《臺灣宗教研究》第 9 卷第 1 期，新竹：臺灣宗教學會，2010，頁 131～151。
4. 梁啓超，〈説四阿含〉，《阿含藏附錄》，高雄：佛光出版社，1988，頁 315～370。
5. 張雲凱，〈試論《雜阿含經》之「厭離」〉，《中華佛學研究》第 11 期，台北：中華佛學研究所，2010，頁 171～216。
6. 張雲凱，〈佛教與耆那教之消業與入滅法門初探〉，《玄奘佛學研究》第 17 期，新竹：玄奘大學，2012，頁 163～197。
7. 無著比丘，〈上座部禪觀的原動力〉，《法鼓佛學學報》第 7 期，台北：法鼓佛教學院，2010，頁 1～22。
8. 賀厚格（Holger Höke），〈巴利文經藏與德國哲學中的心、思維與感受（生存心理學初探）〉，《第二屆巴利學與佛教學術研討會會議手冊》，嘉義：南華大學，2008，第 1～2 場，共 50 頁。
9. 越建東，〈科學與佛教的對話：禪修與科學〉，《哲學與文化》第 35 卷，第 6 期，台北：哲學與文化月刊社，2008，頁 97～122。
10. 黃纓淇，〈聖樂（*aryia-sukha*）之研究〉，《正觀》第 46 期，南投：正觀雜誌社，2008，頁 5～38。
11. 溫宗堃，〈須深經的傳本及南傳上座部對須深經慧解脫阿羅漢的理解〉，《中華佛學研究》第 8 期，台北：中華佛學研究所，2004，頁 9～49。
12. 溫宗堃，〈巴利註釋文獻裡的乾觀者〉，《正觀》第 33 期，南投：正觀雜誌，2005，頁 5～90。

13. 溫宗堃，〈佛教禪定與身心醫學——正念修行的療癒力量〉，《普門》第 33 期，高雄：普門學報，2006，頁 9～49。
14. 溫宗堃，〈毗婆舍那也是禪那？——巴利註釋文獻的觀相（禪那）〉，《大專學生佛學論文集（十六）》，台北：華嚴蓮社，2006，共 36 頁。
15. 溫宗堃，〈當代緬甸毘婆舍那修行傳統之間的一個爭論：觀察過去、未來的名色〉，《福嚴佛學研究》第 2 期，新竹：福嚴佛學院，2007，頁 43～79。
16. 楊淑貞、林邦傑、沈湘縈，〈禪坐之自我療癒力及其對壓力、憂鬱、焦慮與幸福感影響之研究〉，《玄奘佛學研究》第 7 期，新竹：玄奘大學，2007，頁 63～103。
17. 蔡奇林，〈第四禪「捨念清淨」（*upekkha-sati-parisuddhi*）一語的重新解讀——兼談早期佛教研究的文獻運用問題〉，《臺大佛學研究》第 16 期，臺北：台大佛學中心，2008，頁 1～60。
18. 關則富，〈主宰或被主宰——澄清「我」的意義〉，《第二屆巴利學與佛教學術研討會會議手冊》，嘉義：南華大學，2008，第五場第一篇，共 12 頁。
19. 關則富，〈注意力在認知歷程的作用——佛教與心理學的比較研究〉，《佛學與科學》，台北：圓覺文教基金會，2010，頁 38～48。
20. 釋天眞，〈從《雜阿含》第 1013 經經群看「善終輔導」〉，《中華佛學研究》第 4 期，台北：中華佛學研究所，2000，頁 1～33。
21. 釋惠敏，〈佛教之身心關係及其現代意義〉，《法鼓人文學報》第 1 期，台北：中華佛學研究所，2004，頁 179～219。
22. Lance Cousins 著，溫宗堃譯，〈內觀修行的起源〉，《正觀》第 30 期，南投：正觀雜誌，2004，頁 165～213。

二、日　文

1. 舟橋一哉，〈原始佛教における出家道と在家道〉，《印度學佛教學研究》，東京：日本印度佛教學会，1954，頁 34～43。
2. 谷川泰教，〈厭離考（上）——*saṁvega* と *nivveda*〉，《高野山論叢》第 29 卷，1994，頁 49～68。
3. 松濤誠簾，〈ジャイナ教の禅定について〉，《哲學年報 23》，福岡：九州大學文學部，1961，頁 377～396。

三、西　文

1. Ananda K. Coomaraswamy, *Saṁvega—Aesthetic Shock*, Harvard Jurnal of Asiatic Studies VII, 1943, pp. 174-179.

四、學位論文

1. 林家安，《現存漢譯《增一阿含經》之譯者考》，中壢：圓光佛學研究所畢業論文，2009。
2. 林煌洲，《奧義書輪迴思想研究》，台北：中國文化大學碩士論文，1986。
3. 張雲凱，《巴利語文法教材之比較研究》，台北：中華佛學研究所畢業論文，1997。
4. 梅錦榮，《焦慮程度與認知的控制》，台北：台灣大學碩士學位論文，1971。
5. 董靜宜，《《雜阿含經》無常法門研究》，新竹：中央大學哲學系研究所碩士論文，2007。

肆、工具書

一、中　文

1. 赤沼智善，《漢巴四部阿含對照錄》，台北：華宇出版社，1986。
2. 段玉裁，《說文解字注》，臺北：黎明文化事業公司，1974。
3. 陳伯陶，《新時代日漢辭典》台北：大新書局，2006。
4. 水野弘元著，許洋主譯，《巴利文法》，世界名著譯叢 5，台北：華宇出版社，1986。

二、日　文

1. 水野弘元，《パーリ語辞典》，東京，春秋社，1981。
2. 荻原雲來、辻直四郎，《梵和大辞典（上）》，台北：新文豐出版公司，1988。
3. 雲井昭善，《巴和小辞典》，京都：法藏館，1961。
4. 奈良康明編，《仏教名言辞典》，東京：東京書籍印刷株式会社，1989。

三、西　文

（一）佛學類

1. P. Buddhadatta, *Concise Pali-English Dictionary*, Colombo, The Colombo

Apothecaries' Co., Ltd., 1957.

2. Franklin Edgerton, Buddhist Hybrid Sanskrit Grammar and Dictionary, Vol. II: Dictionary，Kyoto: Rinsen Book Co., 1985.
3. Robert Caesar Childers, *Dictionary of the Pali Language*, Kyoto, Einsen Book Company, 1987.
4. T.W.Rhys Davids & William Stede, *Pali-English Dictionary*, London, The Pali Text Society, reprinted, 1986.
5. Monier Williams, *Sanskrit-English Dictionary,* New Dehli：Motilal, reprinted, 1998.

（二）一般類

1. *Collins English Dictionary*, Great Britian : Harper Collins Publishers, 2006.
2. *Oxford American dictionary& Tresaurus*, New York : Oxford University Press, 2003.
3. *New webster's Dictionary and thesaurus of the English Language*,United States of America: Lexicon Publications, INC, 1996.

伍、網路資源

1. 中研院語言所搜詞尋字語庫查詢系統
   http://words.sinica. edu. tw /sou /sou.html.（2012.02.19 瀏覽）
2. 《葛榮禪修同學會，禪修之友，第 13 期，印證心中的眞理——佛教 SAMVEGA 及 PASADA 的義理》
   http://www.godwin.org.hk/friendmain.html（2012.3.23 瀏覽）
3. Edward B. Cowell .*The Buddha-Carita, or The Life of Buddha by Aèvaghoùa.* http://www.ancient-buddhist-texts.net/Texts-and-Translations/Buddhacarita/Buddhacarita.pdf（2012.04.10 瀏覽）
4. 釋惠敏：〈禪支與意言〉
   http://ge.tnua.edu.tw/~huimin/writings/M1-9/M1-9-1.htm（2012.4.13 瀏覽）